WOGUO HUOWU YUNSHU XUQIU
ZHONGCHANGQI FAZHAN QUSHI YANJIU

我国货物运输需求中长期发展趋势研究

樊桦 李茜 刘昭然 等 著

中国财经出版传媒集团
经济科学出版社
Economic Science Press

图书在版编目（CIP）数据

我国货物运输需求中长期发展趋势研究 / 樊桦等著
. --北京：经济科学出版社，2022.5
ISBN 978 - 7 - 5218 - 3675 - 2

Ⅰ. ①我⋯　Ⅱ. ①樊⋯　Ⅲ. ①货物运输 - 运输需求 -
研究 - 中国　Ⅳ. ①F512. 3

中国版本图书馆 CIP 数据核字（2022）第 082751 号

责任编辑：张　蕾
责任校对：王苗苗
责任印制：王世伟

我国货物运输需求中长期发展趋势研究
樊　桦　李　茜　刘昭然　等著
经济科学出版社出版、发行　新华书店经销
社址：北京市海淀区阜成路甲 28 号　邮编：100142
应用经济分社电话：010 - 88191375　发行部电话：010 - 88191522
网址：www. esp. com. cn
电子邮箱：esp@ esp. com. cn
天猫网店：经济科学出版社旗舰店
网址：http：//jjkxcbs. tmall. com
北京季蜂印刷有限公司印装
710 × 1000　16 开　15 印张　300000 字
2022 年 7 月第 1 版　2022 年 7 月第 1 次印刷
ISBN 978 - 7 - 5218 - 3675 - 2　定价：98. 00 元
（图书出现印装问题，本社负责调换。电话：010 - 88191510）
（版权所有　侵权必究　打击盗版　举报热线：010 - 88191661
QQ：2242791300　营销中心电话：010 - 88191537
电子邮箱：dbts@ esp. com. cn）

前　言

改革开放以来，随着经济社会快速发展和交通运输条件不断改善，我国货物运输量呈现持续快速增长态势。2019 年我国全社会货运量和货物周转量分别达到 470.66 亿吨和 199287.1 亿吨公里，分别是 1978 年的 18.9 倍和 20.3 倍。在经济和产业结构不断优化、运输技术加快创新等诸多因素共同作用下，我国货物运输结构也发生着显著变化，主要表现为公路货运量及周转量占比不断提高，铁路货运量及周转量占比总体呈下降态势。

近几年来，随着我国经济步入高质量发展阶段，经济增长速度由高速转为中高速，产业结构加快向高级化方向演进，货物运输总量及结构出现了不同以往的新变化。一是从增速来看，全社会货运量和货物周转量增速明显放缓。2014～2018 年全社会货运量和货物周转量年均增速分别为 4.7% 和 4.1%，与 1996～2012 年的高速增长相比出现了明显下降。二是从方式结构上看，铁路货运市场份额在经历了长期下滑态势后，在铁路运输服务质量提升、运输结构调整政策等因素推动下，近几年出现了小幅回升势头。三是从货物品类看，大宗货物运输需求增幅趋缓，高附加值货物占比呈现不断提高态势，其中，随着电子商务的迅猛发展，快递快运货物持续高速增长。

货运需求总水平、结构及空间分布如何演变，是制定交通运输战略、规划和政策的重要依据。近年来我国货物运输量增速放缓，是经济周期影响下的短期波动，还是货运需求的长期趋势性变化？进一步而言，我国货运需求的中长期发展趋势是什么，我国货物运输量是否存在增长的平台期乃至"拐点"？未来我国货运结构及空间分布将出现哪些新趋势新变化？对这些问题，不能仅就现象谈现象，而需要从更长的时间轴上去深入剖析货运需求演变的内在规律，并结合我国的实际国情和经济社会发展趋势，才能得出科学准确的判断。从长期来看，产业结构和空间布局、城镇化发展、能源消费和生产

— 1 —

格局、技术创新等诸多因素的发展变化，将对货运需求的增速、结构、流向等产生重要影响。在新的发展环境和形势下，深入分析影响我国货运需求的主要经济社会因素及其发展趋势，准确把握货运需求的宏观发展趋势，不仅具有理论研究价值，而且对国家制定中长期综合交通运输体系规划及货运物流相关发展政策具有重要的决策支撑作用。

为科学研判我国货运需求中长期发展趋势问题，2020 年国家发改委宏观经济研究院设立了院重点课题，由国家发改委综合运输研究所副所长吴文化、交通运输经济研究中心主任樊桦主持，组织所内青年研究骨干就此问题展开深入研究。课题组经过一年的系统研究，取得了较为丰硕的研究成果，现将研究成果结集成书，以期在更大范围内与社会各界人士交流。本书共包括 1 个总报告、4 个专题报告和 2 个调研报告。总报告《我国货物运输需求中长期发展趋势研究》由樊桦执笔，主要对改革以来我国货物运输发展概况、近年来货运需求出现的新变化新趋势进行了分析，基于货运需求增长的普遍性规律和发达国家的历史演变轨迹，对当前及今后一个时期我国货运需求增长所处阶段进行了研判，在分析未来影响我国货运需求增长变化的需求侧因素和供给侧因素的基础上，阐述了我国货运需求中长期发展趋势，并提出了相应的政策措施建议。专题报告一《货运需求的影响因素和阶段性特征》由唐幸、樊桦执笔，主要基于货运需求的派生性属性，从理论上分析影响货运需求发展变化的主要经济社会因素，分析货运需求与经济增长，尤其是工业化阶段之间的关系，总结货运需求在不同经济社会发展阶段所呈现出的阶段性特征和普遍性规律。专题报告二《典型国家货运需求演变规律及启示》由李名良执笔，主要梳理发达国家在不同工业化发展阶段货运总需求、需求结构等的历史演变情况，分析经济社会发展阶段、产业结构及空间布局等对发达国家货运需求的影响，总结其普遍性规律及对我国货运需求发展趋势的启示意义。专题报告三《我国货运需求总量发展趋势及特征分析》由李茜执笔，主要从定性和定量两方面，分析我国货运需求总量中长期发展趋势，判断未来一个时期我国货物运输需求量是否存在增长的平台期乃至"拐点"，并分析未来我国货物结构、区域分布特征等可能出现的新变化。专题报告四《大宗货物运输需求发展趋势分析》由刘昭然执笔，主要分析未来我国电力、化工、钢铁冶炼、粮食等相关行业发展趋势，综合考虑需求侧变化及相关行业在产量、空间布局、生产模式等方面的供给侧变化对煤炭、矿石、原油、建材、钢材、粮食等大宗货物运输需求产生的影响，研判大宗货物运输需求发展趋势。调研报告一《我国煤炭产运形势调研报告》由樊桦、李茜、刘昭然执笔，主要基于对煤炭生产、消费及运输现状的调研，对未来煤炭消费及运输需求发展趋势进行了分析研判。调研报告二《我国钢铁及冶炼物资产运形势调研报告》由刘昭然执笔，主要基于对钢铁及冶炼物资生产、消费及运输现状的调研，对其未来运输需求发展趋势进行了分析研判。研究过程中，课题组陆续在公开期刊和内部资料上发表了多篇文章，其中部分成果被国家决策部门采用，获得两项部级领导批示，课题获得国家发改委综合运输研究所2021年度优秀成果一等奖，国家发改委宏观经济研究院2021年度优秀成果三等奖，取得了良好的社会经济效益。

本课题研究得到了国家发改委宏观经济研究院学术委员会张燕生、王仲颖、银温泉、费洪平等专家及国家发改委经济运行调节局交通物流处杨波处长的指导帮助，中国煤炭运销协会、中国钢铁工业协会对课题调研活动给予了大力支持，在此谨表示诚挚的感谢！限于学术水平，本书难免存在不足之处，请业内专家和社会各界人士不吝赐教、批评指正。

课题组

2022 年 5 月

目 录
Contents

我国货物运输需求中长期发展趋势研究

内容提要：2013 年以来，随着经济步入中高速增长阶段和产业结构不断优化，我国货运需求增幅较重化工业阶段明显放缓。当前至 2035 年，我国整体处于工业 2.0 向工业 3.0 过渡的时期，工业化和城镇化进程还在持续，基本建设需求和能源消费总需求持续增长，全社会货运需求继续保持增长态势，但增幅将进一步放缓，随着煤炭、钢铁、原油等消费量逐步达峰，大宗货物运输需求步入峰值平台期。2035～2050 年，我国整体处于工业 3.0 向工业 4.0 发展的阶段，城镇化工业化基本完成，产业结构持续向高级化演进，能源结构深刻调整，大宗货物运输需求出现温和下降，与此同时，高附加值货物比重持续提升，运输货物种类更加多元化，集装箱、快递等运输需求快速增长，全社会货运需求将呈现低速增长特征。在绿色发展理念下，铁路、管道等货运份额还将有所增长，我国货运结构持续优化。区域货运需求差距有所缩小，但东高西低的基本格局不会改变。我国货运需求在总量、结构、空间分布上的发展趋势，要求交通运输发展模式从"规模扩张"型加快向"提质增效"型转变，要求以"补短板、重衔接、优结构、提效能"为导向，精准匹配供需关系，实现精细化、高质量供给，为我国现代化建设提供有力运输保障。

货物运输量综合反映了一定时期内国民经济各部门对货物运输的需要以及运输部门为社会提供的货物运输工作总量。货物运输量作为反映货物运输需求的重要指标，与经济发展水平、资源禀赋特征、产业结构、产业空间布局等因素密切相关。本文主要研究在我国进入新发展阶段背景下，我国货物运输需求的中长期发展趋势及特征。

一、我国货物运输量发展现状特征

（一）改革开放以来我国货物运输发展概况

1. 货运总量持续快速增长

改革开放 40 多年来，随着经济的高速增长，我国货运需求呈现持续快速增长态势。2019 年我国全社会货运量和货物周转量分别达到 470.66 亿吨和199287.1 亿吨公里，分别是 1978 年的 18.9 倍和 20.3 倍（见图 1-1、图 1-2）。

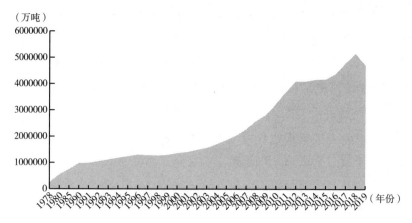

图 1-1　改革开放以来我国货运量增长情况

资料来源：课题组根据国家统计局年度数据整理。

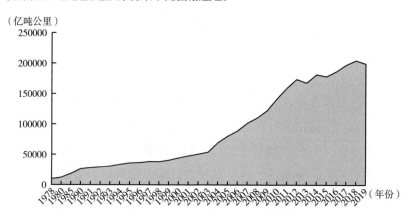

图 1-2　改革开放以来我国货物周转量增长情况

资料来源：课题组根据国家统计局年度数据整理。

2. 货运需求弹性系数和货运强度明显下降

从货物周转量弹性系数来看，2012 年前，除 1986～1995 年货运需求增长受制于运输能力不足增速较低外，其他年份货物周转量弹性系数接近于 1 或大于 1，反映出随着经济高速增长、交通运输能力持续改善，全社会货运需求持续释放和爆发式增长。2013～2018 年货物周转量弹性系数下降明显，仅为 0.442[①]，说明随着经济和产业结构持续优化，服务业占比不断提高，我国货运强度，即单位 GDP 产生的货物周转量出现了显著下降。如图 1－3 所示。

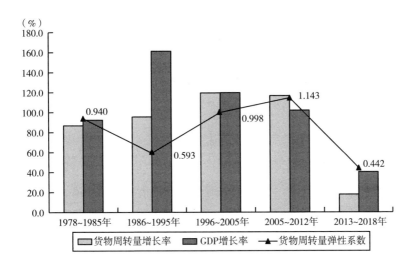

图 1－3　改革开放以来我国货物周转量弹性系数变化情况

资料来源：课题组根据国家统计局年度数据整理。

如图 1－4 所示，改革开放以来我国货运强度总体呈现不断下降态势。按可比价格计算，单位 GDP 产生的货运量从 1980 年的 128.08 万吨/亿元下降至 2019 年的 32.56 万吨/亿元，下降了 74.6%；单位 GDP 产生的货物周转量从 1980 年的 2.82 亿吨公里/亿元下降至 2019 年的 1.38 亿吨公里/亿元，下降了 51.1%。

---

① 2019 年公路货运量统计口径进行了调整，为具可比性，货物周转量弹性系数采用 2013～2018 年数据计算。

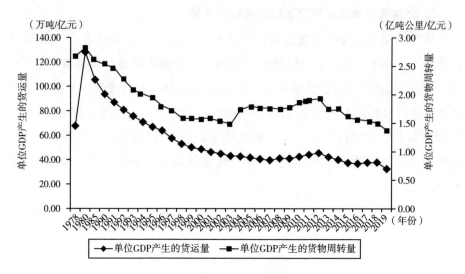

图1-4　改革开放以来我国货物运输强度变化情况

资料来源：课题组根据国家统计局年度数据整理。

3. 运输结构不断优化，方式分工趋于合理

改革开放以来，我国货运市场结构变化的一个主要趋势特征是公路货运量和周转量占比不断提高，铁路货运量和周转量占比持续下降。如图1-5和图1-6所示，公路货运量和周转量占比[①]分别由1980年的70.5%和9.0%提高至2012年的79.0%和49.5%，此后公路在货运市场上的份额呈现微降趋势，2018年公路货运量和周转量占比分别为78.0%和46.6%[②]。铁路货运量和周转量占比分别由1980年的20.5%和67.3%下降至2016年的7.7%和18.5%，近年来，在国家大力推行运输结构调整政策影响下，铁路货运量和周转量占比出现了小幅回升，2018年铁路货运量和周转量占比分别提高至7.9%和18.9%。近20年来，水运、民航、管道在货运市场上的份额均有所提高，这也反映了随着我国运输需求日趋多样化，以及综合运输体系日臻完善，各种运输方式的技术经济比较优势得以更好发挥，方式分工更加合理。

[①]　货运市场份额为国内运输市场份额，不含远洋运输。

[②]　2019年公路货运量统计口径进行了调整，为具可比性，运输结构采用2018年数据计算。

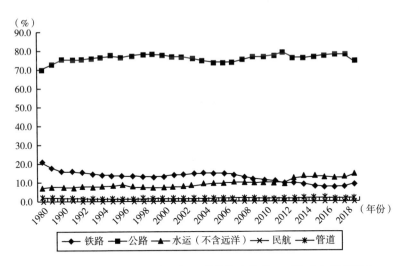

图1-5　改革开放以来我国货运量结构变化情况（不含远洋运输）

注：2008年公路货运量占比出现了提升，是由于公路运输统计口径进行了调整所致。

资料来源：课题组根据国家统计局年度数据整理。

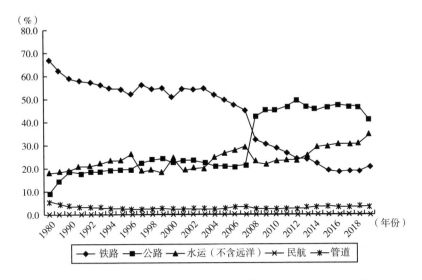

图1-6　改革开放以来我国货物周转量结构变化情况（不含远洋运输）

注：2008年公路货物周转量占比出现了大幅提升，是由于公路运输统计口径进行了调整所致。

资料来源：课题组根据国家统计局年度数据整理。

4. 货物运输平均运距增长明显，但各运输方式升降不一

1980~2019年，我国货物运输平均运距变化情况如表1-1所示。其中，全社会货物运输平均运距由 220 公里增长至 423 公里，公路货物运输平均运距由 20 公里增长至 174 公里，内河和沿海货物运输平均运距由 396 公里增长至 752 公里，航空货物平均运距由 1584 公里增长至 3495 公里，增幅较大。铁路、管道货物运输平均运距增幅相对较小，远洋货物运输平均运距则出现 20% 左右的下降。

表 1-1　　　　　我国货物运输平均运距变化情况　　　　单位：公里

年份	全社会	铁路	公路	水运	其中：远洋	其中：沿海和内河	民航	管道	全社会不包括远洋
1980	220	514	20	1184	8229	396	1584	467	157
1985	246	622	35	1221	8041	423	2128	442	176
1990	270	705	46	1447	8653	488	2216	398	188
1995	291	786	50	1551	7828	573	2206	386	197
2000	326	771	59	1939	7440	670	2556	340	204
2005	431	770	65	2261	7941	650	2573	351	230
2010	438	759	177	1806	7923	699	3178	440	301
2011	431	749	182	1771	7767	719	3122	506	303
2012	424	748	187	1781	8115	720	3007	519	298
2013	410	735	181	1419	6845	629	3036	536	296
2014	436	722	183	1551	7485	704	3162	587	307
2015	427	707	184	1489	7262	689	3308	615	303
2016	425	714	183	1525	7280	703	3331	572	298
2017	411	731	181	1477	7245	735	3450	594	301
2018	397	716	180	1410	6746	753	3552	590	301
2019	423	697	174	1391	6494	752	3495	586	314

资料来源：课题组根据国家统计局年度数据整理。

5. 大宗散货约占我国货运量的六七成

21 世纪以来，我国步入工业化、城镇化快速发展时期，工业生产和基本建设消耗了大量的能源原材料，推动货物运输需求尤其是煤炭、石油、天然气、钢铁及冶炼物资、粮食、矿建材料及水泥等大宗物资运输需求快速增长。根据相关统计和抽样调查数据，煤炭及制品、石油天然气及制品、金属矿石、钢铁和有色金属、矿物性建筑材料、水泥、非金属矿石、木材、粮食等主要大宗物资约占我国货运量的六七成。如表 1－2 所示，煤炭是我国第一大货类，2019 年煤炭及制品运输量约占国家铁路货运量的 52.6%，占国家铁路货物周转量的 45.4%，占主要港口货物出港量的 23.1%，占公路货运量的 12.6%，公路货物周转量的 18.2%。此外，金属矿石在各种运输方式中的占比均较高。矿物性建筑材料和水泥在公路货运量及货物周转量中的占比分别为 38.7% 和 21.9%，居公路各货类之首；在主要港口货物出港量中的占比为 10%，仅次于煤炭。分方式来看，大宗物资运输量在各种运输方式中所占比例不同（见表 1－2）。其中铁路占比最高，2019 年 9 类大宗物资占国家铁路货运量比重和货物周转量分别高达 84.8% 和 73.9%；水运承担的大宗物资运输量较高，2019 年主要港口货物出港量中，9 类大宗物资占比达到 57.1%；由于公路承担了大量大宗物资的短途接驳和中短距离运输，2019 年公路货运量和货物周转量中，9 类大宗物资的占比也分别达到了 58.4% 和 48.0%。

表 1－2　　　　　2019 年不同运输方式大宗货物运输占比　　　　单位:%

序号	货类	国家铁路货运量	国家铁路货物周转量	主要港口主要货物出港量	公路货运量	公路货物周转量
1	煤炭及制品	52.6	45.4	23.1	12.6	18.2
2	石油、天然气及制品	3.4	3.2	7.2		
3	金属矿石	13.5	8.8	6.6	7.1	7.9
4	钢铁和有色金属	6.0	6.6	5.3		
5	矿物性建筑材料	3.5	1.4	10.0	38.7	21.9
6	水泥	0.7	0.3	0.8		
7	非金属矿石	2.3	1.7	2.3		
8	木材	0.6	0.6	0.2		
9	粮食	2.3	5.7	1.6		
	货类 1~9 合计	84.8	73.9	57.1	58.4	48.0

资料来源：国家铁路、主要港口主要货物出港货类结构根据国家统计局年度数据计算；公路数据源自交通运输部《2019 年道路货物运输量专项调查公报》。

6. 空间分布

2000 年以来，我国铁公水合计货运需求比重表现为东部地区下降，中、西部地区上升，东北地区货运量比重下降、货物周转量比重略有上升的趋势。其中，东部地区的货运量和货物周转量比重分别从 2000 年的 42.0% 和 62.6% 下降至 2018 年的 36.8% 和 56.7%；中部地区的货运量和货物周转量比重分别从 2000 年的 22.8% 和 15.8% 提高至 2018 年的 29.4% 和 20.5%；西部地区的货运量和货物周转量比重分别从 2000 年的 23.0% 和 13.7% 上升至 2018 年的 27.3% 和 15.7%；东北地区货运量比重从 2000 年的 12.3% 下降至 2018 年的 6.5%，货物周转量比重从 2000 年的 8.0% 先上升至 2013 年的 10.6%，然后下降至 2018 年的 7.0%（见图 1-7、图 1-8）。

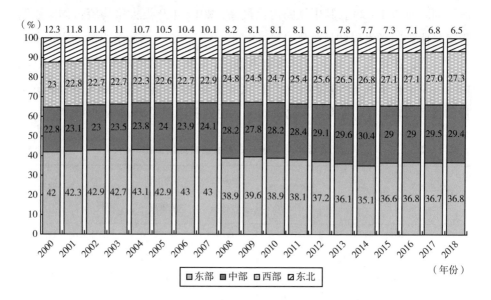

图 1-7　2000~2018 年我国货运量区域分布演变

注：不包括远洋运输，2008 年、2013 年公路货运统计口径有所调整。

资料来源：课题组根据历年《中国统计年鉴》数据整理计算。

（二）近年来货物运输需求出现的新变化及原因分析

1. 近年来货物运输需求出现的新变化和新趋势

近年来，我国货物运输需求在增长速度、货物品类、运输结构等方面出现了一些值得关注的新变化和新趋势：

一是全社会货运量和货物周转量增速明显放缓。2013 年至今，我国货运

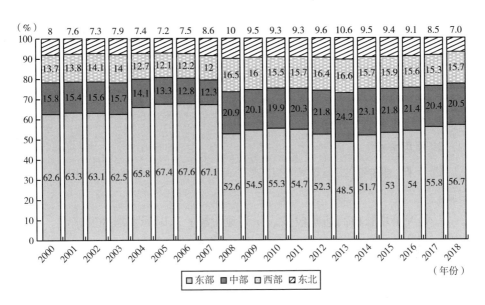

图1－8　2000～2018年我国货物周转量区域分布演变

注：不包括远洋运输，2008年、2013年公路货运统计口径有所调整。

资料来源：课题组根据历年《中国统计年鉴》数据整理计算。

需求增速出现明显放缓，2013～2018年货运量和货物周转量年均增速分别降至4.7%和4.1%，其中，铁路和远洋运输降幅明显，铁路货运量和货物周转量年均增速分别降至0.3%和-0.2%，远洋货运量和货物周转量年均增速分别降至1.6%和1.3%。

二是集装箱及快递货物运输量持续快速增长。在供需两方面因素推动下，集装箱运输量快速增长，2013～2018年，铁路集装箱发送量年均增长16.2%，水路集装箱发送量年均增长6.6%，均高于货运量平均增速。近10年来，我国快递业市场规模稳步推高，快递货物运输量持续快速增长，全国快递业务量由2010年的23.4亿件增长至2019年的635.2亿件，年均增长44.3%；快递业务收入由2010年的574.6亿元增长至2019年的7497.8亿元，年均增长33.0%。

三是铁路、内河水运、管道等绿色运输方式货运市场份额有所提高。2016年，在经过长期持续下降后，铁路货运量和货物周转量占比分别降至7.7%和18.5%的历史最低点。此后3年，在国家大力推行"公转铁"政策助推下，铁路货运市场份额出现小幅回升势头，2017年铁路货运量和货物周转量占比分别为7.8%和18.9%，2018年铁路货运量和货物周转量占比分别为 7.9% 和 18.9%，2019 年铁路货运量和货物周转量占比分别为 9.3% 和 20.7%。2019 年，内河水运货运量和货物周转量占比分别比 2016 年提高了 1.4 个和 3.9 个百分点，管道货运量和货物周转量占比分别比 2016 年提高了 0.3 个和 0.4 个百分点，公路货运量和货物周转量占比则分别比 2016 年下降了 6.3 个和 6.4 个百分点。

2. 原因分析

近年来，我国货物运输需求出现的新变化和新趋势主要受到以下因素影响：

一是经济增长由高速阶段步入中高速阶段。从国际发展经验来看，经济经过持续高速增长后出现增速换挡是典型经济体的一般发展规律。改革开放 30 多年来我国经济保持了持续高速增长，2011 年以来，受多种因素影响，经济增长速度从两位数下降至一位数，并呈现逐年小幅下降态势，2019 年 GDP 同比增长 6.1%，表明我国已进入增速换挡、结构优化和动力转换的新阶段。短期来看，货运需求受经济增长速度的影响较大，货运量作为国民经济景气程度的先行指标，往往先于经济增长指标出现波动，并且其波动幅度往往大于整体经济的波动幅度。因此，随着经济增速的下降，我国货运需求增速也明显放缓。

二是产业结构升级和消费升级是造成货运需求增速减缓及运输货类结构变化的重要影响因素。随着重化工业阶段基本结束，我国进入以科技进步和创新驱动为重要支撑的新型工业化阶段，传统的重化工业在国民经济结构中所占比重不断下降，战略性新兴产业和现代服务业的比重不断提高，原材料、能源等大宗物资的消费需求明显放缓，工业制成品、高附加值产品等适箱货物在产品结构中所占比例稳步上升，从而推动集装箱运输需求快速增长。同时，居民消费加快升级，多样化、个性化需求不断增长，是带动电子商务发展及相关的快递配送需求强劲增长的重要动力。

三是交通运输在发展过程中深入贯彻绿色可持续发展理念。长期以来，我国货运体系中存在着公路承担过多长距离大宗货物运输的问题，尤其是在港口集疏运体系中，铁路承运比重偏低。运输结构不合理不仅造成物流成本过高，而且带来严重的环境污染、交通拥堵等问题。2017 年以来，我国实施了以推动沿海港口大宗货物"公转铁"为主要内容的货运结构调整行动，疏港铁路、铁路专用线建设加快推进，铁水联运、铁公联运等多式联运快速发展，推动铁路、水运等市场份额明显提高。同时，输油、输气管线网络进一步完善，油气管道专业化运输比例进一步提高。

四是全球经济处于周期下降阶段，国际贸易摩擦加剧。2008 年国际金融危机以来，世界经济整体上仍处在危机后的修复阶段和发展方式的转换阶段，全球经济陷入深度调整，新的增长动力尚未形成。新兴经济体经济普遍低迷，全球贸易增速偏低，地缘政治冲突加剧，世界能源格局深刻变化，造成国际远洋运输需求增幅放缓。

二、对我国货运需求所处增长阶段的总体判断

（一）货运需求增长具有阶段性特征

北方交通大学荣朝和教授提出的运输化理论，对工业化与运输化的关系进行了系统阐述。他指出，运输化的发展可以划分为运输化 1.0 阶段、运输化 2.0 阶段和运输化 3.0 阶段。运输化 1.0 阶段大体对应第一次工业革命时期和第二次工业革命时期的前半段，在该阶段中各种近现代运输方式各自独立发展；运输化 2.0 阶段对应第二次工业革命时期的后半段，运输业在该阶段中的主要特征是实现多式联运、枢纽衔接和运输领域的综合运输体系；运输化 3.0 阶段则对应第三次工业革命时期，运输发展更多考虑资源环境、大都市区形态、信息化、全球化和以人为本等。

基于运输化理论，在经验总结世界各国与地区运输业发展演变规律的基础上，荣朝和教授系统阐释了不同运输化阶段货运需求增长变化的特征：随着经济的发展，总货运量是一条先逐渐加速增长（在运输化 1.0 阶段），然后逐渐减速增长（在运输化 2.0 阶段），最后在运输化 3.0 阶段缓慢下降的一条"S"形曲线（见图 1 - 9）。就 GDP 增长与货物运输量增长对比而言，在运输化 1.0 阶段，货运量的增长率长期高于 GDP 的增长率，意味着货运需求的弹性系数大于 1；到运输化 2.0 阶段，两者关系趋于平衡，即总货运量的增长率放缓并与 GDP 的增长率大体相当，其中铁路货运量甚至已经开始下降；而在运输化 3.0 阶段，经济增长带来的货物运输强度不断下降，表现为

GDP 继续增长但总货运量出现增长停滞甚至开始下降。

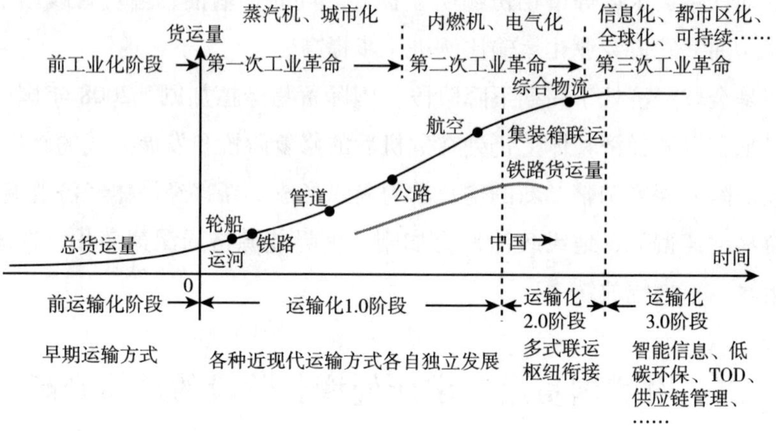

图 1-9 运输化阶段划分调整示意

资料来源：荣朝和. 对运输化阶段划分进行必要调整的思考 [J]. 北京交通大学学报，2016，40 (4)：122-129.

（二）典型发达国家货运需求增长和结构变化的一般规律

本报告选取了美国、日本、英国三个典型发达国家货运需求的演变历程进行了分析，其中，从国土面积、经济总量、产业体系、交通运输体系等多角度衡量，美国与我国最具可比性，其演变规律最具参考意义。

1. 工业化过程中货运强度呈不断下降态势，进入后工业化阶段后货物周转量仍有一定增长，2008 年金融危机之后普遍呈现波动下降态势

在整个工业化阶段，美国、英国、日本三国的货运强度（即单位 GDP 的货物周转量）呈不断下降态势，特别在工业化中后期此趋势最为明显。但是，在完成工业化之后，典型发达国家货物周转量仍保持增长态势，只是增幅较工业化阶段明显下降。2008 年金融危机之后，典型发达国家货物周转量呈现出波动性下降趋势。

美国。美国货物周转量 1980～2008 年为增长趋势，2008 年金融危机后为下降趋势，其中 2008 年货物周转量为 1980～2016 年的峰值，为 88253.4 亿吨公里。1980～2016 年美国货物周转量年增速呈波动趋势，其中 1980～2008 年美国货物周转量年增速相对平稳，波动较小，平均增速为 1.3%；

1997～2007 年，货物周转量年均增速为 0.5%；2008～2016 年货物周转量年增速波动加大，货物周转量年均增速为 -2.1%。如图 1-10 所示。

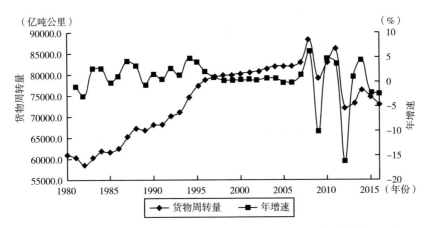

图 1-10　美国 1980～2016 年货物周转量及年增速变化趋势

注：全国货物周转量指公路、铁路、国内水运、航空及管道 5 种运输方式货物周转量之和。

资料来源：Department of Transportation, Bureau of Transportation Statistics, Transportation Statistics Annual Report 2019：The State of Statistics（Washington, DC：2019）［EB/OL］. https：//doi. org/10. 21949/1502602.

表 1-3　　　　　　　　　**2020～2045 年美国各方式货运量预测（亿吨）**

方式	2020 年	2025 年	2030 年	2035 年	2040 年	2045 年
公路	124.2	131.3	138.4	145.7	154.7	164.1
铁路	18.0	18.7	19.4	20.2	21.4	22.5
水运	7.8	8.2	8.4	8.6	9.0	9.4
航空	0.097	0.119	0.143	0.174	0.221	0.262
多方式（含邮件）	4.8	5.2	5.7	6.3	7.1	8.0
管道	39.8	42.7	44.2	45.5	46.4	47.7
其他或不详	0.324	0.320	0.298	0.299	0.306	0.317

资料来源：美国运输部. 国家货运战略规则［EB/OL］. 2020［2020.09.20］. https：//www. transportation. gov/sites/dot. gov/files/2020-09/NFSP_full plan_508_0. pdf.

日本。20 世纪 90 年代左右，日本货物周转量进入一个较为平稳的低速增长阶段，2008 年后则步入明显的下滑轨道。与英国和美国相比，日本较早进入低速增长阶段，可能与其整体社会经济增长换挡有关。日本 1950～2016 年货物周转量及年增速变化趋势如图 1-11 所示。

图 1 - 11　日本 1950 ~ 2016 年货物周转量及年增速变化趋势

注：全国货物周转量指公路、铁路、内航海运及国内航空等 4 种运输方式货物周转量之和。公路货运量和货物周转量中，1975 年开始仅限有偿运输（之前含无偿运输），包括家用运输；1986 年之前不含轻型机动车，1987 年开始含轻型机动车，2010 ~ 2014 年机动车统计方法有变更；铁路数据仅限有偿运输；下同。

资料来源：日本总务省统计局. 日本统计年鉴 ［EB/OL］. https：//www. stat. go. jp/data/nenkan/index1. html.

英国。1953 ~ 2000 年，英国货物周转量上升趋势明显；2000 ~ 2008 年，货物周转量在 2400 亿吨公里上下小幅波动；2008 之后呈现较为显著的下降趋势。如图 1 - 12 所示。

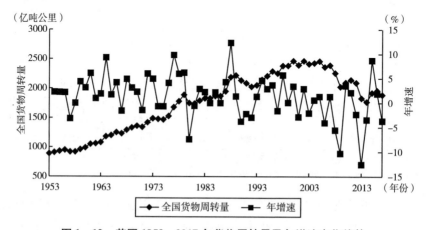

图 1 - 12　英国 1953 ~ 2017 年货物周转量及年增速变化趋势

资料来源：Department for Transport Transport UK. Statistics Great Britain ［EB/OL］. https：//www. gov. uk/government/statistics/transport - statistics - great - britain.

2. 运输结构变化到一定阶段后保持基本稳定，但存在显著的国别差异

各国的货运结构与各国产业布局和资源禀赋等有密切相关，因地理区位、资源禀赋、产业结构和商品种类等不同而有较大差异。但发达国家运输结构演变也有共同特征，运输结构变化到一定阶段后保持基本稳定。

美国。从货运结构来看，美国国内水运和管道货物周转量所占份额整体呈下降趋势，公路、铁路和民航为上升趋势。公路所占份额最高，2008 年达到最高值为 45.5%，近五年基本在 40% 左右。铁路所占份额近五年基本为 30% ~ 35%。民航所占份额虽然呈波动性上升趋势，但是整体份额较小，2016 年刚刚再次突破 0.3%。管道运输所占份额在 5 种运输方式中排第 3，并且 2008 年后有小幅的上升，近五年基本在 17% 左右。国内水运所占份额排第 4，长期下降趋势最为明显，所占份额已经降至 10% 以下。美国 1980 ~ 2016 年货运结构变化趋势如图 1 – 13 所示。

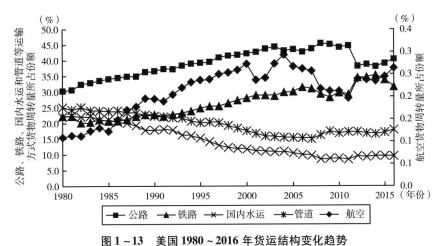

图 1 – 13　美国 1980 ~ 2016 年货运结构变化趋势

资料来源：Department of Transportation, Bureau of Transportation Statistics, Transportation Statistics Annual Report 2019: The State of Statistics (Washington, DC: 2019) [EB/OL]. https://doi.org/10.21949/1502602.

日本。从货运结构来看，1950 ~ 2016 年，铁路货物周转量所占份额下降趋势最为明显。1953 年日本铁路货物周转量所占份额达到最高值 54.8%，并于 1986 年下降至 4.6%，近 30 年在 4% ~ 6% 徘徊。内航海运货物周转量所占份额在 40% 上下波动，1960 ~ 1970 年，其在四种运输方式中所占份额保持首位。公路货物周转量所占份额整体呈上升趋势，于 1985 年超过内航海运，在此之后所占份额排名一直保持第一，但是 2008 年之后呈下降趋势，与内航海运上升趋势正好相反。在四种运输方式中，国内航空货物周转量所占份额最低，但是呈上升趋势。如图 1 - 14 所示。

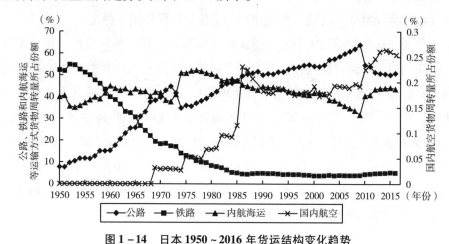

图 1 - 14   日本 1950～2016 年货运结构变化趋势

资料来源：日本总务省统计局. 日本统计年鉴 [EB/OL]. https：//www. stat. go. jp/data/nenkan/index1. html.

英国。1953～2017 年，公路货物周转量所占份额整体呈提高趋势，2017 年其占比已经高达 77.8%。铁路货物周转量所占份额呈现下降趋势，近 20 年铁路货物周转量所占份额有微弱的上升，2017 年为 8.9%，排在公路和水运之后。英国水运货物周转量所占份额在 20 世纪 60～70 年代超过铁路，但是在 20 世纪 80 年代之后即步入下降趋势，2017 年仍然高于铁路所占份额，为 13.2%。英国 1953～2017 年货运结构变化趋势如图 1 - 15 所示。

3. 货运需求总量和结构受各国产业发展和布局、国土面积等因素影响大

货运需求总量和结构与各国产业发展密切相关。美国进入后工业化阶段后，虽然不断地向国外转移产业，但由于其国土巨大，产业结构完整，钢铁、煤炭、矿石等大宗商品总产量有所上升，因此其货运总量依然缓慢增长，并且铁路货运份额保持了一段时间的增长。美国货运品类与其国内大宗产品的产量密切相关。在美国的铁路货运中，煤炭为主要货运品类。随着能源结构变化，导致煤炭消费减少，2001～2015 年，铁路煤炭运量下跌趋势明显。化

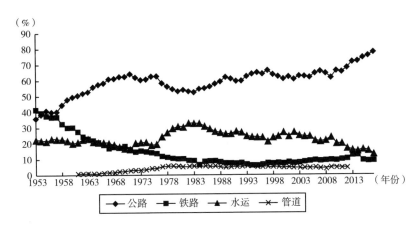

图1-15　英国1953～2017年货运结构变化趋势

资料来源：Department for Transport Transport, UK. Statistics Great Britain［EB/OL］. https://www. gov. uk/government/statistics/transport-statistics-great-britain.

学制品为铁路货运第二大品类，2001～2015年，铁路化学制品运量呈上升态势。

日本受岛国地理区位以及资源匮乏影响，其在重化工业调整时必然出现原料、初级品的需求降低，从而造成总货运量增速下降。其次，日本由于国土面积狭小，产业集中在东部沿海地带，"国内公路＋国际水路"运输成为其主导的货运方式，而铁路货运所占比例较低。

在英国的铁路货运中，煤炭、建材、金属等大宗货类货运量的变化直接决定了英国货运总量的变化趋势。另外，英国铁路多式联运占较大比例，并在近年呈现逐步增长的趋势。

国土面积辽阔、产业和资源空间布局不一致的国家，如美国、俄罗斯，铁路在货运体系中发挥着骨干作用，铁路货物周转量占比目前稳定保持在较高水平。

4. 在交通基础设施总量保持基本稳定甚至有所下降的情况下，仍可支撑货运需求继续增长

1916年美国铁路总里程达到历史最高峰，约41万公里。此后对铁路进行了大规模拆除，到20世纪60年代末铁路总里程为33万公里，70年代末约30万公里，目前约22.8万公里。20世纪80年代以来，得益于铁路改革所带来的铁路运输效率和市场竞争力提高，在铁路总里程大幅下降的情况下，美国铁路货物周转量仍出现了较快增长，由 1980 年的 13607 亿吨公里增长至 2008 年的 25947 亿吨公里。美国州际公路系统 20 世纪 80 年代基本建设完成，在公路总规模基本稳定的情况下，公路货物周转量由 1980 年的 18492 亿吨公里增长至 2008 年的 40188 亿吨公里。

在公路总里程增长了 20%、高速公路和 A 级公路总里程仅增长 7% 的情况下，英国公路货物周转量由 1968 年的 790 亿吨公里增长至 2007 年的 1573 亿吨公里，增长了接近 100%。

（三）我国货运需求增长所处阶段的总体判断

1. 我国工业化发展阶段判断

改革开放 40 多年来，我国产业结构加快优化调整，逐渐由"二、三、一"为序的产业结构特征进入"三、二、一"为序的阶段，服务业已成为经济增长的主要动力，经济正快速从"工业时代"向"服务业时代"过渡，并在当前处于工业化中期阶段向后期阶段过渡。1978～2018 年，第三产业增加值占 GDP 的比重从 24.6% 升至 52.2%，提高 27.6 个百分点；第二产业增加值比重从 47.7% 降至 40.7%，下降 7 个百分点；第一产业增加值比重从 27.7% 降至 7.2%，下降 20.5 个百分点。总体呈现出第一产业占比下降、第二产业始终保持较高水平、第三产业占比上升的结构转型特征，与主要国家产业结构调整趋势保持了一致。2012 年我国服务业增加值占 GDP 比重首次超过第二产业，2015 年服务业增加值占 GDP 比重首次超过 50%，2018 年服务业对经济增长的贡献率升至 60.1%，比 1978 年提高了 31.7 个百分点。根据钱纳里等、库兹涅茨等关于工业化发展阶段的划分标准，我国目前正处于工业化中期阶段向后期阶段过渡时期。

2. 我国运输化发展阶段判断

根据荣朝和教授的研究结论，2010 年前后，我国运输业的发展逐渐进入运输化 2.0 阶段。其主要特征是：一是从运输方式的发展看，全国性铁路网、公路网和港口体系的建成是运输化 1.0 阶段基本实现的标志，而高速公路、高速铁路以及航空网的普及是运输化 2.0 阶段的体现。二是从运输需求方面看，运输化 1.0 阶段运输需求的扩大主要体现在数量的急剧增加上，而运输化 2.0 阶段的运输需求在数量增长上不再那样突出，却更多地体现在对运输质量和服务的要求上面。三是从运输需要满足的程度看，运输化 1.0 阶段首先要解决大宗、长途货物的调运，其中最突出的问题是煤炭、石油等矿物能源在全国范围的调运平衡，而在运输化 2.0 阶段，大宗能源和原材料的远距离运输问题已经得到了较好的解决。

3. 我国货运需求增长所处阶段判断

荣朝和教授的运输化理论及阶段划分，为判断我国交通运输发展阶段及货运需求增长阶段提供了重要的理论依据。从实际来看，我国货运需求的增长速度变化也基本与这一理论相吻合。以增长速度为标准，改革开放以来，我国货运需求增长大致可分为三个阶段，基本呈现倒 U 形走势。改革开放至 1995 年为"中高速增长阶段"，随着经济快速发展，货运需求较快增长，货运量和货物周转量年均增速分别达 5.6% 和 7.6%，但这一阶段货运量增长受到交通运输供给能力不足的限制，并不能充分反映真实的全社会货运需求；1996 ~ 2012 年，随着我国重化工业加快发展、交通运输供给能力大幅提升，货运需求快速增长，其中煤炭、矿石、钢铁、建材等大宗物资运输需求增幅明显，货运需求进入"高速增长阶段"，货运量和货物周转量年均增速分别达 7.5% 和 10.2%；2013 年至今，随着经济增长速度趋缓和产业结构不断向高级化演进，我国货运需求增速出现明显放缓，2013 ~ 2018 年货运量和货物周转量年均增速分别降至 4.7% 和 4.1%[①]，货运需求进入"中速增长阶段"。2013 年以来我国货运需求增速回落，是我国运输化进入 2.0 阶段的重要表现，同时也是我国工业化逐步进入后期阶段，货运强度进一步降低的体现。

值得注意的是，我国的工业化过程与"第三次工业革命"相叠加，在提升改造传统产业的同时也面临着加快发展现代装备制造业、电子信息产业、生物医药产业等新兴产业和现代服务业的任务，且在这一过程中还面临着发达国家"再工业化"战略的挑战。2035 年前我国面临着艰巨的产业升级和结构调整任务，工业制造需走工业 2.0、工业 3.0、工业 4.0 并行和多层次发展的道路。同时，典型发达国家货运需求增长的历史演变也表明，在进入后工业化阶段之后，在经济总量继续增长、人民生活水平持续提高等因素推动下，

---

① 2019 年公路货运量统计口径进行了调整，为具可比性，年均增速采用 2013 ~ 2018 年数据计算。

货运需求总量仍将在较长时期内保持增长。因此，考虑我国工业化进程的特殊性，参考发达国家的发展历史，我国货运需求"中速增长阶段"将贯穿我国工业化后期及运输化2.0阶段。在进入后工业化阶段和运输化3.0阶段之后，货运增速进一步放缓，进入"低速增长阶段"。但疆域广阔、人口众多、资源分布不均等基本国情也决定了我国货运需求处于较高水平，同时，新兴产业和服务业发展也会催生新的货运需求，货运需求不会出现大幅度、快速下降的局面，而是转为低速增长，经过一段时期的平台期后从最高水平逐步、缓慢下降。

三、未来影响我国货运需求的主要经济社会因素及其发展趋势

（一）影响货运需求的经济社会因素分类

货运需求的规模、结构等受多种经济社会因素的影响，影响程度和方向不一，十分复杂。本报告将影响货运需求的经济社会因素分为两大类：需求侧因素和供给侧因素。

1. 影响货运需求的需求侧因素

货运需求的本质是经济社会发展过程中各类生产、生活活动所派生出来的货物位移需求。货物运输需求的派生性、引致性属性，决定了一个国家或地区最终形成的货运需求数量和结构，与社会生产中原材料、中间品和最终消费品的需求量和结构密切相关，也就意味着一个国家或地区的货运需求必然与经济社会发展的各类总量性或结构性因素有密切关系，这些从需求侧对货运需求总量和结构具有重要影响的因素主要包括：

（1）国民经济发展规模。

国民经济发展规模通常用GDP表示，该指标反映了一个国家或地区所有常驻单位在一定时期内生产的所有最终产品和劳务的市场价值，是衡量一个国家或地区总体经济状况的重要指标。从长期来看，在要素投入增加、科学技术创新、全要素生产率提升等因素作用下，一个国家或地区的总产出和经济发展规模呈现不断增长趋势，经济总量的增长意味着社会经济活动更加活

跃、生产部门产量扩大和经济规模进一步扩张，这些都带来原材料和产成品运输求的增加，并促使货物运输需求不断增长。当然，随着经济结构的变化，经济规模扩张对货运需求的边际推动作用有递减的趋势。也就是说，当一个国家或地区的经济发展达到一定水平以后，单位 GDP 所产生的货运需求，即货运强度，有递减的趋势。

（2）国民经济增长速度。

国民经济具有周期性波动的特点，经济活动沿着经济发展的总体趋势所经历的有规律的扩张和收缩就形成了经济周期。在经济周期的扩张阶段，宏观经济环境和市场环境处于活跃状态，市场需求旺盛，社会总产出快速增长，从而带动全社会货运需求快速增长。反之，当经济处于周期波动的紧缩阶段，宏观经济环境和市场环境处于低迷状态，市场需求萎缩，生产收缩，社会总产出快速下降。由于企业会更早认识到经济波动的来临，从而更快的重新安排采购和运输，因此，运输部门作为经济的先行部门对经济周期的反应敏感度较高，货运需求的增长（或下降）通常先于经济总量的增长（或下降），且其波动幅度往往高于经济总量的变化率。

（3）人均 GDP。

人均 GDP 之所以是一个很重要的需求侧因素，对一个国家或地区的货运需求总量、结构具有重要影响，一方面是由于人均 GDP 的高低可以反映一个国家或地区的居民消费能力，再与人口总量相结合共同决定了一个国家的市场容量；另一方面，人均 GDP 也反映了居民消费结构、经济发展水平甚至技术水平，与产业结构等因素存在交叉性影响作用，比如居民消费结构直接影响着一个国家或地区的产业结构。

（4）自然地理和要素禀赋。

从自然地理因素来看，对于货运需求总量和结构具有最大影响的是一个国家的国土面积。国土面积较大的国家，远距离运输的货物需求大大提升，同样的货物运输量产生的货物周转量远大于国土面积较小的国家。同时，从世界范围内来看，国土面积不同的国家对铁路货运的依赖程度是不同的，铁路货运的地位也是不同的。国土面积大的国家，如美国、俄罗斯、加拿大、印度等，对铁路货运保持着较高的依赖性，铁路货运业长期保持着较为重要的地位。

要素禀赋对一个国家的货运需求也具有重要影响。以我国为例，我国煤炭资源主要集中在"三西"（山西、陕西和蒙西）地区，油气资源也主要集中分布在中西部地区，资源分布特点决定了"北煤南运""西气东输"格局将长期存在。又如日本，日本是个矿产资源较为贫乏的国家，煤炭储量和产量都很少，铁矿石几乎没有，钢铁工业原材料基本上都依靠进口，由此决定了日本依靠海运大量进口煤炭、铁矿石等工业原材料。

（5）产业结构和产业空间布局。

工业部门是货物运输需求的最大来源，三次产业结构的演变、工业结构的变化，必然会引起货物运输总需求和结构的变化。前文已就货运需求与产业结构、工业结构变化之间的关系进行了分析，在此不再赘述。

一国产业空间布局特征决定了区域间货物运输量的大小，决定了交通运输网络布局和主导运输方式的选择。美国和日本是两个交通运输网比较完善的发达国家，它们的产业空间布局和货运模式之间的关系，就很好地反映了产业空间布局对货物运输需求和运输结构形成的重要影响。

首先来看美国。美国幅员辽阔，国土面积居世界第四位。平原面积广阔，占国土面积的70%以上，产业分布几乎不受地理条件限制，使美国的东、中、西部分别形成了不同主导产业为主的经济空间结构。从产业空间布局看，以东北沿海地区和五大湖地区的港口和工业城市经济圈为核心，形成了全国主要的工业"制造产业带"，集中了全国2/3的制造业职工和3/4的制造业产值；中部、西北和山区集中了全美农场数的81.6%，农用耕地的90.6%，农业产出的90.0%，是美国的主要农业和采掘业聚集区。这种产业空间分布格局，需要其他地区向东北地区长距离运送原料产品，再从东北地区向其他地区长距离运送加工产品，区域间物资交换量大，这决定了美国的货运需求总量巨大。一方面，由于国土面积大，运距长，所以在货物运输方面，铁路发挥了巨大作用；另一方面，由于制造业产品需要运往全国各地，为提高货物的送达速度，铁路与公路、水运的联运在美国也是非常发达。

其次再看日本。日本是一个岛国，总面积为37.7万平方公里，只有美国的4%。日本地理条件的另一个特点是平原面积狭窄，仅占国土面积的24%。第二次世界大战后，日本根据国土资源和人口状况，形成了以都市圈为中心、以大城市为骨干的城市化和工业化发展道路，在三大都市圈形成了三个比较独立的制造业中心。日本都市圈经济的最大特点是，都市圈内各城市间的分工与合作非常密切，但三大都市圈之间的经济联系却不发达。三大都市圈的产业结构比较接近，经济相互独立，互补性小，区域之间的货物交流量小。由于产业空间布局上具有同构性，产业分工基本被限制在城市圈内部，因此公路运输成为日本货物运输的主力。同时，由于需要大量进口矿产资源等能源、原材料等，并出口汽车、机械、电器等工业制成品，海运也在日本货运体系中发挥着重要作用。

（6）城镇化水平和人口结构。

一个国家或地区的城镇化水平也是需求侧因素中一个很重要的影响因素。首先，城镇化水平表明一个国家或地区的社会生产方式的现代化程度，城镇化水平越低说明一个国家或地区农业生产也即传统生产方式的比例越高，也即社会生产方式的现代化程度越低，运输化理论表明现代化生产特别是现代化生产的初期货运总量快速增长。其次，城镇化水平也反映一个国家或者地区生产和人口的空间形态，这是因为城镇化过程中，不但社会的生产方式发生转变，人们的生活方式也发生变化，此时人口聚集、城市兴起。人们生活空间形态的变化必然对生产和生活所需要货物的空间位移方式带来影响，突出表现为城市内部对小批量、零散、时效性强的货运需求增多，城市之间则更多为大宗商品的长途运输。

人口结构对货运需求的影响虽然较为间接，但却极为深远。老年人口比例不断上升，即人口老龄化，会带来劳动人口下降，劳动生产率和社会储蓄率下降，制约新兴产业发展和产业结构调整，社会负担加重等一系列经济社会问题，造成经济活力降低，进而影响货运需求增长。以日本为例，自20世纪70年代日本即进入老龄化社会，并在20世纪90年代迅速超过14%，是世界上老龄化程度最高、速度最快的国家之一。在20世纪90年代左右，日本经济进入低迷阶段，货物周转量速增显著放缓，2008年后则步入明显的下滑轨道。与美国、英国等发达国家相比，日本货运需求更早进入低速增长和下滑阶段，除却泡沫经济破灭等原因，人口深度老龄化对经济增长产生了负面影响也是不容忽视的重要原因。

（7）国际贸易发展水平及依赖度。

一般而言，对外开放程度越高、外贸进出口总额越高的国家和地区，外贸货物运输需求就越大。此外，从国际分工体系的视角分析，如果一个国家或地区处于国际产业链条的低端，主要为国际化大生产提供原材料，那么外贸运输主要为大宗、低附加值货物。当一个国家或者地区进入国际产业链条的中端，以出口加工贸易品为主，相关产业大多分布在沿海沿边地区，国际集装箱运输需求将快速增长。再就是像美国这样的发达国家，处在国际产业链条的顶端，出口货物以资本密集型商品、工业制品、消费品等高附加值产品为主。

从对外贸易依赖度考虑，在出口导向型经济发展模式下，经济发展主要由国际市场来推动，国际经贸发展形势对本国经济增长和货运需求增长具有很大影响。同时，由于国内市场容量有限，相互间的经济联系较弱，国内货运需求规模较小且增长较慢。若一个国家经济发展由内需和国际市场双轮驱动，则国内市场的重要性显著提升，国内各区域间经济联系十分密切，国内货物运输需求规模扩大，增长迅速。

2. 影响货运需求的供给侧因素

科学技术、管理制度的创新能改变货运系统的运输能力、结构和效率，对货运需求增长和结构变化具有重要的反作用。这些通过影响货运系统供给能力、结构、效率间接反作用于货运需求总量和结构的因素，可称为供给侧因素。主要包括：

（1）科学技术进步。

科学技术范围十分广泛，其对货运需求的影响有正有负，难以一概而论。

从交通领域的科学技术进步来看，新型交通方式、运输技术、组织技术的发展均能促进相应的货运需求增长，并进一步推动运输结构的改变。如，集装箱运输技术的兴起和发展，极大地提高了运输效率，并推动了多式联运的快速发展。又如，铁路重载技术、货运快速组织技术的发展，提高了铁路运输能力和运输效率，降低了运输成本，提高了铁路在高附加值货物运输市场上的竞争力。未来，随着高速铁路网规模进一步扩张和高铁货运动车组投入运营，高铁快运将成为一种新兴快速货运方式，并对货运格局产生十分深远的影响。

从能源领域的科学技术进步来看，一些能源领域的技术进步会对货运需求产生较大的替代或抑制作用。如发展特高压技术，可在煤电基地发电并通过输电线路将电力直接送往最终消费地，变输煤为输电，煤炭被就地消化，从而减少了煤炭的长距离调运需求。根据测算，建设一条1000千伏特高压交流输电线路，可减少原煤调运量1500万吨左右。同时，风能、太阳能、核能等新能源的广泛利用将减少经济社会发展对传统化石能源的需求，对煤炭运输需求产生较大影响。

从信息通信等领域的科学技术进步来看，工业互联网、能源互联网、车联网、物联网等新网络形态不断涌现，智慧城市、智慧物流、智能生活等应用技术不断拓展，将形成无时不有、无处不在的信息网络环境，推动人类生产方式、商业模式、生活方式等发生深刻变革，将在影响货物运输需求的同时改变货物运输模式。例如，3D打印及纳米技术使本地化生产和分散化生产成为可能，并有可能打破传统供应链的空间布局。据ITF的《货运发展展望2019》，2050年3D打印可减少货物周转量28%。5G技术发展，将会促进远程教育、医疗、购物的发展，一方面会减少客运需求，另一方面AR技术发展通过增强消费体验，使消费转向线上，将客运需求转化为货物需求。

（2）交通运输管理制度和政策。

一个国家或地区的交通运输管理制度、政策能够促进或抑制某种运输方式的发展，通过改变货物运输价格和比价关系、运输供求关系、货运质量和效率等，间接作用于货运需求。

例如，20世纪70年代以来，美国在铁路、公路、航空等领域推行了一系列旨在放松政府管制、提高运输资源配置效率的政策，其中，1980年通过的"斯塔格斯铁路法"进一步将铁路放松管制推向深入，给予铁路行业在资产重组、业务选择、价格制定等方面较大程度的自由，把市场竞争作为铁路经营策略选择的最有效调节因素，从而有效地放松了对铁路的管制，有力地推动了美国铁路业的复兴，使得铁路在货运市场上的份额总体呈上升趋势。

又如，欧盟通过各种激励和约束政策，鼓励多式联运发展，促进公路货运向铁路、水运等低排放方式转移。欧盟提出到2030年，30%的300公里以上的公路货运转移至铁路或水运等运输方式上，到2050年这一比例达到50%。为此，欧盟出台了包括建设高效绿色的货运通道，加强港口与铁路的衔接，提高车辆排放和燃油消耗标准，对重型车辆逐步采用强制的基础设施收费，以外部成本内部化为导向重构交通运价和税收等一系列政策，加快优化运输结构，促进货运体系更加环境友好。近年来，我国出台的推动大宗货物"公转铁"，加大对公路货运汽车污染排放、超载超限的监督、检查力度等政策，已经对我国货运结构产生了一定影响，未来，若采取更加严格的绿色交通发展政策，则将进一步深刻影响我国货运格局。

综上所述，影响货运需求的各类经济社会因素如图 1 - 16 所示。

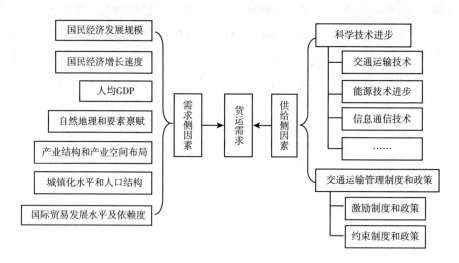

图 1 - 16　影响货运需求的需求侧因素及供给侧因素

（二）未来影响我国货运需求的需求侧因素及其发展趋势

1. 中长期内，我国经济增长速度换挡并将在一个较长时期内探底，但增长动力仍十分强劲、增长质量持续向好

我国经济增长面临着劳动年龄人口增量不断降低、人口老龄化进程加快，资本形成速度趋势性下滑等不利因素，但创新驱动发展战略的实施将大幅提升技术进步对经济增长的贡献，全要素生产率仍将继续提升。同时，我国将充分发挥国内超大规模市场优势，逐步形成以国内大循环为主体、国内国际双循环相互促进的新发展格局，将更加重视消费结构升级和产业结构升级，以内需增强我国经济的韧性和弹性。中长期看，我国经济增长速度将趋于下降，但下降速度"前快后稳"。根据国家发改委经济研究所的研究成果，基于2050 年前我国劳动力投入、资本存量、全要素生产率等关键变量的变化趋势预测，尤其是根据全要素生产率演进状况设定的基准、悲观和乐观三种情景，

到 2025 年，乐观情景、基准情景和悲观情景下，经济增长速度将分别下降到
6.48%、6.13% 和 5.68%；到 2035 年，乐观情景、基准情景和悲观情景下，
经济增长速度将分别下降到 5.08%、4.73% 和 4.28%；到 2050 年，乐观情
景、基准情景和悲观情景下，经济增长速度将分别下降到 4.37%、4.02% 和
3.57%。如图 1 - 17 所示。

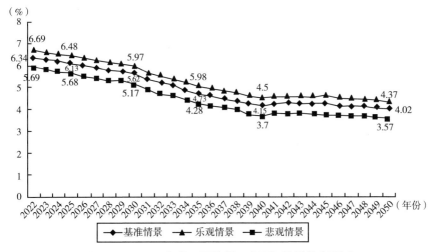

图 1 - 17　2050 年前不同情景下我国经济增长率预测

注：该图基于供给端的生产函数法测算得到，对于长期乃至中长期的经济增长速度分析具有合理
性。对短期经济增速的判断，还需结合需求端因素综合考虑。

资料来源：国家发展改革委综合运输研究所．新时代我国经济社会发展趋势和交通运输总需求预
测 [R]．2019。

基于经济增速和联合国人口司的人口预测数据，预测到 2025 年，乐观情
景、基准情景和悲观情景下，我国 GDP 分别达到 190.9 万亿元、183.5 万亿元
和 174.3 万亿元（2018 年价格水平，下同），人均 GDP 分别为 9.84 万元、9.62
万元和 9.34 万元，均是 2018 年的 1.5 倍及以上；到 2035 年，乐观情景、基准
情景和悲观情景下，GDP 分别达到 248.2 万亿元、234.6 万亿元和 218.2 万
亿元，人均 GDP 分别为 17.31 万元、16.37 万元和 15.22 万元，均是 2018 年
的 2 倍及以上；到 2050 年，乐观情景、基准情景和悲观情景下，GDP 分别达
到 487.2 万亿元、438.0 万亿元和 381.8 万亿元，人均 GDP 分别达到 35.71
万元、32.10 万元和 27.98 万元，均是 2018 年的 4 倍以上。如表 1 - 4 所示。

表1-4 　　　　　　　　　　**2021~2050 年我国 GDP 和人均 GDP 预测**

年份	情景	指标	
		GDP（万亿元）	人均 GDP（万元/人）
2021	乐观	109.7	7.68
	基准	108.7	7.61
	悲观	107.3	7.51
2025	乐观	141.6	9.84
	基准	138.4	9.62
	悲观	134.3	9.34
2030	乐观	190.9	13.24
	基准	183.5	12.73
	悲观	174.3	12.10
2035	乐观	248.2	17.31
	基准	234.6	16.37
	悲观	218.2	15.22
2040	乐观	312.8	22.07
	基准	290.8	20.52
	悲观	264.7	18.67
2045	乐观	391.8	28.10
	基准	358.2	25.69
	悲观	319.1	22.88
2050	乐观	487.2	35.71
	基准	438.0	32.10
	悲观	381.8	27.98

资料来源：国家发展改革委综合运输研究所．新时代我国经济社会发展趋势和交通运输总需求预测［R］．2019。

2. 我国经济地理及资源禀赋特征等现实国情决定了货运需求长期处于较高水平

我国疆域广阔、人口众多、产业体系完备、资源分布不均、东中西地区经济发展具有差异性等发展特征和现实国情，决定了我国货物运输需求长期处于较高水平。

我国是一个同时具备广阔国土、众多人口和庞大经济体量的大国，经济发展和人民生活水平提高都是推动货运需求不断增长的重要动力。新中国成立 70 多年来，我国建立起涵盖 41 个工业大类、207 个中类、666 个小类的完整工业体系，成为全世界唯一拥有联合国产业分类中所有工业门类的国家。2018 年，我国制造业增加值占世界份额达 28% 以上，接近美、日、德三国的总和。门类齐全、独立完整、规模巨大、分工协作的产业体系，既是我国形成国内大循环的重要战略优势，也是我国参加国际竞争的有利条件。从产业空间布局来看，我国能源、原材料、农业等基础产业主要分布在中西部地区，而加工工业、制造业、高新技术产业更多集中于东部沿海地区，这种产业空间布局特征决定了大量能源、矿产资源、农产品及加工产品在东中西部之间进行交换，产生了大规模的长距离货运需求。

资源、粮食等大宗物资在生产和消费空间上的不一致性也是我国长期面临和需解决的现实问题。煤炭方面，未来我国煤炭开发总体布局将是压缩东部、限制中部和东北、优化西部，煤炭的生产布局继续向西部尤其是"三西"地区集中；东部煤炭消费需求强度将下降但仍将保持较高水平，中部、西南地区产业和城镇化发展对煤炭的需求进一步增加，尤其是西南地区人口密集，成渝地区双城经济圈建设将推动用煤需求继续增加，需大量调入煤炭。钢铁方面，我国钢铁企业产能的 2/3 布局在东部沿海省份，仅有少部分企业主要依赖内地原材料并靠近市场而布局在内陆省份，山西、陕西、内蒙古等焦炭产地外调需求将长期存在；从消费来看，东部地区钢材消费强度已达到峰值，未来中部、西南、西北等内陆地区城镇化发展还将产生大量钢材消费需求，钢铁产品由北向南、由东向西、由沿海沿江向内陆的运输需求将大幅增长。粮食方面，我国粮食生产向黄淮平原、松花江平原地区等产区集中的趋势越发明显，按原粮口径计算，除吉林、黑龙江、河南、内蒙古、安徽等调出外，其余地区均需要调入。未来，我国"北粮南运""中粮西运"的运输格局不会改变，且以"北粮南运"为主。

从国土面积、人口总量、产业体系、生产力空间布局等方面综合考量，美国是发达国家中与我国最为相近的。美国在进入后工业化阶段后货运需求仍然保持了相当长时期的增长，1980～2008 年，美国货物周转量由 67143.3 亿吨公里增长至 88253.4 亿吨公里，年均增长 0.98%。从货类看，按货运重量计算，2016 年美国前十大货类所占比重为 66.1%，分别是天然气、焦炭、沥青（natural gas, coke, asphat），碎石（gravel），谷物（cereal grains），非金属矿产品（nonmetal mineral products），原油（crude petroleum），汽油（gasoline），燃料油（fuel oils），煤炭（coal），天然砂（natural sands），其他食品（other foodstuffs），大宗货物占美国货物运输的比重较高。由此可见，即便是在工业化目标实现之后，对于我国以及美国这类国土面积辽阔、经济体量大、工业体系完备、生产力布局具有空间不一致性的国家，仍有着巨大的货物运输需求，且大宗货物在货物品类中占有较高比重。

3. 我国完成新型工业化尚需时日，货运需求将进一步增长但货运强度将进一步下降

中长期看，我国产业结构优化调整的态势不会转变，转向服务业主导的经济形态的方向不会改变，产业结构调整更多在三次产业内部的优化。根据国家发改委经济研究所的研究成果，基于 2050 年前我国人均 GDP 的分情景预测，根据产业结构影响因素，结合基于历史数据构建的预测模型分析，同时考虑到产业结构演进的非线性特征，参考发达国家在相似发展水平时的产业结构特征，预测我国第一产业增加值占 GDP 比重和第二产业占 GDP 比重均将继续降低，第三产业增加值占 GDP 比重将继续提升。其中，基准情景下，到 2025 年、2035 年、2050 年，第一产业比重将从 2018 年的 7.2% 分别下降到 5.5%、3.5%、2.5%，第二产业比重从 2018 年的 40.5% 分别降至 39%、36.6%、33.5%，第三产业比重从 2018 年的 52.3% 分别升至 55.5%、59.9%、64%。如表 1-5 所示。

表 1-5　　　　　　　**不同情景下中长期我国三次产业结构**　　　　　单位:%

年份	第一产业增加值占 GDP 比重			第二产业增加值占 GDP 比重			第三产业增加值占 GDP 比重		
	悲观情景	基准情景	乐观情景	悲观情景	基准情景	乐观情景	悲观情景	基准情景	乐观情景
2025	5.7	5.5	5.3	39.4	39.0	38.8	54.9	55.5	55.9
2035	3.8	3.5	3.2	37.3	36.6	36.1	58.9	59.9	60.7
2050	3.0	2.5	2.0	34.5	33.5	32.5	62.5	64.0	65.5

资料来源：国家发展改革委综合运输研究所. 新时代我国经济社会发展趋势和交通运输总需求预测［R］. 2019。

考虑各种内外部因素，我国产业结构升级、新型工业化道路必定不是一帆风顺的，推动产业迈向中高端、建设制造强国的过程充满挑战，尚需时日。

从内部看，《中国制造2025》指出，我国仍处于工业化进程中，与先进国家相比还有较大差距。制造业大而不强，自主创新能力弱，关键核心技术与高端装备对外依存度高，以企业为主体的制造业创新体系不完善；产品档次不高，缺乏世界知名品牌；资源能源利用效率低，环境污染问题较为突出；产业结构不合理，高端装备制造业和生产性服务业发展滞后；信息化水平不高，与工业化融合深度不够；产业国际化程度不高，企业全球化经营能力不足。对照发展转型的国际经验和规律，为成功跨越"中等收入陷阱"，我国需要加快推动产业结构转型和升级，主要方向是加快推动第二产业由低端制造业向高技术产业、装备制造业转型升级，从劳动密集型、资本密集型产业向技术密集型和知识密集型产业过渡，以更高质量的工业化，为21世纪中叶人均GDP达到中等发达国家水平奠定良好的工业基础。

从外部看，未来我国新型工业化还面临着严峻的外部环境：一是东南亚、非洲、拉美等一些劳动力成本更低的发展中国家已对我国制造业形成了较强的竞争；二是发达国家本已占据国际产业链高端环节，可能将通过"再工业化"再次占领制高点，对我国提升产业竞争力形成挑战。"再工业化"与第三次工业革命的结合，将可能使发达国家在科技、信息、资本等方面长期积累的优势进一步强化，抢占全球产业链关键环节，主导新型装备、新材料的生产和供应，成为未来科技革新与产业革命红利的主要受益者，这将对我国提升产业竞争力形成挑战。三是逆全球化和贸易保护主义抬头，全球贸易进入产业链自我强化的过程，即产业链本身在向头部和区域集中，对全球贸易、投资和合作已经产生较大负面影响。叠加新冠肺炎疫情这一突发公共事件，贸易量的萎缩和疫情发展的不同步性，对我国整体产业链的稳定性造成较大影响。

未来，我国产业转型升级过程也必然伴随着产业空间布局的调整。我国区域间产业转移的主要趋势有：东部地区在向东北和中西部地区转移劳动密集型传统产业的同时，也加快向其转移电子信息、机械、医药和汽车等高端产业；钢铁、有色金属、石化化工等能源原材料型产业呈现东中西部双向流动、优化布局的趋势，其中，向东部地区的转移布局主要是基于矿产原材料进口、生产过程中给排水需求及降低运输成本等因素考虑；考虑产品生命周期的缩短、定制化生产和降低运输成本等因素，部分龙头企业采取"区域化制造"战略，选择在销售地附近生产，优化区域布局，如上汽、北京现代、华晨、一汽大众等相继在重庆、成都、武汉、长沙、郑州等城市建成了相当规模的整车和零部件生产基地；东部产业转移的一大特点是以龙头企业和大企业为核心，实行组团式或产业链式整体转移，有着产业特色和配套产业基础的沿南北走向的京广线、京九线和东西走向的陇海线、长江经济带成为承接东部产业转移的主要区域。产业空间布局的这些新趋势一方面会减少部分货物如进口矿石、进口煤炭等的长距离运输需求，另一方面随着产业布局更加分散、产品附加值的提高和电子商务的发展，各类适箱货物、快递货物、高技术货物、鲜活货物等的运输需求也在不断增长。

因此，考虑我国新型工业化过程的艰巨性、复杂性，参考典型发达国家的发展历程，可以认为我国推动产业和工业结构优化、建设制造强国过程中将伴随着货运需求的持续增长，同时，在产业转型升级过程中，产业发展将由规模扩张型向质量提升型转变，产业结构由能源原材料产业主导向高加工度化和技术密集化转变，这些转变必然伴随着产品结构的变化，推动制造业产品从低附加值转向高附加值升级、从粗加工向深加工升级、从劳动和资本密集向技术密集升级，产品体积小、重量轻、附加值高的特点日益明显，带来货运需求强度和增长速度下降。

4. 推进城镇化过程中基本建设投资需求、能源消费需求还将进一步增长

改革开放以来，我国城镇化加快发展，2019 年常住人口城镇化率为 60.60%，已进入城镇化中期向后期过渡阶段。我国城镇化水平与美国（82%）、日本（90%）、德国（77%）、法国（81%）等发达国家相比还有较大差距，城镇化进程还远未结束。中长期看，随着新型城镇化的深入推进、乡村振兴战略的深入实施，城乡协调发展的态势仍将持续，城镇化速度将趋于下降而城镇化质量持续提升。国家发改委经济研究所的研究成果以我国基本完成城镇化时可能达到的最高城镇化率为基础设定了乐观、基准和悲观三种情景，对未来我国城镇化率进行了预测。基准情景下，到2035 年我国常住人口城镇化率将达到 73.20%、到 2050 年达到 81.36%。如表 1 - 6 所示。

表 1-6　　　　　　　不同情景下我国常住人口城镇化率预测　　　　　单位:%

年份	乐观情景（高情景）	基准情景（中情景）	悲观情景（低情景）
2025	65.75	65.04	64.22
2035	74.73	73.20	71.50
2050	84.13	81.36	78.40

资料来源：国家发展改革委综合运输研究所．新时代我国经济社会发展趋势和交通运输总需求预测［R］．2019。

　　城镇化进程将推动城市规模扩大、旧城区扩建改造、城市基础设施（如机场、码头、道路、铁路、城市轨道交通等）及其他配套设施建设需求、住房需求快速增长，同时，城镇化过程中居民消费能力提高和消费升级，将极大带动汽车、家用电器等耐用消费品需求快速增长。特别是在中西部地区，由于在城镇化发展、承接东部产业转移、建设产业基地等方面还有较大发展潜力，未来这些地区的基本建设投资规模还将进一步较快增长。由此可见，城镇化将是未来一个时期带动矿石、钢材、矿建材料、水泥和木材等相关原材料和基建产品运输需求增长的一个重要动力。

　　研究表明，城镇化水平、居民消费水平提升是推升能源消费需求的主要因素。目前我国年人均能源消费量约为 2.2 吨石油当量，年人均用电量约为4000 千瓦时，尚不及日本的一半。目前人均 GDP 达到 25000 美元的国家，其人均能源消费水平均高于 4 吨标准油。即便由于我国人口众多，不可能全面实现发达国家的生活模式，达到其人均能源消费水平，但是，经济的发展、城镇化建设、人口增长和人民生活水平的提高，客观上都需要更高的能源消费水平来支撑。我国仍处于城镇化发展过程中，中西部地区也存在着追赶东部地区的发展要求，以电力为代表的能源消费需求还有进一步增长的空间。我国"富煤、贫油、少气"的资源禀赋条件决定了未来一定时期内煤炭仍将在我国能源消费中占有主体地位。未来，我国将加强煤炭清洁高效利用，发展煤炭化工，推进以电代煤、以气代煤。尽管未来非化石能源在一次能源消费中的比重会逐步提高，但是在我国水电开发接近饱和、发展核电的安全性存在争议、风能的稳定性和太阳能储能技术尚未得到很好解决的情况下，在较长时期内，煤炭作为一种经济安全可靠的能源，在一次能源消费中的主体地位不会变化。由此可见，城镇化也是未来一个时期推动煤炭消费需求和运输需求保持较高水平的一个重要动力。

从城镇化的空间形态看，当前我国人口加快向大城市及城市群地区集中，城市群、都市圈成为城镇化的重要载体和形态。由于我国国土面积辽阔，在人口向城市群集聚、呈现局部集中的同时，仍分散布局着大量的中小城市和小城镇，因此使我国城市化空间格局呈现出"局部集中、总体分散"的特点。这一特点对货运需求的影响表现在：

一是城市群是未来货运需求的主要增长点。城市群建设将推动城市规模扩大、旧城区扩建改造、城市基础设施及其他配套设施建设需求快速增长，由此带动相关原材料和基建产品运输需求的增长。同时，城市化过程中居民消费能力提高和消费升级，将极大带动汽车、家用电器等耐用消费品需求快速增长。因此，城市群地区作为未来我国货运需求的主要增长点，其大宗产品和制成品的运输需求还将持续增长。

二是东部城市群的高附加值货物运输需求快速增长。随着产业转型升级，高加工工业、高技术工业、服务业等产业将在东部城市群中占有更高的比重，同时，随着电子商务的发展，东部城市群居民的消费需求也将呈现持续快速增长态势。未来，由收入增长、新业态、消费升级等因素推动的高附加值货物运输需求将持续快速增长，其中东部城市群是增长的重点区域。

三是中西部城市群货运增长潜力较大。伴随"一带一路""海上丝绸之路""长江经济带"等建设的深入推进，我国全方位对外开放格局加快形成，对外贸易和投资的范围将进一步拓展，我国与中亚、高加索、东欧等内陆地区间的贸易将极大提升，大陆桥国际铁路货物联运量将快速增长，推动中西部中心城市的大陆桥国际铁路货物运输量快速增长。同时，中西部地区在城镇化发展、承接东部产业转移、建设产业基地等方面还有较大发展潜力，未来在大宗货物和工业制成品方面的运输需求还将进一步增长。

四是京津冀、长三角、珠三角、成渝、长江中游等城市群将形成若干体系完备、产业链完整的产业集群。城市群内部的经济联系更为紧密，内循环更趋强化，工业原材料、制成品等将基本满足区域生产、消费需求，许多产品无须长距离区际调运，货物平均运距有缩短趋势。

5. 进出口总额持续增长，进出口商品结构发生变化，贸易伙伴更加多元化

改革开放以来，伴随着新一轮的全球化以及我国经济高速增长，我国进出口总额高速增长、贸易盈余不断扩大，当前我国已进入进出口相对平衡稳定增长的阶段。对外贸易受国际环境深刻影响，未来我国进出口总额增速将出现放缓，但规模仍将继续增加，到 2035 年、2050 年或均有可能实现翻一番。基于我国 GDP 的预测，参考美国、日本等发达国家过去经验，并结合未来全球经贸环境的变化，设定我国外贸依存度的不同情景，以此预测我国未来一段时期的进出口规模。在基准情景下，全球化遇到波折、中美经贸摩擦持续延续，全球贸易进入疲软增长状态，假定我国外贸依存度从 2018 年的 33.9% 降至 2035 年的 25% 后趋于相对稳定，预计到 2025 年、2035 年、2050 年，我国进出口规模将分别达到 41.4 万亿元、58.7 万亿元、109.5 万亿元。如表 1-7 所示。

表 1-7　　　　　　不同情景下我国进出口规模预测（2018 年价格）　　　　单位：万亿元

年份	乐观情景	基准情景	悲观情景
2025	41.4	45.6	36.6
2035	58.7	74.5	43.6
2050	109.5	146.2	76.4

资料来源：国家发展改革委综合运输研究所. 新时代我国经济社会发展趋势和交通运输总需求预测［R］. 2019。

随着我国发展水平提高、经济总量占全球比重提高以及外部环境对我汇率施压，人民币升值是大势所趋，再加上人民币国际化需要、人民生活水平提高对进口商品需求的增加，未来一段时期，我国将基本能实现进出口平衡并逐渐出现经常项目小幅逆差。为此，根据不同环境条件下，我国经常项目逆差幅度变化差异（由出口占进出口总额比重下降所致），设定不同情景。在基准情景下，假定出口占进出口总额的比重从 2018 年的 53.8% 降至 2025 年的 50%、2035 年的 45%、2050 年的 40%，则到 2025 年、2035 年、2050 年，我国进口规模将分别达到 20.7 万亿元、32.3 万亿元和 65.7 万亿元，出口规模将分别达到 20.7 万亿元、26.4 万亿元和 43.8 万亿元。如表 1-8 所示。

表1-8 不同情景下我国进口和出口规模预测（2018年价格） 单位：万亿元

年份	出口总额			进口总额		
	基准情景	乐观情景	悲观情景	基准情景	乐观情景	悲观情景
2025	20.7	24.0	17.4	20.7	21.7	19.2
2035	26.4	35.4	18.5	32.3	39.1	25.1
2050	43.8	62.1	28.7	65.7	84.1	47.8

资料来源：国家发展改革委综合运输研究所. 新时代我国经济社会发展趋势和交通运输总需求预测 [R]. 2019。

从出口商品结构来看，我国已成为世界最大工业制造国，出口产品结构以机电类与电子及机械类高级制成品为主，初级农副产品和矿产原材料等在外贸出口中的比重显著降低。未来，我国制造业整体技术水平不断提升，中高档产品规模扩张较快，竞争力持续增强，继续为出口提供产业和技术支撑。同时，近十多年来，国内制造成本呈现上升趋势，我国的竞争力正在从单纯的价格优势向价格、质量、档次、技术含量等综合优势延伸，这是推动产业和出口商品结构升级的长期动力。加上人民币汇率缓慢持续升值这个因素，将推动企业继续调整提升出口商品结构。此外，我国资源环境压力加大，国内能源资源供给不足，资源密集型产品出口能力下降，这是出口商品结构升级的资源禀赋基础，也是久已存在、还将延续的长期趋势。展望未来，初级产品在外贸出口中的比重将继续下降，工业制成品在外贸出口中的比重将继续提高。工业制成品中，我国具有比较优势的一般机电产品、机械设备、金属制品等产品出口将继续增长，随着我国科技实力不断提高，先进电子产品、集成电路、高级电气、先进航空器材与高级汽车、高级仪器仪表等高新技术产品出口也将快速增长。

从进口商品结构来看，进入21世纪以来，我国进口结构的变化主要表现为农产品、石油、天然气、铁矿石等初级产品进口不断增长，在外贸进口中的占比持续提高，工业制成品进口总量不断增长，但在外贸进口中的占比持续下降。我国幅员辽阔、人口众多，巨大的消费基数和跨地域产生的多样性需求共同构成了全球最具潜力的消费市场。我国贸易开放的重心进一步转向主动扩大进口，推动进出口平衡发展、促进经济高质量增长成为全面开放的重要目标。同时，随着我国产业和消费持续升级，粮食、石油、天然气、铁

— 36 —

矿石等初级产品供需矛盾进一步凸显，未来我国初级产品的进口规模将进一步增长，在外贸进口中的占比将进一步提高。预计初级产品占外贸进口的比重进一步提高，工业制成品在外贸进口中的比重将继续下降。在工业制成品进口中，高级日用消费品及耐用消费品、精密仪器、高端装备、以芯片为代表的高新技术产品等的进口需求增速将快于一般工业制成品，占比将进一步提高。

未来，随着"一带一路"六大经济走廊的贯通，货物进出口的流向将更加多元，货运格局随着全球经济格局、生产格局、贸易格局的改变而改变。

从出口地区结构看，发达国家是中国出口的主要目的地，但其份额在下降，中国对新兴经济体国家和发展中国家的出口快速增长，市场份额不断提高。2018年，中国对东盟、拉丁美洲、非洲、俄罗斯等国家和地区的出口份额合计占中国对外出口总额的25.0%，较2002年提高了11.6个百分点。随着"一带一路"倡议的实施，以及上述国家经济的发展，对中国产品的需求将继续较快增长，未来我国对新兴经济体国家和发展中国家的出口将保持快速增长势头，其中东盟占中国出口比重上升速度最快。

从进口地区结构看，发达国家和地区是我国外贸进口的主要来源国，但在外贸进口中的占比不断下降，自新兴经济体国家和发展中国家的进口较快增长，市场份额不断提高。2018年，中国自欧盟、韩国、日本、美国、澳大利亚及中国台湾的进口份额合计占中国出口总额的51.4%，较2002年下降了13.6个百分点。随着我国对外贸易伙伴多元化趋势持续发展，主要发达国家在中国进口中的份额将继续小幅下降。2018年，中国自东盟、拉丁美洲、非洲、俄罗斯的进口份额合计占中国进口总额的27.4%，较2002年提高了11.3个百分点。随着我国与上述国家经贸关系进一步密切，预计我国自新兴经济体国家和发展中国家的进口将保持快速增长势头。

（三）未来影响我国货运需求的供给侧因素及其发展趋势

1. 科技进步对货运体系和货运需求的影响十分复杂且难以预测

新一轮技术革命突破了传统的技术局限、发展模式和发展速度，对货物运输需求将产生深刻影响。由于科技种类繁多且其未来发展难以预测，对社会生产、生活的影响亦复杂难测，本报告仅选取目前已出现且在可见未来有望大规模推广的技术，分析其对货运需求可能产生的影响。

第一，就交通领域的技术创新来看，高铁货运将催生高附加值高时效货物运输需求，对我国货运体系产生重要影响。随着我国高速铁路覆盖水平和高铁货运组织能力不断提高，高铁货运的时效性、可达性、经济性将逐步提升。高铁快递车厢、货运动车组、电商高铁专列等新技术新业态将进一步提升快递包裹运输的时效性，降低运输成本，有可能进一步催生高附加值、高时效性货物的运输需求。高铁快运网的形成与发展将对民航、高速公路等运输方式构成较大竞争，对我国快递快运组织模式及货运结构产生重要影响，同时也有利于形成民航、高铁、公路等多元共生的快递物流体系。

第二，新能源技术逐步成熟，将降低跨地区煤炭、油气等传统能源运输需求。在生产端，分布式风能、太阳能等新能源生产和输配电成本将逐步降低，在生产生活中部分替代煤炭、油气等传统能源，并改变煤炭、油气等传统能源集中开采生产和跨区域运输格局，缩短生产端和消费端距离，减少能源跨地区长距离运输需求。在消费端，新能源汽车技术的成熟和逐步普及将显著降低成品油消费需求，降低油气等传统能源运输需求。随着储能技术和换电技术的不断进步，电池能量密度和可移动性显著提高，将推动电池承载的分布式用能场景不断拓展，有力拉升电池运输需求。尤其是可换电新能源汽车保有量不断增长、汽车电池标准的逐步统一，将有力催生车用动力电池分散式充电和统一调度配送新需求，推动城市内、城际间电池调配运输需求大幅增长。

第三，3D打印等增材制造技术推动本地化制造生产，有利于减少制造业原材料运输需求。3D打印技术具有原材料需求较少、环保经济等显著优点，有力地提升了小规模、定制化、小型化产品的生产制造水平。随着3D打印技术水平不断进步，打印成本降低，将逐步满足大规模生产要求，进而直接影响部分装备制造业生产工艺，显著降低生产原材料需求量，使分散化生产成为可能，并有可能打破传统供应链的空间布局。多数专家认为，由于生产成本、速度和质量仍存在一定局限，至少在未来10年内，该技术还无法取代大规模生产，但这项技术目前已经风靡了原型制作、替换件、玩具、鞋履和医疗设备领域。据 ITF 的《货运发展展望2019》，2050 年 3D 打印可减少货物周转量的 28%。

第四，信息通信技术（ICT）与 AR 技术，特别是 5G 技术发展，将会促进远程教育、医疗、购物的发展，一方面会减少客运需求，另一方面会将客运需求转化为货运需求。如 AR 技术发展可增强消费体验，消费转向线上购物，带动快递需求快速增长。

2. 未来交通运输管理制度和政策将通过改变交通运输供给间接作用于货运需求

交通基础设施是我国推进工业化和城镇化进程的重要支撑，是稳投资、促增长的重点领域。根据相关规划，未来我国交通基础设施在数量和质量上都要新上一个台阶。中国国家铁路集团有限公司 2020 年 8 月发布的《新时代交通强国铁路先行规划纲要》提出，到 2035 年，全国铁路网达到 20 万公里左右，其中高铁 7 万公里左右。20 万人口以上城市实现铁路覆盖，其中 50 万人口以上城市高铁通达。全国 1～3 小时高铁出行圈和全国 1～3 天快货物流圈全面形成。交通部运输部正在制定的《国家综合立体交通网规划纲要》提出，到 2050 年国家综合立体交通网实体线网总规模合计约 93 万公里（不含国际陆路通道、空中及海上航路里程），其中国家公路网约 46 万公里，国家航道网约 3.3 万公里，国家油气管道网 24 万公里。全国沿海主要港口 28 个，内河主要港口 36 个，民用运输机场 450 个以上，国家邮政快递枢纽 100 个左右。这些交通基础设施规划的实施，不仅对优化人口和产业空间布局，加快工业化城镇化进程有重要推动作用，还将成为支撑货运需求增长及货运结构调整的基础条件。

在构建绿色综合交通运输体系发展导向下，优化运输结构、推动货运体系转型升级将成为一项长期性政策，从而对我国货运结构及货运需求结构产生重要影响。未来，在既有的大宗货物"公转铁"基础上，国家将持续推动运输结构调整优化，并可能出台一系列促进运输方式合理分工的政策，包括：以财政、税收等手段对铁路承担的低价运输予以补贴；将能源、环境、安全等外部成本纳入交通运输的价格体系中，对能耗大、排放严重的公路运输研究征收环境税；继续加大对公路货运汽车污染排放、超载超限的监督、检查力度；逐渐形成有利于向铁路、水运等运输方式转移的运输比价；出台相关政策鼓励公路运距800公里以上货物运输向铁路转移；铁路企业的市场化改革取得突破性进展，以客户需求为导向，创新货运组织模式，开行客车化班列、快捷班列，并与水路、公路企业加强合作，提供门到门的货运服务等，铁路在货运价格、运输时限、服务水平、便利性等多方面的优势明显改善。在此政策情景下，铁路、水运中长距离的货运份额将进一步提升，同时，公铁联运、铁水联运等多式联运需求快速增长，我国运输结构将进一步得到优化。

四、未来我国货运需求发展趋势分析

（一）货运需求总量增长趋势分析

1. 货运需求增速逐步放缓，货物平均运距有所缩短

根据运输化理论、借鉴国外经验，结合我国实际国情，本研究采用定性分析和定量预测相结合的方法，按照基准、乐观、保守三种情景，对中长期我国货物运输量及周转量进行了预测。预测结果显示：2035年以前，我国整体处于工业2.0向工业3.0过渡的时期，供给侧结构性改革将进一步深化，货运需求增速将有所下降，但由于工业化和城镇化进程还在持续，大宗货物运输需求处于峰值平台期，全社会货运需求将保持中速增长。2035～2050年，我国整体处于工业3.0向工业4.0发展的阶段，大宗货物运输需求出现温和下降，运输货物种类更加多元化，汽车、电器电子产品、食品、服装、日用品等消费品在货物结构中的占比不断提高，货值更高但更加轻型化，集装箱、快递等运输需求快速增长。该期间货运量及货物周转量呈现低速增长特征。如表1-9所示。

尽管当前全球化遭遇波折，但长期看全球化趋势不可逆转。未来30年我国远洋运输量仍将增长，但增长速度低于国内货运量增长速度。如表1-10所示。预计煤炭、铁矿石等大宗货物的进口随着我国产业结构的转型升级即将进入高峰平台期，但天然气、电器、食品、消费品等的进口量将会快速增长。出口方面，附加值高的电子、机械等产品比例将大幅增长。

表 1－9　　　　　　　　　我国货运量及货物周转量预测

年份	货运量（亿吨）			货物周转量（亿吨公里）		
	基准	乐观	保守	基准	乐观	保守
2018	507.6	507.6	507.6	152760	152760	152760
2025	670	690	650	188471	195200	165000
2035	730	780	712	201579	217200	174044
2050	783	850	720	205542	220000	182500
2018～2025 年年均增速（%）	4.05	4.49	3.60	3.05	3.66	1.11
2025～2035 年年均增速（%）	0.86	1.23	0.92	0.67	1.07	0.54
2035～2050 年年均增速（%）	0.47	0.57	0.19	0.13	0.09	0.32

资料来源：课题组测算。

表 1－10　　　　　　　　　我国远洋货运需求预测结果

年份	货运量（万吨）			平均运距（公里）	货物周转量（亿吨公里）		
	基准	乐观	保守		基准	乐观	保守
2018	76969	76969	76969	6746	51927	51927	51927
2025	94662	95956	91492	6215	58833	59637	56862
2035	102514	105996	97132	6153	63077	65219	59765
2050	108840	114230	101596	6108	66479	69771	62055
2018～2025 年年均增速（%）	3.0	3.2	2.5	－1.2	1.8	2.0	1.3
2025～2035 年年均增速（%）	0.8	1.0	0.6	－0.1	0.7	0.9	0.5
2035～2050 年年均增速（%）	0.4	0.5	0.3	－0.05	0.4	0.5	0.3

资料来源：课题组测算。

2. 货运强度将随着工业化进程推进显著下降，人均货运水平2050年将达到天花板

随着产业结构进一步优化调整，我国的货运强度——单位GDP货运量及单位GDP货物周转量，将随着工业化进程的不断推进而显著下降。基准情景下，预计2025年、2035年、2050年我国单位GDP货运量（GDP按2018年不变价计算，且不包括远洋运输数据）将分别为2018年的86%、55%和32%，单位GDP货物周转量（GDP按2018年不变价计算，且不包括远洋运输数据）将分别为2018年的80%、51%和28%（见图1-18）。

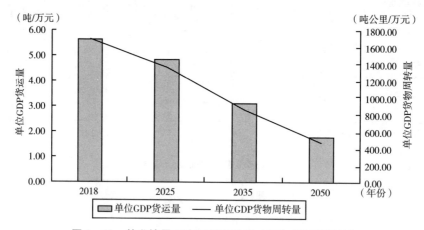

图1-18 基准情景下我国货运强度（不包括远洋运输）

注：GDP按2018年不变价计算。

资料来源：课题组测算。

根据发达国家的演变历程，我国人均货运水平（不包括远洋运输需求）不会无限制增长下去。基准情景下，人均国内货运需求将由2018年的36.4吨/人增长到2025年的46.6吨/人、2035年的50.9吨/人，2050年的57.5吨/人（见图1-19）。2050年我国人均货运量将超过美国2015年的货运水平（56.2吨/人），同时超过日本历史上的人均货运水平峰值（日本国内人均货运量最高值曾达到56吨/人）。届时我国人均货运需求水平也将达到天花板。

3. 大宗货物运输需求2025~2035年处于峰值平台期

目前，我国大宗货物的产量和运输量均位居世界第一。随着我国供给侧结构性改革的深化，我国将进一步转变发展方式、优化经济结构、转换增长

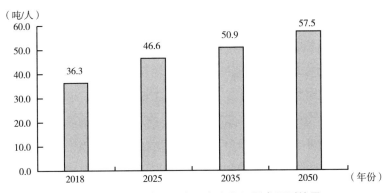

图 1 - 19   基准情景下我国人均货运需求预测结果

资料来源：课题组测算。

动力，从而减缓对煤炭、铁矿石和钢铁等大宗货物的消费需求。在这种态势下，预计煤炭、钢铁及冶炼物资、建材等大宗货物运输需求将于 2025 ~ 2035 年处于峰值平台期。2035 年后随着城市化进程放缓，以及基础设施新建需求趋缓，大宗货物运输需求将在波动中有所下降，其中，在全球能源绿色发展和低碳转型的大背景下，煤炭消费需求和运输需求可能出现一定幅度的下降。但是考虑到我国国土面积大、人口多、资源禀赋不均衡的基本国情，以及构建完整产业链、确保能源安全的需要，大宗货物运输需求不会出现快速大幅下降，而是从峰值平台期波动、温和下降。

（二）货运方式结构发展趋势分析

参照国外货运方式结构变化规律，结合我国经济社会发展趋势分析，航空所承担的货运量及占比会有所上升，但在运输系统中总体占比较低；随着石油天然气需求的增长，管道运输占比也将进一步增长；随着路网等级的不断提高、经济运输距离的不断延长，再加之具有灵活的"门到门"运输优势，公路运输仍将是货运体系中的基础性运输方式；在绿色交通发展导向下，我国将实施力度较大的绿色货运政策，预计会引起部分公路货运需求转移到铁路、水路方向，表现为铁路货运量及货物周转量占比增长，而水路运输由于运网密度低、可达性差，水路运输在全社会货运总量中所占比例有所下降。

在基准情景的货运需求总量预测基础上，考虑未来我国将强化绿色运输政策实施，预测我国货运量及周转量方式结构分别如表 1 - 11 和表 1 - 12 所示。

表 1-11　　　　我国货运量方式结构预测（强化绿色运输政策情景）

货运方式	货运量（亿吨）				货运量份额（%）				货运量年均增速（%）		
	2018年	2025年	2035年	2050年	2018年	2025年	2035年	2050年	2018~2025年	2025~2035年	2035~2050年
铁路	40.26	55	60	64	7.93	8.21	8.22	8.16	4.56	0.87	0.43
公路	395.68	537.9	587	630	77.96	80.28	80.41	80.36	4.48	0.88	0.47
水运	62.57	65.98	68.78	69.5	12.33	9.85	9.42	8.86	0.76	0.42	0.07
航空	0.074	0.12	0.22	0.5	0.01	0.02	0.03	0.06	7.15	6.25	5.63
管道	8.98	11	14	20	1.77	1.64	1.92	2.55	2.94	2.44	2.41
合计	507.56	670	730	783	100	100	100	100	4.05	0.86	0.47

资料来源：课题组测算。

表 1-12　　　　我国货物周转量方式结构预测（强化绿色运输政策情景）

货运方式	货物周转量（亿吨公里）				货物周转量份额（%）				货物周转量年均增速（%）		
	2018年	2025年	2035年	2050年	2018年	2025年	2035年	2050年	2018~2025年	2025~2035年	2035~2050年
铁路	28821	37694	40719	41725	18.87	20.00	20.20	20.30	3.91	0.77	0.16
公路	71249	87705	91376	91672	46.64	46.54	45.33	44.60	3.01	0.41	0.02
水运	47126	54364	58055	58168	30.85	28.85	28.80	28.30	2.06	0.66	0.01
航空	263	415	947	2261	0.17	0.22	0.47	1.10	6.75	8.61	5.97
管道	5301	8293	10482	11716	3.47	4.40	5.20	5.70	6.60	2.37	0.74
合计	152760	188471	201579	205542	100	100	100	100	3.05	0.67	0.13

资料来源：课题组测算。

（三）主要货物品类发展趋势分析

1. 大宗货物运输需求发展趋势及预测

（1）煤炭运输需求发展趋势及预测。

一是煤炭运输近期保持稳定，中长期呈现温和下降态势。本课题组综合不同机构研究结果，认为我国煤炭生产量和消费量在资源环境约束下已进入峰值平台期。预计 2025 年我国煤炭消费量在 40 亿吨左右，2035 年在 35 亿吨左右，2050 年将降至 30 亿吨左右。综合煤炭产量与煤炭运输量相关关系等，并考虑风能、太阳能等新能源对煤炭的替代，预测"十四五"

时期我国煤炭运输量大致稳定在 80 亿吨左右，中长期看随煤炭消费量下降呈现温和下降态势，基准情景下 2035 年 70 亿吨左右，2050 年 60 亿吨左右。

二是"西煤东运""北煤南运"格局将进一步强化。我国煤炭开发总体布局的思路是压缩东部、限制中部和东北、优化西部。煤炭输出省份也将主要为晋、陕、蒙等三地，河南、湖南等中部传统产煤大省煤炭产量将萎缩，宁夏、黑龙江等原煤炭调出省份变为调入省份。新疆地区煤炭储量产量较大，但由于运输距离较长，将主要面向西南地区市场。我国"西煤东运""北煤南运"的格局还将进一步强化，运输流量流向更加向主通道集中。

三是铁路在煤炭运输中的骨干作用将进一步得到强化。未来，高铁网进一步扩大将促使铁路既有线运输能力不断释放，煤炭产消格局调整将加快煤炭运输进一步向主通道集中，同时，运输结构调整使得公路运输主要发挥短途集疏散功能，铁路在煤炭运输中的骨干作用将进一步得到强化。预计 2025 年铁路煤炭运输量将达到 28 亿吨以上，2035 年铁路煤炭运输量可能冲顶达到 30 亿吨左右。

（2）石油、天然气运输需求发展趋势及预测。

中国石油经济技术研究院发布的《2050 年世界与中国能源展望》（2019）报告认为：2035～2040 年我国一次能源需求将达 40 亿吨标油的峰值，一次能源消费结构将形成煤炭、油气和新能源三足鼎立之势。2035～2050 年，油气占一次能源需求的比重在 2035 年后基本保持 31.5% 左右；2035 年，石油和天然气占比分别为 17.4% 和 14.2%；2050 年，石油和天然气占比分别 15.2% 和 16.5%。2030 年前，石油需求因交通用油及化工原料增加仍保持增长，2030 年将达 7 亿吨左右的峰值水平，国内原油产量在 2030 年前有望维持 2 亿吨，此后逐步下滑，需求缺口 5 亿吨需要进口补充。2016～2030 年柴油需求缓慢下滑，汽油需求先增后降，航煤需求持续增长，2030 年成品油需求也将达 3.8 亿吨左右峰值水平。天然气具备清洁低碳、使用便捷、安全高效的特点，其需求在展望期内稳步增长，且 2040 年前为高速增长期，新增需求集中在工业、居民以及电力等部门，2040～2050 年消费需求约徘徊在 7000 亿立方米。国内天然气产量将稳步提升，2050 年将达 3500 亿立方米，天然气供需缺口依然有 3500 亿立方米需要进口。

未来，我国将加大俄罗斯、中亚、非洲和南美等国家和地区的资源开拓力度，进一步推进原油进口来源多元化。预计 2025 年、2035 年、2050 年我国原油管道进口分别达 0.8 亿吨、1.0 亿吨和 1.0 亿吨，原油海运进口分别为 4.3 亿吨、4.4 亿吨和 3.8 亿吨。国内运输方面，原油以管道运输为主，占比逐步提升，2050 年约为 80%，铁路原油运输比例逐步减小。成品油以公路运输、铁路运输为主。

2050 年我国天然气的供需缺口约 3500 万立方米，需要进口补充，对外依存度升至约 50%。未来我国管道气从俄罗斯、土库曼斯坦等国的进口量将进一步增长。LNG 进口主要来自澳大利亚、俄罗斯、卡塔尔、美国等国家和地区。预计 2025 年、2035 年、2050 年我国天然气管道进口分别达 1100 亿立方米、1300 亿立方米和 1500 亿立方米，LNG 海运进口分别为 0.6 亿吨、1.0 亿吨和 1.3 亿吨。在国内运输方面，管道运输将是天然气干线输送的主体方式，LNG 液态运输方式也日益多样化，LNG 罐箱公路、铁路、内河运输四通八达，互通有无。

（3）钢铁及冶炼物资运输需求发展趋势及预测。

一是钢铁及冶炼物资运输需求当前至 2035 年处于峰值平台期，此后小幅下降。当前我国粗钢消费已进入峰值平台期，生产消费将步入峰值弧顶下行期，呈波动缓降趋势。考虑我国仍处于工业化和城镇化进程之中，中部、西南地区的钢材消费仍有一定增长空间，同时，未来城市更新、交通等基础设施改造均会产生一定的钢材消费需求，我国粗钢消费量将呈现缓慢下降态势。预计 2025 年粗钢消费量在 9 亿吨左右，2035 年在 8 亿吨左右，2050 年在 7 亿吨左右。综合考虑废钢利用等因素，基准情景下预测 2025 年我国钢铁及冶炼物资运输量为 56 亿吨左右，2035 年 55 亿吨左右，2050 年 50 亿吨左右。

二是由北向南、由东向西、由沿海沿江向内陆的钢材运输比重增加。未来我国钢铁生产力沿江沿海布局还将进一步强化。由于铁矿石对外依存度较高，预计内陆长距离铁矿石运输将逐渐下降，铁矿石远洋进港运输和长江向内陆运输仍是主要流向。钢材方面，中西部发展进入加速期，钢铁制成品消费增加，由北向南、由东向西、由沿海沿江向内陆的钢材运输比重增加，同时钢铁出口有所增长，远洋出港运输将逐渐增加。废钢方面，来自发达城市群地区向钢铁企业的逆向物流需求将大幅增长，成为钢铁冶炼物资运输领域的重要增长点。

三是随着运输结构调整政策不断深入，铁路、水运等低成本、大运量运输方式将在钢铁及冶炼物资运输中发挥更大作用。铁路方面，受益于铁路专用线建设，铁矿石运输比重将增长；水路方面，进口铁矿石、铁矿石海进江仍将高度依赖远洋和内河水运，水运仍是影响钢铁企业布局的最重要运输方式，但由于中远期废钢回收利用率提高，铁矿石水路运输量将有所下降；公路方面，在铁矿石和成品钢材末端运输环节仍然发挥重要作用，同时由于在废钢回收逆向物流中，废钢起运地分散，公路在灵活性方面更有优势，将发挥较大作用。

（4）粮食运输需求发展趋势及预测。

一是粮食运输需求还有一定增长空间。从供给侧看，我国国内粮食产量将稳定在6.6亿吨水平。从消费侧看，我国近年粮食消费规模保持增长，其中饲料用粮和工业用粮迅速增加，所占比重不断上升，饲料用粮已经取代口粮成为最大的用途。随着我国居民生活水平提高，居民肉食消费量将不断增加，饲料用粮还将保持增长，未来我国国内粮食供求出现明显缺口，需要适当扩大粮食进口。未来，国内粮食调运总量基本稳定在当前水平，即粮食实物流通量在4亿吨以上，其中省内粮食流通实物量2亿吨以上，跨省粮食流通实物量约2.25亿吨。同时粮食进口量增加，将带来海路粮食运输量增加，2025年达到1.5亿吨，2035年、2050年在1.5亿~2亿吨。综合预测，2025年、2035年、2050年我国粮食运输量分别约为23亿吨、25亿吨和25亿吨。

二是继续维持"北粮南运""中粮西运"运输格局。我国粮食向黄淮平原、松花江平原等产区集中的趋势越发明显。从省份看，按原粮口径计算，除吉林、黑龙江、河南、内蒙古、安徽等调出外，其余地区均需要调入。未来我国"北粮南运""中粮西运"的运输格局不会改变，且以"北粮南运"为主。

三是铁路、水运在粮食运输中将发挥更大作用。随着铁路货运能力加快释放，粮食等大宗物资长距离铁路运输能力可以得到更好保障。进口粮食增加使得沿海和内河水运在粮食运输中将发挥更大作用，国家运输结构调整政策措施也将驱动水运、铁路发挥更大作用。

（5）矿建材料及水泥运输需求发展趋势及预测。

一是短期看矿建材料及水泥运输需求与当前持平，中长期看缓慢下降。当前我国水泥消费量已经处于2014年峰值后的波动下滑阶段，建筑材料的生产消费量波动反复，带动全社会矿建材料及水泥运输量在峰值平台区徘徊。预计"十四五"时期我国水泥消费量与2019年基本持平，在23.5亿吨左右，与当前基本持平，推算全社会矿建材料及水泥运输量与当前水平相近。中长期看，由于我国仍处于城镇化过程中，且有大量的城市及基础设施更新改造需求，预计水泥消费量下降过程将比较缓慢，2035年我国水泥消费量约21亿吨，2050年约20亿吨。据此推算2025年、2035年、2050年全社会矿建材料及水泥运输需求分别在150亿吨、135亿吨、125亿吨左右。

二是以中短距离运输为主，"中材外运"量将有所增长。区域内中短距离运输依然是水泥及矿建材料运输的主要形态。在大区域调运方面，我国矿建材料及水泥生产布局不会发生大的变化，但中部、西南地区消费量将在当前水平上有所增长，同时中部、西南地区的沿江水泥产能布局将会增加。总体判断，我国矿建材料及水泥"北材南下"布局仍会保持但运量会减少，"西材东送"运输量将下降甚至转变为"中材外运"，即安徽、湖北地区的水泥向长江上游和下游地区调运，以满足西南地区城镇化、基础设施和工业投资需要，以及东部地区的城市更新、基础设施补短板和工业升级。

三是公路仍将是矿建材料及水泥的主要运输方式。公路在矿建材料及水泥的中短途运输中发挥主体作用，随着运输结构优化政策深入，预计公路在中长距离水泥运输中比重将不断下降；水路运输仍将作为水泥及矿建材料长距离调运的骨干运输方式，尤其在水网发达地区发挥主要运输方式作用；铁路在矿建材料及水泥长距离调运中发挥次要作用，在内河欠发达地区则发挥骨干作用。

（6）主要大宗货物需求预测汇总。

煤炭、钢铁及冶炼物资、粮食、矿建材料及水泥等主要大宗货物运输需求预测汇总如表1-13所示。

表 1 – 13　　　　　　　　主要大宗货物运输需求预测　　　　　　单位：亿吨

货物种类	2019 年	2025 年	2035 年	2050 年
煤炭	80	80	70	60
钢铁及冶炼物资	60	56	55	50
粮食	20	23	25	25
矿建材料及水泥	150	150	135	125
合计	310	309	285	260

资料来源：课题组测算。

2. 集装箱运输需求发展趋势分析

集装箱运输是一种高效率运输方式，可减少倒装、装卸搬运等物流环节，促进物流全过程快捷、便利、低成本发展。今后一段时期，伴随我国产业转型升级，"一带一路"倡议实施，全方位对外开放格局形成及区域联动协调发展，我国制造业和对外开放格局向内陆省份延伸的趋势将进一步增强，适箱货物比重不断提高，以电子电器、服装、医药、汽配、仪器仪表等为代表的高附加值货物运输需求增长是集装箱运输需求持续增长的主要推动力，将推动我国集装箱运输将进入快速发展期。根据当前制造业、外向型经济总体布局的特点及未来发展趋势，预计未来集装箱运输需求仍将主要集中在京津冀、长三角、珠三角、成渝城市群等四大经济圈以及河南、湖北等内陆开放高地，在此基础上向四大经济圈周边省份拓展。此外，沿海港口的集装箱铁水联运需求、公水联运需求，以及中欧班列等国际集装箱铁路联运需求将会快速增加。

铁路集装箱运输需求。2018 年我国铁路集装箱运量仅占铁路货运量的 6.4%，而欧美国家铁路集装箱运量占铁路货运量比例在 30% ~ 40%。以 2016 年铁路集装箱日均装车数约为铁路货车日均总装车数 10%、集装箱货运量 1.8 亿吨为预测基础，预计 2025 年，我国铁路集装箱货运量约占铁路总货运量的 10%；2035 年，伴随全社会货物集装化程度的提高、铁路市场化改革的深化和集装箱运输业务的进一步成熟，铁路集装箱货运量占铁路总货运量比例约为 20%；2050 年比例将达 30%。

公路集装箱运输需求。2016 年，我国公路集装箱运量仅占公路货运量的 2.7%。根据交通运输部发布的《2019 年道路货物运输量专项调查公报》，在公路货运量的主要货类构成中，轻工医药产品、机械设备电器、鲜活农产品等货类占比分别为7.9%、6.7%和5.9%，这些均是传统的适箱货类。随着集装箱化的进一步发展，适箱货更多采用集装箱运输，预计我国公路集装箱发送量将持续增长，增速将快于公路货运量的增长速度。2025年、2035年和2050年公路集装箱货运量占公路总货运量的比例将分别达到5%、10%和20%。

水路集装箱运输需求。2016年，我国水路集装箱运量仅占水路货运量的约10%。在主要货类出港量中，约4成为其他货类，其中部分为适箱货类。随着适箱货更多采用集装箱运输，预计我国水路集装箱发送量将有所增长。2025年、2035年和2050年水路集装箱货运量占水路总货运量的比例将分别达到18%、20%和23%。

各运输方式集装箱运输需求汇总如表1-14所示。

表1-14　　　　　　　　　　集装箱运输需求预测

年份	铁路		公路		水路	
	集装箱发送量（万TEU）	发送量（万吨）	集装箱发送量（万TEU）	发送量（万吨）	集装箱发送量（万TEU）	发送量（万吨）
2016	751.3	13523.4	7133.6	90566.6	5735.9	67420.7
2018	1397	25600				
2025	3001	55000	22413	268950	10104	118764
2035	6548	120000	48917	587000	11703	137560
2050	10478	192000	105000	1260000	13599	159850
2018（2016）~2025年*年均增速（%）	11.5	11.5	12.9	12.9	6.5	6.5
2025~2035年年均增速（%）	8.1	8.1	8.1	8.1	1.5	1.5
2035~2050年年均增速（%）	3.2	3.2	5.2	5.2	1.0	1.0

注：*铁路为2018~2025年年均增速；公路、水路为2016~2025年年均增速。
资料来源：课题组测算。

3. 快递快运需求发展趋势分析

2018年全国实物商品网上零售额达7万亿元，同比增长25.4%，占社会消费品零售总额的比重为18.4%，带动快递及电商物流需求高速增长。2007~

2019 年，我国快递业务量由 12 亿件增长至 635 亿件，年均增速达 39.2%。2019 年我国快递业务量约占全球快递业务总量的 40%，位居世界第一，人均快递使用量达到 45 件。

　　未来，随着国家继续协同推进新型工业化、信息化、城镇化、农业现代化，快递行业的超大规模内需潜力还将不断释放，我国快递业务量仍有增长空间。其中农产品进城和工业品下乡畅通快递将成为新的增长点。预计未来快递增长速度将由高速增长过渡到中高速增长。预计 2019～2025 年、2025～2035 年快递需求平均年增速为 13.2% 和 6.15%，2035～2050 年增速降低到 1.53%。预计我国 2050 年快递量达到 2862 亿件，为 2019 年的 4.4 倍，人均快递量达到 209 件/年，基本达到饱和状态，如表 1－15 所示。

表 1－15　　　　　　　　　我国快递需求预测　　　　　　　　单位：亿件

年份	快递量
2019	635.2
2025	1337
2035	2428
2050	2826
2019～2025 年年均增速（%）	13.2
2025～2035 年年均增速（%）	6.15
2035～2050 年年均增速（%）	1.53

资料来源：课题组测算。

（四）空间分布特征发展趋势分析

　　我国在建设现代化强国过程中，将持续推进实施区域协调发展战略。伴随西部大开发战略、长江经济带战略、京津冀协同发展战略、长三角更高质量一体化发展战略、粤港澳大湾区战略等重大发展战略的深入实施，东、中、西部之间将形成层次更加分明的产业体系和分工关系。东部沿海地区的长三角、珠三角和环渤海地区已处于工业化后期，或工业 3.0 发展阶段，产业不断迈向中高端，将更多布局技术密集型和知识密集型产业；中、西部地区大体处于工业化中期，或工业 2.0 发展阶段，正积极承接东部的产业转移，大力发展劳动密集型、资本密集型产业。未来，东部地区货物运输需求呈现运输化后期特征，货运需求增速有所下降；中西部地区随着经济社会发展和交通基础设施网络的进一步完善，货运需求潜力将得到释放，增速将高于东部地区，区域间货运需求将进一步均衡发展。但是，总体来看，我国货运需求东高西低的基本格局不会改变。未来四大板块货运量和货物周转量占比变化情况如图 1-20、图 1-21 所示。

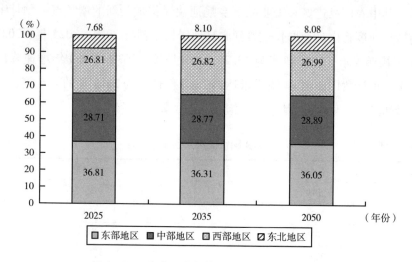

图 1-20 未来四大板块货运量占比变化趋势

资料来源：课题组测算。

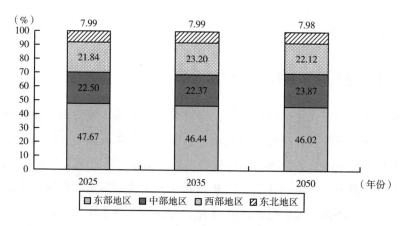

图 1-21 未来四大板块货物周转量占比变化趋势

资料来源：课题组测算。

五、主要结论和政策措施建议

（一）主要结论

1. 中长期看，我国货运需求总体呈增长态势，但增幅将逐步放缓

我国疆域广阔、人口众多、产业体系完备、资源分布不均、东中西部地区经济发展水平具有差异性等发展特征和现实国情，决定了我国货物运输需求总量大。未来，经济发展和人民生活水平提高是推动货运需求不断增长的重要动力。美国等典型发达国家货运需求增长的历史演变及其预测也表明，在进入后工业化阶段之后，在经济总量继续增长、人民生活水平持续提高等因素推动下，货运需求总量仍在较长时期内保持增长态势。

综合判断，当前至 2035 年，我国货运需求增速将有所下降，但由于工业化和城镇化进程还在持续，大宗货物运输需求处于峰值平台期，到 2035 年，基准情景下全社会货物运输量、货物周转量分别比 2018 年增长 43% 和 32%。2035～2050 年，我国大宗货物运输需求出现温和下降，运输货物品类更加多元化，集装箱、快递快运等需求快速增长，全社会货运量及货物周转量分别增长 7% 和 2%，呈现低速增长特征。

2. 2025～2035 年大宗货物运输需求处于峰值平台期

随着我国供给侧改革的深化，我国将进一步转变发展方式、优化经济结构、转换增长动力，从而减缓对煤炭、铁矿石和钢铁等大宗货物的消费需求，预计煤炭、钢铁及冶炼物资、建材等大宗货物运输需求将于 2025～2035 年处于峰值平台期。2035 年后随着城市化进程放缓，以及基础设施建设新建需求趋缓，大宗货物运输需求将在波动中有所下降。其中，在全球能源绿色发展和低碳转型的大背景下，煤炭消费需求和运输需求可能出现一定幅度的下降。但是考虑到我国国土面积大、人口多、资源禀赋不均衡的基本国情，以及构建完整产业链、确保能源安全的需要，大宗货物运输需求不会出现快速大幅下降，而是从峰值平台期波动、温和下降。

3. 集装箱及快递货运需求持续快速增长

我国产业结构转型和升级的主要方向是加快推动第二产业由低端制造业

向高技术产业、装备制造业转型升级，从劳动密集型、资本密集型产业向技术密集型和知识密集型产业升级，推动制造业产品从低附加值转向高附加值升级、从粗加工向深加工升级。未来，适合集装箱及快递运输的轻型化、高附加值产品比重将不断提高。随着产业呈现区域化布局特征，工业生产由集中式控制向分散式增强型控制转变，分散性、小批量货运需求快速增长。随着居民消费需求升级和电子商务发展，各类消费品包括进口消费品的快递快运需求还将持续增长。因此，在产业和产品结构升级、居民消费升级、对外贸易发展等因素带动下，国内、国际集装箱运输需求及快递货运需求将持续快速增长。

4. 货运方式结构更加合理，货运系统更加绿色低碳

未来，在既有的大宗货物"公转铁"基础上，国家将持续推动运输结构调整优化，并可能出台一系列促进运输方式合理分工和绿色发展的财政税收政策、价格政策等，从而有助于引导部分公路长途运输转移至铁路等方式，进一步提升铁路、水运在中长距离上的货运份额，并推动公铁联运、铁水联运等多式联运需求快速增长，铁路、公路等主要货运方式的衔接更加高效、分工更加合理。

在绿色交通发展导向下，管道网、铁路网、内河高等级航道总规模将进一步提高，管道在石油天然气输送、铁路和水运在大宗物资运输中将发挥更大作用，同时，公路运输也将大力发展低碳绿色技术和智能交通技术，推广新型环保货车，绿色化和智能化趋势明显，我国货运系统将更加绿色低碳。

5. 区域货运需求差距有所缩小，但东高西低的基本格局不会改变

未来，东部地区货物运输需求呈现运输化后期特征，货运需求增速有所下降；中西部地区随着经济社会发展和交通基础设施网络的进一步完善，货运需求潜力将得到释放，增速将高于东部地区，区域货运需求将进一步平衡发展。但是，总体来看，受经济发展水平、居民收入水平、交通运输供给水平等多方面因素影响，我国货运需求东高西低的基本格局不会改变。

6. 我国货运领域的主要矛盾已由供需之间的总量性矛盾转化为结构性矛盾

近年来，随着加快推进交通建设，我国货运能力快速提高，对经济社会的支撑能力不断增强，货运供需基本实现总量平衡，部分领域甚至已经出现了能力富余的现象。未来，在建设交通强国战略目标下，我国交通基础设施网络将更加完善，运输能力进一步提高。在供给持续增长、货运需求增速放缓的大趋势下，我国货运领域的主要矛盾已由"运输能力不能有效满足持续增长的运输需求"转化为"经济社会日益多样化、差异化、精细化的货运需求与货运服务的品质和效率不高之间的矛盾"。这也就意味着未来应主要依靠提高既有基础设施的利用效率、提高运输组织效率、创新货运服务产品等途径来满足日益多样化、差异化、精细化的货运需求，新建交通基础设施主要目的是补短板，而不应作为满足需求的主要手段。

（二）政策措施建议

我国货运需求在总量、结构、空间分布上的发展趋势，要求交通运输发展模式从"规模扩张"型加快向"提质增效"型转变，要求以"补短板、重衔接、优结构、提效能"为导向，精准匹配供需关系，实现精细化、高质量供给，实现"货畅其流""高效运达"，为我国现代化建设提供有力运输保障。

1. 加快补齐交通基础设施短板，提高重点区域、关键环节的货运能力

以四大板块为基础，以国家重大区域战略为引领，加快完善综合运输大通道布局。优化完善普通干线铁路网络布局，加快推进中西部地区铁路建设，尤其是进一步提高新疆、川渝地区对外通道能力，保障新疆能源资源产品输出及川渝地区物资输入输出。加快沿江货运通道建设，进一步提升长江航道等级，提高三峡船闸通行能力，研究建设三峡水运新通道，为沿江经济发展和物资交流提供高效运输保障。加快陆海新通道建设，形成重庆、成都至北部湾出海口大能力铁路运输通道，加快国家高速公路、普通国省干线瓶颈路段扩能改造和待贯通路段建设，提升港口功能，进一步提升西部地区与东南亚等地区的互联互通水平。加快实施"铁路专用线进厂、进港、进园区"工程，完善港口集疏运体系，补齐货运"最后一公里"短板。加快推进原油、成品油、天然气管网建设和 LNG 接收站建设，保障能源供应，提高运输效率。

2. 强化不同运输方式间的有效衔接，大力发展多式联运

加快推进国家物流枢纽建设，完善物流枢纽布局，优化功能层级，优化枢纽场站选址，加快多式联运枢纽建设。建立多式联运专项统计调查制度和运行监测机制，组织开展多式联运市场调查、运行监测和绩效评估，针对区域间和国际间主要通道辐射范围、流量流向、货品货类、货物价值、运行实效等建立动态监测评估体系。健全多式联运基础设施、运载单元、专用载运工具、快速转运设备、信息交换接口、包装与加固等技术、产品和服务标准体系，制定多式联运服务规范，推进各种运输方式在票据单证、定价计费、责任识别、服务标准等方面的统一管理。推动建立全程统一费率的多式联运结算机制，实现多种运输方式一体化组织，鼓励创新"一单到底""一票结算"服务方式。支持企业推广应用电子运单、网上结算等互联网服务模式。

3. 继续推动运输结构调整，提高铁路运输服务质量

在"运输结构调整三年计划"评估基础上，综合环保、质量、效率、经济等目标，系统构建中长期运输结构调整政策。相关建议包括：一是以货物周转量占比为指标作为我国运输结构调整的衡量指标；二是综合使用财政、税收等多种经济性手段、标准性政策加大货运结构调整的政策力度，如探索使用"绿色运输标签"，对使用铁路运输一定比例以上的企业及商品予以宣传和奖励，鼓励货主主动选择绿色运输方式；三是研究建立交通碳税、重车道路税政策框架，将运输的外部成本内部化，加大高能耗和高污染运输方式的使用成本，促进货运结构的调整；四是测算我国公转铁的合理运距区间，出台相关政策重点推动 800 公里以上的公路运输向铁路转移。

提高铁路运输服务质量是推动运输结构调整及发展多式联运的重要保障。为此，应加快推进铁路市场化改革，加快提升铁路运输服务水平。首先，深入推进国铁集团混改、资产重组、股改上市等改革，加快完善国有铁路运输企业治理结构，进一步放宽铁路运输的市场准入，形成多元化经营主体，为提高铁路运输管理水平和创新能力提供制度保障。其次，以服务市场为导向加快完善铁路经营管理机制，加大货运产品开发力度，优化运输组织，着力提高铁路货运服务的时效性、可靠性。坚持干线运输重载化方向，优化大宗货物集疏运方案，加快大宗物资运输向直达化、快速化方向发展。进一步增加集装箱"五定班列"和双层集装箱班列开行数量，在货源充足的集装箱专门办理站和物流中心，组织开行定期一站直达的集装箱运输班列，有条件的枢纽地区、集装箱中心站之间可推行直达集装箱列车客运化组织模式，提高铁路集装箱运输时效。加大产品开发力度，加快铁路快捷货运发展。随着高速铁路逐步成网以及普速铁路运输能力释放，逐步扩大高铁快运开行范围，试点开行全货运高铁班列，探索与民航进行空铁联运；借鉴国外铁路多层次、多种类的快运产品开发，在市场需求旺盛的地区创新快运组织模式，开行管内固定车底循环的物流列车、城际夕发朝至货运配送列车、欠轴技术直达列车、局间往返列车、季节性班列等，并通过铁路多元经营或者与地方物流公司进行合作，开展城市物流配送业务。

4. 加快运输组织、技术创新，提升货运物流品质和效率

一是加快发展专业化货运服务，提高货运物流品质。大力发展冷藏运输、集装箱运输、厢式货车运输等专业化、高品质货运服务，满足随居民消费升级而日益增长的高品质果蔬及生鲜食品货运需求，以及满足企业随产业结构升级而日益增长的高附加值工业制成品运输需求。

二是加快货运物流组织模式创新。重点依托国家物流枢纽，协同开展以信息化为主要手段的规模化物流业务，形成高质量的干线物流网络，创新线上线下融合的"通道＋枢纽＋网络"的物流组织运行体系。发挥互联网、移动互联网、大数据、云计算、物联网等在物流信息组织和优化方面优势，加快众包、众筹、共享等组织方式在物流领域的应用，通过互联网＋技术赋能干线运输、同城配送等传统物流模式，加快互联网＋车货匹配、运力优化、运输协同、仓储交易、物流企业联盟、供应链管理等创新发展，推动货运物流组织模式创新。

三是加快货运物流领域的技术创新及应用。重点推动自动化码头、无人机、无人仓、无人驾驶、物流机器人等领域关键技术研发及创新发展，提高货运物流效率。适应无人零售、跨境电商等新模式新业态，转变货运物流运输组织方式，推动货运物流动力变革。加快骨干物流信息平台试点，推动建设智能物流供应链平台技术发展。鼓励有条件的枢纽建设"无人港"、全自动化码头、智能化仓储等现代物流设施。推广电子化单证，加强自动化控制、决策支持等管理技术以及场内无人驾驶智能卡车、智能穿梭车、智能机器人、无人机等装备应用，提升运输、仓储、分拣、配送等作业效率和管理水平。促进现代信息技术与物流枢纽运营管理深度融合，提高在线调度、全流程监测和货物追溯能力。

货运需求的影响因素和阶段性特征

内容提要： 本报告在分析货运需求的含义、概念和基本特征的基础上，对相关重要概念进行了对比辨析。然后，本报告将影响货运需求的因素划分为需求侧因素和供给侧因素两类。此外，本报告根据工业化阶段理论和运输化理论，将货运需求的发展历程划分为 5 个阶段，我国目前的货运需求处于由货运 3.0 向货运 4.0 过渡的阶段，该阶段的工业化发展仍会带动货运需求量的增长，但增长速度将逐渐放缓，货运需求的变化将主要集中在货运需求结构的演变上。最后，本报告还对我国各区域的货运需求发展阶段特征进行了初步分析与总结。

一、货运需求的含义和基本特征

（一）货运需求的含义

1. 运输需求

运输需求是运输市场产生和发展的基础，也是伴随人类生产和生活活动所产生的最基本、最古老的一种需求。比照经济学对需求的定义，运输需求是指在一定的时期内、一定的价格水平下，社会经济生活在货物与旅客空间位移方面所提出的具有支付能力的需要。运输需求必须具备两个条件，即具有实现位移的愿望和具备支付能力，缺少任一条件，都不能构成现实的运输需求。也就是说，运输需要并不必然就构成运输需求，只有具备支付能力的运输需要，才能使潜在的运输需求转化为现实的运输需求。运输需求包含六项要素：

（1）运输需求量，通常用货运量和客运量来表示，用来衡量说明客货运输需求的数量与规模。

（2）流向，即货物或旅客发生空间位移的走向，表明货流、客流的起始地和目的地。

（3）运输距离，指货物或旅客发生空间位移的起始地和目的地之间的距离。

（4）运输价格，指运输单位重量或体积的货物和运输送每位旅客所需的运输费用。

（5）运输时间，指货物或旅客发生空间位移时从起始地到达目的地所需的时间，运输时间一般与运输距离和运输速度有关。

（6）运输需求结构，是按不同货物种类、不同旅客出行目的或不同运输距离等对运输需求进行的分类。

其中，铁路、公路、水运、民航和管道五种运输方式共同构成了交通运输业。因此，按照不同的运输行业，运输需求可以分为铁路运输需求、公路运输需求、水运运输需求、民航运输需求和管道运输需求五大类。

2. 货运需求

根据运输对象的不同，运输需求又可分为货运需求和客运需求。李连成、樊桦等（2017）指出，货运需求是指在一定的时期内、一定的价格水平下，一个国家或地区产生的具有支付能力的货物空间位移需要。这种需求是一种派生性需求，源于经济社会发展对货物实物空间位移方面的可支付需求。从货类来看，货运需求主要分为大宗货物运输需求和非大宗货物运输需求，前者一般被认为是运输总量大、方向集中、距离较远的笨重货物，主要为满足工农业生产与消费使用需要而进行大批量买卖运输的物质商品，多是工农业的重要能源或者原材料，后者则是包括工业制品、鲜活易腐货物、农副土特产品、饮料烟草、文教用品等在内的零散货物运输需求。

从运输目的和运输性质来看，大部分货运是货主与运输企业之间作为供需双方的市场行为，一小部分运输如抗震救灾物资运输、军用物资运输等，属于运输企业为满足经济社会特殊需要所提供的公益性运输服务。

（二）货运需求的特征

1. 派生性

派生性（或者说引致性、衍生性）是运输需求区别于一般商品需求最重要的特征。运输需求是各种社会经济活动所派生出来的需求，就货运需求而言，货主提出货物空间位移要求的目的并不在于位移本身，而是实现某种生产目的，那些生产活动是本源需求，完成货物空间位移只是实现本源需求的一个必不可少的环节。因此，相对于货运需求而言，社会生产活动是本源需求，货运需求是由社会生产活动派生出来的引致性需求。这一重要特征提示我们，在研究货运需求时必须要以社会生产活动为基础，通过研究二者之间的内在关系来揭示货运需求发展演变的客观规律。

2. 周期性

货运需求源自社会生产活动，而社会经济的发展具有一定的周期性，因此货运需求的发展演变也具有一定周期性。货运需求的周期性是指货运需求在相对固定的时间间隔内所呈现出的从波峰到波谷再到波峰的变化趋势。其中，时间间隔可以以小时、天、周、月、季或者年进行衡量。在一些产业领域，物流需求具有非常明显的周期性特点。如农业生产领域的农产品类型和产量随着季节的更替而发生变化，十一黄金周、"双十一"购物节、春节等节假日或活动期间的货运需求呈现异常繁荣之势。尽管就单个货主或不同货类而言，运输需求受到运输偏好、运输条件等个性因素的影响，个体间的需求行为具有较大的差别，但是从全社会整体来看，货运需求的发展变化与社会经济的发展阶段密切相关，总体上呈现出较为明显的周期性特征。

3. 不平衡性

货运需求在时间、空间上均具有一定的不平衡性。例如，在时间上，电力需求旺盛、粮食外运季节等时间段的货运需求与平时的货运需求具有很大的不平衡性；在空间上，由于资源分布、产业发展等方面往往存在着空间布局上的差异，导致资源集聚地与下游需求地、资源调出地区与调入地区、制造业基地与消费地之间的货流强度明显偏高，使货运需求在空间上存在着不平衡性。

4. 差异性

这种差异性主要表现在由于货物属性的不同而对运输过程提出了不同的要求。这主要包括不同货主和货类对于运输时间、运输速度、运输价格、频次等的要求不同，从而在运输方式的选择上存在着差异。例如，高附加值货物对运输价格有较强的承受能力，而大宗低值货物对运输价格的敏感程度就相对较高。

5. 可替代性

同样是提供空间位移服务，各种运输方式之间原本就具有一定的可替代性。随着运输新技术的发展，各种运输服务的差异化程度逐渐缩小，运输方式之间的竞争也日趋激烈，使得运输方式之间的替代性有增强的趋势。

（三）对若干概念的辨析

1. 货运需求量与货运需求水平

货运需求受多种因素影响，运输价格、货主的运输需要和偏好、相关运输服务的价格、运输企业服务质量等因素都可能对其产生不同的影响。货运需求量考察的是其他因素不变，货运需求与运输价格之间的关系，这种关系反映在平面坐标图中就形成了货运需求曲线（见图2-1）。

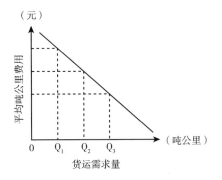

图2-1　货运需求曲线

资料来源：课题组整理。

如图2-1所示，货运需求曲线反映的是其他条件不变的情况下货运需求量与运输价格之间的关系，它可以表述为在不同的运输价格水平下货主愿意并且有能力购买的货运服务量，也可以理解为货主愿意为各种数量的货运服务支付的价格，即货运需求价格。与一般商品的需求曲线相似，货运需求曲线也是一条向右下方倾斜的曲线，这就意味着货运需求量与运输价格之间存在着反向变动关系，即当其他条件不变时，运输价格水平越高，货运需求量越低；反之，运输价格水平越低，货运需求量越高。

如果运输价格保持不变，而货主的运输需要和偏好、替代运输服务的价格、运输企业服务质量等因素发生了变化，整条需求曲线就会水平移动，这种由运输价格以外的因素所引起的货运需求的变动，称为货运需求水平的变动。如图 2-2 所示，其中货运需求曲线 D_0 是在货主的运输需要和偏好、替代运输服务的价格、运输企业服务质量等因素保持不变的条件下画出来的。现在假定货主运输需要增加，或替代运输服务的价格提高、运输服务质量提升对货主的吸引力增大等情况发生，在该种运输服务价格不变的情况下，货运需求曲线会向右移至 D_1 的位置；相反，如果货主运输需要下降、或替代运输服务的价格下降、货主对运输服务的偏好降低等情况发生，则货运需求曲线会向左移至 D_2 的位置。这意味着在同样的运输价格水平下，货主比以前购买的货运服务的数量增加或减少了，即货运需求水平增加或下降了。

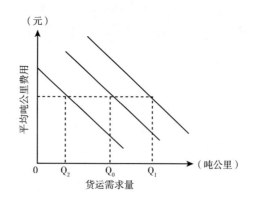

图 2-2　货运需求水平的变化

资料来源：课题组整理。

因此，要正确理解货运需求的概念，必须区分货运需求量和货运需求水平。前者是指不同价格水平下货主愿意并能够购买的运输服务的数量；后者是指同一价格水平下货主愿意并能够购买的运输服务的数量。与此相应地，必须明确区分两种货运需求的变动：一种是在其他条件不变时由运输服务本身的价格变动所引起的需求变动，称为货运需求量的变动，它表现为沿着一条既定的货运需求曲线的移动；另一种是在运输服务本身的价格保持不变的情况下，由诸如货主运输需要、偏好、替代运输服务价格、运输服务质量等因素引起的需求变动，可称为货运需求水平的变动，它表现为整个客货运需求曲线的水平移动。

在没有特别说明的情况下，本报告所指的货运需求量增长均指货运需求水平的增长，即在运输服务本身的价格保持不变的情况下，由诸如货主运输需要、偏好、替代运输服务价格、运输服务质量等因素引起的货运需求的变动。

2. 货运需求量与货运量

如前所述，货运需求量是指在不同的运输价格水平下货主愿意并且有能力购买的货运服务量，而货运量是指在一定时间内运输企业完成运输的货物数量。货运需求能否得到满足，以及满足的程度如何，或者说货运需求量能否转化为货运量以及转化程度如何，主要取决于货运能力的大小。

根据货运能力的不同，货运量与货运需求量之间存在如下关系：

当货运供给能力＞需求时，货运量＝货运需求量；

当货运供给能力＝需求时，货运量＝货运需求量；

当货运供给能力＜需求时，货运量＜货运需求量。

以我国铁路运输业为例，过去相当长一段时期，我国铁路运输能力紧张，长期处于供不应求状态，在这种情况下，有相当一部分运输需求没有得到满足，因此铁路货运量反映的只是铁路运输企业完成的运输作业量，并不能完全反映全社会对于铁路货运的真实需求。近年来，随着铁路建设提速和运输能力迅速提升，铁路运输供求矛盾得到根本缓和，货运能力甚至出现了一定的富余，在此情况下，铁路货运量可视为全社会铁路货运需求的真实反映。

3. 货运需求量与货物实物量

货运需求量的测度一般可以从价值量和实物量两个方面进行衡量。蔡定萍（2018）在《物流统计学》一书中指出，货物实物量是以符合货物的物理、化学性能或外部特征并能体现其使用价值的实物单位所表示的货物数量。实物量指标是反映企业或者行业产出最基本的指标。李珊（2019）认为不同的货物运输形式有不同的量纲和不同的流动形式，货物运输实物量统计指标主要有货运量、货物周转量、吞吐量等。其中货运量又称货物运输量，是指在一定时期内，运输部门组织各种运输工具实际运送到目的地并卸完的货物的数量。货运量按报告期发送量统计，其计量单位一般为"吨"；货物周转量指运输部门在一定时期内运送的货物数量与其相应运输距离的乘积之总和；港口货物吞吐量是指经由水路运进运出港区范围，并经过装卸的货物数量。

本报告中根据不同语境有时称货运需求量，有时称货物（运）实物量，有时称货物运输量（简称货运量），三者实际是同一个概念，没有本质区别。

4. 货运量和货物周转量

货运量与货物周转量都是衡量货物需求量的实物指标。两个指标的侧重点各不相同。货运量是指运输企业在一定的时期内实际运送的货物数量，其计量单位为吨。不论货物运输距离长短或货物种类如何，凡货物重量达到一吨者，即计算为一个货物吨。货运量是反映运输生产成果的指标，体现着运输业为国民经济服务的数量。一定时期货运数量的大小，也是反映国力状况的一个重要指标。货物周转量是指在一定时期内由各种运输方式实际完成的运量和运距复合计算的货物总运输量。它不仅包含运送货物的数量多少，还计算运输的距离。货物周转量指标不仅包括了运输对象的数量，还包括了运输距离的因素，因而能够全面地反映运输生产成果。它也是编制和检查运输生产计划，计算运输效率、劳动生产率，以及核算运输单位成本的主要基础资料。计算货物周转量通常按发出站与到达站之间的最短距离，也就是计费距离计算。

二、货运需求的主要影响因素

从总体上看，货运需求与一个国家或地区经济活动的整体水平密切相关，影响货运需求的因素十分广泛而复杂，涉及经济、社会、文化、科技、自然环境等多个方面。但究其本质，货运服务也是一种无形的商品，任何一种商品的均衡需求和价格都会受到需求和供给两个方面的影响。货运需求的产生主要源于社会经济生活中的消费与产业部门的生产之间构成的"需求—供给"关系。因此，本报告将影响货运需求的主要因素划分为需求侧因素和供给侧因素两类，以探究不同因素对货运需求增长所产生的影响。

（一）影响货运需求的需求侧因素

货运需求首先起源于分布在不同区域的人们在社会生活中对各种基本生活资料和产品的需求，产业部门为提供人们生活所需的基本物质资料而进行社会生产，产品由产业部门转移到消费群体的过程需要通过运输媒介来实现，这就产生了货物运输。因此，一个国家或地区最终形成的货运需求量或货运实物量，与这个国家社会生产中各种原材料、中间品和最终消费品的需求量密切相关，而这些需求量的主要表现形式是：消费、投资、出口，此外，还有诸如经济规模、产业结构、城镇化水平、人口结构、资源禀赋等因素都会直接影响或决定社会总需求量，进而对货运需求量产生较大的影响。因此，影响货运需求的需求侧因素主要有以下几个方面。

1. 国民经济发展水平

（1）经济总量。

国民经济发展规模通常用 GDP 表示，该指标反映了一个国家或地区所有常驻单位在一定时期内生产的所有最终产品和劳务的市场价值，是衡量一个国家或地区总体经济状况最重要的指标之一。在经济结构保持不变的情况下，经济总量的增长意味着社会经济活动更加活跃、生产部门产量扩大和经济规模进一步扩张，这些都将带来原材料和产成品运输需求的增加，并促使运输需求不断增长。如图 2 – 3 所示，通过对比近 25 年来的数据，我国货运需求与 GDP 指标表现出明显的相关性，1993 ~ 2017 年我国 GDP 指数与货运量、货物周转量增长率基本一致。

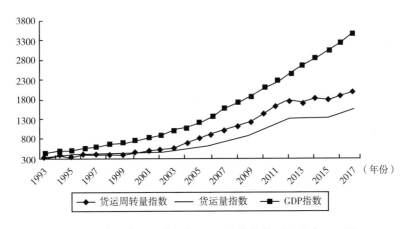

图 2 – 3　我国货运需求量与 GDP 变化趋势（1978 年 = 100）

资料来源：课题组根据国家统计局公布数据计算整理。

抛开经济的短期波动，从长期来看，在要素投入增加、科学技术创新、全要素增值率提升等因素作用下，一个国家或地区的总产出和经济发展规模呈现不断增长趋势，在经济总量增长的带动下，全社会货物运输需求也呈现不断增长态势。当然，随着经济结构和运输结构的变化，经济规模扩展对货运需求的边际推动作用有递减的趋势。也就是说，当一个国家或地区的经济发展水平达到一定阶段以后，单位GDP所产生的货运需求（即货运强度）有递减的趋势。国民经济发展规模与货运需求之间的关系可以用图2-4表示，可以看出，货运需求曲线是一条向右上方倾斜的曲线，但随着国民经济发展规模不断扩大，其斜率不断减小。这就意味着在一定时期，货运需求增长存在着一个"拐点"。

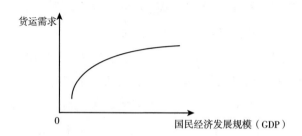

图2-4　货运需求与国民经济发展规模之间的关系

资料来源：课题组整理。

（2）经济增速。

国民经济具有周期性波动的特点，经济活动沿着经济发展的总体趋势所经历的有规律的扩张和收缩就形成了经济周期。每一个经济周期都可以分为上升和下降两个阶段。上升阶段也称为繁荣，最高点称为顶峰。顶峰也是经济由盛转衰的转折点，此后经济就进入下降阶段，即衰退。衰退严重则经济进入萧条，衰退的最低点称为谷底。当然，谷底也是经济由衰转盛的一个转折点，此后经济进入上升阶段。经济从一个顶峰到另一个顶峰，或者从一个谷底到另一个谷底，就是一次完整的经济周期。因此，经济周期反映了国民收入或总体经济活动扩张与紧缩的交替或周期性波动变化，也是GDP增长率上升和下降的交替过程。

在经济周期波动的扩张阶段，宏观经济环境和市场环境处于活跃状态。这时，市场需求旺盛，企业处于较为宽松有利的外部环境中，订货饱满，商品畅销，生产趋升，社会总产出快速增长。经济扩张有利于带动全社会货运需求及货运需求的增长，并且由于企业会更早认识到经济波动的来临，从而更快的重新安排采购和运输，因此，运输部门作为经济的现行部门对经济周期的反应敏感度较高，货运需求的增长通常先于经济总量的增长，且其增长幅度往往高于经济总量的增长率。反之，当经济处于周期波动的紧缩阶段，宏观经济环境和市场环境处于低迷状态，市场需求萎缩，订货下降，商品滞销，生产收缩，社会总产出快速下降。在此不利环境下，货运需求的下降通常先于经济总量的下行，且表现出更大的下降幅度。

　　世界上主要国家的历史数据也验证了国民经济增长速度对于货运需求的影响。以日本为例，日本货物周转量增速放缓与日本经济步入低速或零增长阶段密切相关。日本货物周转量增速与其 GDP 增速变化趋势高度吻合，1990年后日本经济步入低速或零增速阶段，货物周转量由此增速放缓，如图 2 - 5 所示。

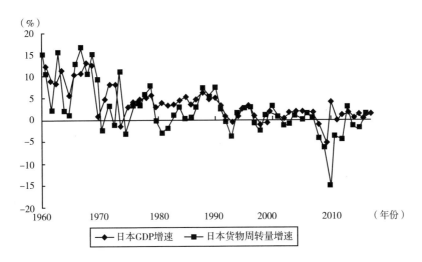

图 2 - 5　1960 ~ 2017 年日本 GDP 增速与货物周转量增速

　　资料来源：日本总务省统计局. 日本统计年鉴［EB/OL］. https：//www. stat. go. jp/data/nenkan/index1. html.

　　此外，各种公共突发事件也会在短期内造成较大的经济波动，进而对货运需求形成较大冲击。这些突发事件往往是随机的和不可预测的，如严重自然灾害、突发性公共卫生事件、公共安全事件及军事冲突等突发事件，都会在短时间内极大地影响运输货运需求的总量和结构。以 2020 年初发生的新冠肺炎疫情为例，一方面，疫情对我国经济运行造成较大冲击，一季度 GDP 首次同比负增，部分产业停滞，消费、投资、出口需求均大幅下滑。与此同时，封城、封路、公共交通停摆等各种严格的交通管制措施，造成了人员与运输工具流动的极大限制，打乱了正常的交通运输生产秩序，我国货运业也因此面临巨大的下行压力，除铁路货运外，其他各种运输方式的货运需求快速下滑。另一方面，在疫情重点地区各种应急和生活保障类物资（救援防护物资、基本生活保障物资、生产物资、其他物资等）的货运需求激增，给我国的货运应急保障体系带来了极大的挑战。

2. 产业结构和产业分布

（1）产业结构。

产业结构是指国民经济各生产部门之间的构成和相互关系，产业结构变化的趋势和特点不仅代表着整个经济结构变化的趋势和特点，也是一个经济体工业化水平的重要衡量标准之一。不同产业的产品属性、特征、数量、价值等各不相同，对货运需求的流量、流向、流距、流时等要素的要求也不同，因此，产业结构的变动会直接引起产品品质、数量及结构的变化，从而引起货物运输需求流动实体品质、数量及结构的变化。因此，不同产业的货物运输需求是不一样的，在一定产业总规模条件下，产业结构的变化必然会引起货物运输总需求和结构的变化。1978~2017 年中国三次产业结构变化情况如图 2-6 所示。

不同时期产业结构的差异和不平衡性决定了各个阶段货运需求结构和特点，并对区域货运需求功能、需求层次及需求量等方面都会产生较大影响。当第一产业在国民生产总值中占主导地位时，区域货运需求结构表现为低附加值产品的物流需求占主导地位，货运活动以运输和仓储为主，对货运服务水平要求低，货运需求实物量大，单位货运需求价值量小。当第二产业在国民生产总值中占最大比重时，高附加值产品的货运需求迅速增加，货运需求呈现专业化和综合化特征，除对运输和仓储继续保持较强的需求外，对包装、流通加工和配送等增值服务需求大大增加。在实物量继续增加的同时，货运需求价值量明显提高。当第三产业在国民生产总值中比重迅速上升，达 45%以上时，以知识、技术和系统集成为特征的高层次货运服务需求占据重要地位，信息流对运输和库存的替代作用开始凸显；第三产业以服务业为主，其

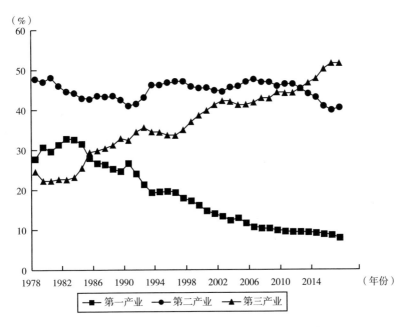

图 2 - 6　1978 ~ 2017 年中国三次产业结构变化情况

资料来源：课题组根据国家统计局公布数据整理。

产值创造主要来自无形的服务，对货运的依赖程度小，货运投入低，货运成本支出少，与产值相比，货运成本只占很小的比例。

（2）产业空间布局。

各国本土产业的空间布局和联系，需要运输作为基础，来实现原材料和产成品的空间位移。产业空间布局特征决定了区域间货物运输量的大小，决定了交通运输网络布局和主导运输方式的选择。美国和日本是两个交通运输网比较完善的发达国家，它们的产业空间布局和运输网布局特征之间的关系，就很好地反映了产业空间布局对货物运输需求发展的重要影响。

首先来看美国。美国幅员辽阔，国土面积居世界第四位。平原面积广阔，占国土面积的 70% 以上，产业分布几乎不受地理条件限制，使美国的东、中、西部分别形成了不同主导产业为主的经济空间结构。从产业空间布局看，以东北沿海地区和五大湖地区的港口和工业城市经济圈为核心，形成了全国主要的工业"制造产业带"，集中了全国 2/3 的制造业职工和 3/4 的制造业产值；中部、西北和山区集中了全美农场数的 81.6% ，农用耕地的 90.6% ，农业产出的90.0%，成为美国的主要农业和采掘业聚集区。这种产业空间分布格局，需要其他地区向东北地区长距离运送原料产品，再从东北地区向其他地区长距离运送加工产品，区域间物资交换量大，这就要求必须具备良好的运输条件，所以，美国的运输网长度是世界最长的。一方面，由于国土面积大，运距长，所以在货物运输方面，铁路发挥了巨大作用；另一方面，由于制造业产品需要运往全国各地，为提高货物的送达速度，铁路与公路、水运的联运在美国也是非常发达。

其次再看日本。日本是一个岛国，总面积为37.7万平方公里，只有美国的4%。日本地理条件的另一个特点是平原面积狭窄，仅占国土面积的24%。第二次世界大战后日本根据国土资源和人口状况，形成了以都市圈为中心、以大城市为骨干的城市化和工业化发展道路，在三大城市圈形成了三个比较独立的制造业中心。日本都市圈经济的最大特点是，都市圈内各城市间的分工与合作非常密切，但三大都市圈之间的经济联系却不发达。三大都市圈的产业结构比较接近，经济相互独立，互补性小，区域之间的货物交流量小。由于产业空间布局上具有同构性，产业分工基本被限制在城市圈内部，因此公路运输成为日本货物运输的主力。

就我国而言，从国土面积和产业布局特点来看，我国与美国更为接近。我国国土面积辽阔，能源、原材料、农业等基础产业主要分布在中西部地区，而加工工业、制造业、高新技术产业更多集中于东部沿海地区，这种产业空间布局特征决定了大量能源、矿产资源、农产品及加工产品在东中西部之间进行交换，产生了大规模的长距离货运需求。由于我国国土面积广阔，大宗区际货物交流需要依托于铁路这种运量和成本优势明显的运输方式来实现，以满足能源、原材料、大宗农产品（粮食、棉花等）和工业产品的长距离调运需求，因此对运的需求规模大、强度高，我国经济发展和货运体系对铁路运输的依赖程度较高。

3. 城市化水平与城市空间布局

（1）城市化水平。

一个国家或地区的城市化水平也是影响货运需求量的重要需求侧因素之一。城市化水平作为衡量一个国家或地区工业化水平和现代化程度重要指标之一，不仅反映一个国家的城乡人口结构，还能体现出该国社会生产生活方式的现代化程度和消费层次。一方面，城市作为非农业人口的聚集点，第二、第三产业发达，人均收入水平较高，对消费类产品的需求远大于非城市地区。而且，随着城市化水平的提高，我国的城市家庭规模向着小型化方向发展。统计资料表明，规模小的家庭与规模较大的家庭相比有着更高的人均生活所需消费品数量水平。因此，随着城市化进程的加快，家庭规模向小型化发展，对货运需求具有一定程度的促进作用。另一方面，人口不断向城市集中也意味着城市基础设施和住宅刚性需求的增加，这也会直接导致对建材材料、钢铁、能源等产品需求的增加，由此对货运需求也产生正向影响。

（2）城市空间布局。

不同的城市化发展模式及其所决定的人口分布特征对于一国交通运输客货需求规模和主导运输方式的选择具有重要影响。美国和日本不同的城市化发展模式，就很好地反映了这一影响。

在长期发展过程中，美国形成了一种以中小城市为主体的分散式城市化模式。从城市人口来看，50万人以下的中小城市一直是美国城市化的主体。20世纪50年代以来，美国人口在300万人以上的大城市一直稳定地保持在2个的水平，100万~300万人口组别的城市有7个。而人口在50万人以下的中小城市构成了美国城市金字塔的巨大底座，城市个数约占美国总数的90%以上。由于城市的平均规模较小，分布较为分散，需要依靠高密度的公路网将其连接起来，加之美国国土面积辽阔，人均收入水平高，所以在客运方面形成了居世界前列的公路网和航空运输网，并形成了"汽车＋飞机"的客运模式，在货运方面则形成了庞大的铁路网和公路网，并形成了"铁路＋公路＋水路"的联合运输模式。

与美国相反，日本走的是以都市圈为主体的集中式城市化模式。日本人口和经济高度集中于平原地区的东京、阪神、名古屋三大都市圈。日本总务省发表的调查结果显示，2007年8月，日本三大都市圈的人口首次超过了全国人口的一半，达到6353.9万人，为全国人口的50.01%。日本城市中大城市所占的比重高，2005年有100万人口以上的大城市12个，200万人口以上的大城市4个，日本60.4%的人口居住在人口在50万人以上的大城市。由于人口高度中在都市圈地区，人均资源占有水平低，且国土面积狭小，因此日本客运选择了以高速铁路作为其主导运输方式，货运则以公路和海运为主要运输方式。

我国的人口分布特点和国情决定了我国城市化道路具有局部集中和总体分散的特点。根据国家发改委综合运输所的研究报告《新时代我国经济社会发展趋势及展望》（2019）判断：我国城镇化速度趋于下降而城镇化质量持续提升，我国常住人口城镇化率将由 2018 年的 59.58% 发展到 2025 年的 65% 左右、2035 年的 73% 左右。这意味着 2035 年前我国还将增加近 2 亿城镇居民，这相当于日本全国人口的 160%、美国人口的 67%。这决定我国未来城镇交通基础设施、城市交通运输服务的建设规模是巨大的，对钢铁、建材、能源的需求量还会很多，因此与之对应的货运需求将保持一定增长。另外，随着城镇化的发展，资本、劳动力等生产要素更迅速地向城市、都市圈、城市群、城市带集中，意味着生产中心、消费中心也将向这些地区集中，改变既有的货流格局，将对货运服务、物流需求从质量上提出更高要求，要求运输更加安全、准时、方便、快捷。

4. 能源消费结构和空间布局

（1）能源消费结构。

在一定的能源消费总量下，能源结构尤其是消费结构的不同对于货运需求的影响是存在显著差异的。由于资源禀赋、发展阶段和发展理念的不同，目前，世界各国的能源消费结构存在很大差异。发达国家中，美国、德国的一次能源消费结构中煤炭的消费比重相对较高，其中美国煤炭总消耗量的 93% 左右用于火力发电，2/3 的煤炭完全或部分经过铁路运输；德国是世界主要产煤国之一，也是铁路运输非常发达的国家，煤炭是德国铁路运量最大的货物。日本 2010 年核电在一次能源消费中占比为 13%，受 2011 年福岛核电事故影响，日本核电消费占比基本归零，原煤消费量大幅上升。在发展中国家中，煤炭在我国和印度的能源消费结构中占有非常高的比重，煤炭占我国铁路运量的比重约为 60%，是铁路货运第一大货类；印度铁路则承担了全国近 2/3 的货运量，铁路货运量的 90% 是煤、铁矿、肥料、水泥、石油、谷类、钢制品等原料性产品。

因此，可以看出，一次能源结构中原煤及消费比例较高的国家，煤炭运输需求规模大，从而对铁路货运的依赖程度较高；原煤消费比例较低的国家，煤炭运输需求规模小，对铁路货运的依赖程度较低。

（2）能源空间布局。

在一定的能源消费总量和能源结构下，能源生产和消费在空间布局上的不一致就会造成能源产品的跨区调运需求。从跨国货运需求的角度看，能源空间分布不均衡作为一种自然地理现象在世界范围内广泛存在。例如，中东地区的石油储量占全世界已探明石油储量的60%以上；中国、俄罗斯、加拿大、美国、巴西五国拥有世界60%以上的木材蓄积量；而澳大利亚、巴西、加拿大是世界上主要的铁矿石出口国。世界范围内的能源资源空间分布不均衡现象导致了大规模的以初始原材料为运输对象的货物运输。另外，蕴藏丰富能源资源的地区，其经济发展模式多为资源输出型，为加速本地区经济的发展，必须努力开拓资源销售市场，以扩大本地区资源的利用效果，实现资源类产品在更大范围和程度上的输出。这就从供给和需求两个方面对区域之间能源类货物的运输提出了客观需求。并且由于这种能源禀赋的差异性是相对稳定的，由资源禀赋差异引发的运输需求将是长期的，不易改变的。

从我国国内能源运输需求的角度看，我国是煤炭生产与消费大国，煤炭资源空间分布特点决定了煤炭运输需求具有规模大、运距长的特点。我国煤炭生产主要集中在山西、内蒙古、陕西、河南、贵州、山东和安徽等7省区，其煤炭产量占全国总量的70%以上。消费方面，华东、中南和晋陕蒙宁地区是我国煤炭消费的主要地区，占煤炭消费总量的近70%。同时由于"十五"以来，钢铁、石化等重化工业加快向沿海、沿江地区布局，华东和中南地区又成为我国能源消费增长最快的地区之一。由于煤炭生产和消费空间布局存在着严重的不一致，华东、中南、西南等地区存在的能源产销缺口均需通过从晋陕蒙宁等能源主产地调运或进口的方式解决，形成了我国煤炭"北煤南运""西煤东运"的基本格局，每年的煤炭调运量巨大。从煤炭运输的平均运距来看，国家铁路煤炭平均运距为622公里，水路煤炭平均运距为1255公里，公路煤炭平均运距为179公里，也反映出煤炭调运需求巨大的特点。

5. 社会商品消费规模

习近平总书记近期多次强调，要逐步形成以国内大循环为主体、国内国际双循环相互促进的新发展格局。在以国内大循环为主体的阶段，我国国内的总体消费规模将对货运需求产生较大影响。社会消费规模对于货运需求的影响与经济增长类似。货运量、货物周转量是由社会消费活动（生产性消费和生活性消费）形成的派生性需求产生的，当经济增长形成潜在的社会消费需求时，货运需求增长，相应货运量、货物周转量增长，若社会货运供给量滞后于货运需求的增长，将制约经济增长。一方面社会经济增长可以扩大货运需求，并且地区经济发展水平越高、区域经济越活跃，对原材料、半成品及成品的流通需求就越高，进一步推动货运量与货物周转量的增长；另一方面处于社会经济系统中的物流子系统对经济增长具有正向反馈作用，区域货运量增长，加大物流业为区域经济服务的数量，弥合区域空间消费缺口，带动经济增长；区域内货物周转量提高，物流效率得以提升使区域之间、产业之间的经济联系越紧密，释放潜在的社会消费需求越多，对区域经济增长的正向影响越大。

因此，经济增长促进社会消费，社会消费需求增长进一步促进货运量与货物周转量的增长（货运需求增长），其传导机制可表示为：经济增长——社会消费增长——货运量、货物周转量增长。社会消费活动作为经济增长与货运量、货物周转量之间的媒介，使经济增长以间接方式推动货运量、货物周转量的增长，但在该传导机制下，经济增长对货运量、货物周转量的间接影响过程具有不可逆性。

6. 进出口贸易规模

不少学者的研究成果已经证明经济全球化的深入以及与此相伴的国际贸易规模的扩大必然带来货物运输需求的增加，其主要表现就是运输服务产出的增多。如王晓东等人利用 1990～2001 年的外贸和货运需求量数据建立回归分析模型，认为进出口贸易规模对我国全社会货物周转量有较明显的正向影响，其中进出口总额每增长 1%，货物周转量增长 0.56%。当从进出口贸易的发展阶段看，在以出口为一个国家或地区主要发展动力的阶段，国内市场相对不发达，内陆货物运输发展相对缓慢。当一个国家从外需型经济跨入内需型经济，国内市场成为社会生产的主要服务对象，内陆货物运输将快速上升。

7. 基本建设投资规模

我国的固定资产投资主要包含制造业投资、基本建设投资和房地产开发投资三大分项，其中基本建设投资规模是影响我国货运需求较大的需求侧因素之一。除煤炭以外，在货运结构中占有较大比重的矿石、钢材、矿建材料、水泥和木材等货物的运输需求，对于货运需求的增减同样具有重要影响。这些货物都是基础设施的主要材料，其需求与工业化和城市化带来的基建投资需求直接相关，且大多表现出相似的规律。长期来看，影响这些货物需求变化最主要因素就是工业化和城市化带来的基础设施建设（如机场、码头、道路、铁路、城市轨道交通等）和住房需求的扩张。在经济发展的起步和加速阶段，工业化和城市化步伐都在不断加快，因而这些投资建设类货物的需求也随之快速增长；而随着工业化的趋于完成和城市化接近稳定阶段，这些投资建设类货物的需求也逐步达到峰值；随后随着工业化的完成和城市化的稳定，投资建设类货物的需求会有所下降。这就是通常所归纳的投资建设类货物需求的倒 U 形规律——需求先是快速增长到峰值，然后再下降至稳定阶段。

与能源工业发展规模与货运需求之间的关系类似，基本建设投资规模与货运需求之间的关系可以用下图表示，其中实线表示的是基本建设投资规模曲线，虚线表示的是货运需求增长曲线。可以看出，在基本建设投资规模快速增长阶段，往往伴随着货运需求的快速增长；随着基本建设投资规模进入平稳阶段，在基础设施趋于完善、产业结构升级、城市化趋于稳定等因素的作用下，矿石、钢材、矿建材料、水泥和木材等大宗物资需求保持平稳，货运需求增幅将明显放缓；当一国基本建设投资规模进入稳中有降阶段，货运需求将随之下降（见图 2 - 7）。这同样意味着在一定时期，货运需求增长存在着由快转慢、由正转负的"拐点"。

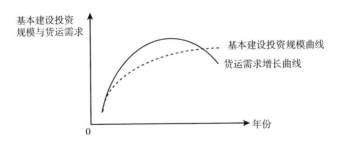

图 2 - 7　货运需求与基本建设投资规模之间的关系

资料来源：课题组整理。

8. 自然地理因素

国土面积、资源储备和分布、人口数量和分布，这些自然因素都是决定货运需求和结构的基础因素。地形、地质、水资源分布、矿产分布和人口分布等因素，都对货源地和目的地分布产生影响，对货运需求形成直接或间接影响。

从各类经济地理因素来看，对于货运需求总量具有最大影响的是一个国家的国土面积。这是由于国土面积较大时，远距离运输的货物需求大大提升，而铁路作为陆地上运输成本最低的交通方式之一，使其在陆地货运中具有充分优势。从美国、法国、德国、英国的铁路发展历史来看，国土面积较大的国家，如美国和法国，铁路货运需求量从一个较高的水平向最高的水平发展所用的时间较长，而从最高水平逐步下降的速度相对较慢，也就是说，铁路货运需求量保持在较高水平的时间延续得较长。相反，国土面积较小的国家，如英国和德国，铁路货运需求量从一个较高的水平向最高的水平发展所用的时间较短，而从最高水平逐步下降的速度相对较快，也就是说，铁路货运需求量保持在较高水平的时间延续得较短。这就说明国土面积不同的国家对铁路货运的依赖程度是不同的，铁路货运的地位也是不同的。国土面积大的国家，将长期对铁路货运保持着较高的依赖性，铁路货运业长期保持着较高的地位。

我国疆域广阔、人口众多、资源分布不均和东西部地区经济发展极不平衡，从而也就决定了我国中长距离的货物运输有着巨大的需求。目前我国总体上仍处于工业化中期向后期过渡阶段，中西部地区的工业化水平还较为滞后，全面实现工业化尚需时日。我国的发展阶段决定了能源产品、原材料、粮食、木材、钢铁、水泥等大宗货物仍是货物运输的主要货类，尽管从长远看，其比重有下降趋势，但大宗货物运输量仍将保持在一个较高的水平。事实上，在早已进入后工业化阶段、公路运输非常发达的美国，大宗货物运输需求仍然非常旺盛，铁路仍然在大宗货物运输中发挥着不可替代的作用，目前美国铁路货运量前五位的货种分别是煤炭、化学品、农产品、非金属矿石和速冻食品，小汽车运量的 70%、煤炭运量的 65%、谷物及农产品运量的 40% 都靠铁路运输。铁路作为俄罗斯联邦交通运输的骨干方式，2004 年承担了 83% 的货物周转量（不含管道运输）。因此，即便是在工业化目标实现之后，对于我国以及美国、俄罗斯这类国土面积辽阔的国家，铁路在地面大宗货物运输中依然具有其他运输方式不可取代的产业优势。

（二）影响货运需求的供给侧因素

货物运输需求的变化规律不但与商品空间位移需求即需求侧因素有关，还与货运行业自身的供给能力有联系，这些供给侧因素可能归纳为三个方面，制度政策、科技创新、基础设施供给水平。

1. 制度政策

宏观经济政策和相关制度法规对货运需求有着很大影响。过去，我国长期实行的是计划经济制度，经济活动都是受指令性计划控制的，自由度很低、封闭性很强，商品流通的内容有限、范围很小，因而对货运的需求相对也少。改革开放以来，市场机制的作用不断扩大，经济活动的市场化程度进一步加快，由于越来越多的产品进入市场自由流通，商品交换的范围迅速扩大，交换的频率迅速增加，带来货运需求的快速增长。尤其是改革开放初期，国家着力发展外向型经济，相关政策向沿海地区倾斜，东部沿海地区经济发展加快，上海浦东和深圳特区的开发开放，带动了长三角、珠三角区域经济的快速增长，对货运需求猛增。随着国家区域协调发展政策的推进，内陆地区后发优势逐步显现，经济呈现加速发展，货运需求也会相应增加。此外，近年来各种环保政策的出台，如将能源、环境、安全等外部成本纳入交通运输的价格体系中，对能耗大、排放严重的公路运输研究征收环境税；继续加大对公路货运汽车污染排放、超载超限的监督、检查力度等，也会深刻地影响我国的货运需求的总量和结构。

2. 科技创新

科技创新也是影响货运需求的重要因素之一，其影响可能是双向的。一方面，信息技术升级如通信和网络技术的发展，使传统的信息流通方式发生了转变，信息的传送效率和传送范围得到了大幅度提升，极大地提高了货物运输服务的效率和服务范围，使单位货运成本更低，促进货运需求增长。如3D打印及纳米技术使本地化生产和分散化生产成为可能，并有可能打破传统供应链的空间布局。共同配送、共享物流的发展将使货运更加集约化、高效化。国外的成熟技术，包括铁路双层集装箱技术、美国的无缝货运中转站（thruport）技术（起重机从铁路到铁路的运输，不再需要在火车站外隔夜存储货物）、公路甩挂运输技术等在我国的推广应用将有效提高我国货运效率。

另一方面，在能源领域的科技创新可能提升能源燃料使用效率，进而减少大宗能源燃料的运输需求。据统计，当前技术条件下，每条特高压线路的建设可替代 2000 万～3000 万吨的煤炭运输，而风能、太阳能等新能源的广泛利用将减少经济社会发展对传统化石能源的需求。这些新能源及能源输送技术已使中国煤炭近年来的产运系数产生较大幅度下降。而管道运输技术的发展可能使油品、煤炭等大宗物品通过管道运输实现。

3. 基础设施供给水平

实践表明，基础设施供给水平对货运需求的增长和结构变化具有重要的作用，交通网密度的提升、交通枢纽数量的增加以及运输服务质量的改进往往是货运输需求增长和结构变化的重要推动力。

首先，交通线网作为货物运输得以实现的必要条件，一方面适应了区域货运交通需求，满足了货物运输对交通基础设施在方向、运力分布和地域覆盖范围上要求；另一方面，交通线网对货运需求具有强烈的反作用。区域内高效、便捷的运输网加强了区域经济的辐射力和影响力，引导着区域生产力的空间布局和发展规模，进而影响了货运需求的结构和数量发展方向。如具有大运力的新建交通线路的投入运营，会造成货运需求在区域交通线网上的重新分配，同时产生大量的诱增交通量。因此，发达的交通线网在满足既有货运交通需求的同时会诱发大量的新的货运需求，而滞后的交通线网建设水平会大大抑制货运需求的发展。

其次，交通枢纽数量对货运需求的影响主要表现在交通枢纽的聚集和发散功能上。一方面，交通枢纽作为多种运输方式和多条运输线路的交汇点，具有便捷的运输线路和运输方式转换功能，可以从与之相交的各个运输方向上将不同种类、规格的生产资料和产品聚集在一起。另一方面，交通枢纽还具有强大的辐射和发散功能，可以将聚集起来的生产资料和产品输送到各地。聚集和发散生产资料和产品是社会生产过程中必不可少的环节，交通枢纽正是在发挥其聚集和发散功能的过程中对货运需求的运输方向和运量特征产生了影响。

根据相关规划，我国未来交通基础设施的量和质将均有一个较大发展。《中长期铁路网规划》的目标是：到 2025 年，铁路网规模达到 17.5 万千米左右，其中高速铁路 3.8 万千米左右，网络覆盖进一步扩大，路网结构更加优化，骨干作用更加显著，更好地发挥铁路对经济社会发展的保障作用。展望到 2030 年，基本实现内外互联互通、区际多路畅通、省会高速铁路连通、地市快速通达、县域基本覆盖。《国家公路网规划（2013 - 2030 年）》指出，到 2030 年普通国道规划总计 26.5 万千米，国家高速公路规划总计 11.8 万千米，另规划远期展望线约 1.8 万千米。实现首都辐射省会（首府）、省际多路连通、地市高速通达、县县国道覆盖。《全国民用运输机场布局规划》提出，到 2025 年，全国运输机场规划布局 370 个（规划建成约 320 个），建成覆盖广泛、分布合理、功能完善、集约环保的现代化机场体系；展望到 2030 年，运输机场规模将达到 408 个左右，机场布局进一步完善，覆盖面进一步扩大，服务水平持续提升。这些规划如能如期实现，不仅对改变人口和产业布局，工业化城镇化进程有重要推动作用，还将成为支撑货运需求增长及货运结构调整的基础条件。影响货运需求的因素如图 2 - 8 所示。

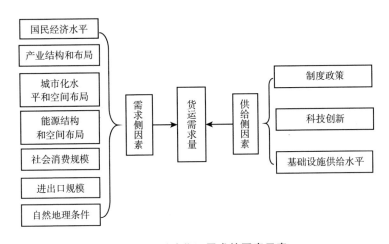

图 2 - 8　影响货运需求的因素示意

资料来源：课题组整理。

三、货运需求变化的理论基础与阶段特征

（一）货运需求发展的相关理论

1. 工业化阶段理论

工业化是人类经济社会发展的一个必经阶段，对货物运输需求影响很大。

钱纳里利用第二次世界大战后发展中国家，特别是其中的 9 个准工业化国家（地区）1960~1980 年的历史资料，建立了多国模型，利用回归方程建立了市场占有率模型，即提出了标准产业结构。即根据人均国内生产总值，将不发达经济到成熟工业经济整个变化过程划分为三个阶段多个时期，从任何一个发展阶段向更高一个阶段的跃进都是通过产业结构转化来推动的（见表 2 - 1）。

表 2 - 1   钱纳里工业发展阶段划分标准（人均 GDP）   单位：美元

阶段	时期名称	1970 年	1990 年	2000 年	2010 年
第Ⅰ阶段	初级产品生产阶段Ⅰ	100~140	340~470	440~620	560~790
	初级产品生产阶段Ⅱ	140~280	470~940	620~1240	790~1570
第Ⅱ阶段	工业化初期	280~560	940~1890	1240~2490	1570~3150
	工业化中期	560~1120	1890~3770	2490~4970	3150~6300
	工业化后期	1120~2100	3770~7070	4970~9320	6300~11810
第Ⅲ阶段	发达经济初期	2100~3360	7070~11310	9320~14920	1181~18900
	发达经济时代	3360~5040	1131~16970	14920~22380	18900~28350

资料来源：H·钱纳里. 工业化和经济增长的比较研究 [M]. 上海：上海三联书店，1989.

不同的工业化发展阶段对应不同的货运需求。宋金鹏等（2008）对工业化不同阶段的货物运输种类、货运需求类型、需求数量、质量、运输技术特点进行了分析，提出货物运输需求变动的主要影响因素有三个：一是经济发展水平和速度；二是产业结构和产品结构的变动；三是生产力地区布局。樊桦等（2016）则将铁路货运需求增长划分为与工业结构演变阶段相关的 4 个阶段（见图 2 - 9）。

2. 运输化理论

荣朝和教授于 1990 年首次提出运输化理论，该理论认为运输化是工业化的重要特征之一，是指伴随工业化而发生的一种经济过程。在运输化过程中，人与货物空间位移的规模由于近代和现代运输工具的使用而急剧扩大，交通运输成为经济进入现代增长所依赖的最主要基础产业、基础结构和环境条件。经济发展的运输化过程有一定的阶段性：在工业革命发生之前，从原始游牧

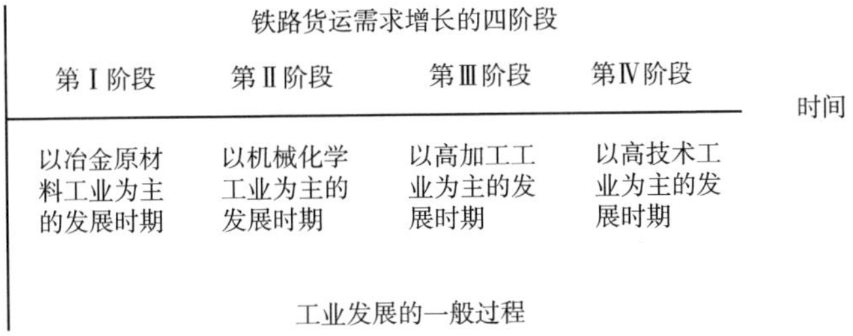

铁路货运需求增长的四阶段

第Ⅰ阶段	第Ⅱ阶段	第Ⅲ阶段	第Ⅳ阶段
以冶金原材料工业为主的发展时期	以机械化学工业为主的发展时期	以高加工工业为主的发展时期	以高技术工业为主的发展时期

时间

工业发展的一般过程

图 2-9　工业发展进程与铁路货运需求增长四阶段的对应关系

资料来源：樊桦等. 经济转型升级背景下的铁路货运需求研究［M］. 北京：中国市场出版社，2018。

经济、传统农业社会到工场手工业阶段，各国经济一直处于"前运输化"状态。与大工业对应的是运输化时期，而运输化本身的特征又在"初步运输化"和"完善运输化"这两个分阶段中得到充分发展。随着发达国家逐步向后工业经济转变，运输化的重要性在相对地位上开始让位于信息化，从而呈现出一种"后运输化"的趋势。

荣朝和在 2016 年发表的《对运输化阶段划分进行必要调整的思考》一文中，进一步完善和发展了运输化理论。荣朝和认为，如果把工业化进程按照时下流行的分类，即工业 1.0、工业 2.0、工业 3.0 和工业 4.0，对应的运输化发展也可以划分为运输化 1.0 阶段、运输化 2.0 阶段和运输化 3.0 阶段。运输化 1.0 阶段大体对应第一次工业革命时期和第二次工业革命时期的前半段，在该阶段中各种近现代运输方式各自独立发展；运输化 2.0 阶段对应第二次工业革命时期的后半段，运输业在该阶段中的主要特征是实现多式联运、枢纽衔接和运输领域的综合运输体系；运输化 3.0 阶段则对应第三次工业革命时期，运输发展更多考虑资源环境、大都市区形态、信息化、全球化和以人为本等。

（二）货运需求发展阶段的一般规律

根据货运需求发展的相关理论，货运需求增长随着经济社会的发展具有一定的阶段性特征，在不同的发展阶段中，货运需求的货物种类、需求类型、需求数量、质量和运输方式都具有不同的特点。考虑到工业化进程对货运需求变化的巨大影响，结合钱纳里的工业化阶段理论与荣朝和的运输化理论，

本课题组将货运需求的发展划分为 5 个阶段（见表 2-2）：原始货运、货运
1.0、货运 2.0、货运 3.0 以及货运 4.0，分别与前工业、工业 1.0、工业 2.0、工业
2.0、工业 3.0 和工业 4.0 五个工业化发展时期对应。

表 2-2　　　　　　　　　货物运输需求变化的 5 个阶段特征

货运发展阶段	工业化阶段	货物运输需求				
		主要货物种类	货运需求类型	需求数量	需求质量	运输方式
原始货运	前工业化阶段	农产品和手工业品	运输频率低，近距离运输	总量小，增速慢	较低	人力、畜力、马车、帆船
货运 1.0	工业化前期（工业 1.0）	纺织品、煤炭、矿石、钢铁产品大宗、远途、低值、散装货物运输	大宗、远途、低值、散装货运需求增加	总量快速上升，增速较快	运输服务质量不高	运河、铁路
货运 2.0	工业化中期（工业 2.0）	石油、天然气、化工原料、多种金属和非金属原材料、水泥等建筑材料	管道、油轮、厢车、罐车车运输等	总量继续增长，增速较快	运输需求开始多样化，对运输速度要求较高	铁路、公路
货运 3.0	工业化后期（工业 3.0）	汽车、飞机、精密仪器、电器电子产品	小批量、特种运输、专用运输	总量增速明显减缓	方便、及时、可靠、节约等运输质量要求突出	公路、航空、管道、综合运输
货运 4.0	后工业化阶段（工业 4.0）	深度加工、高附加值产品	小批量、集装化、特种运输、多式联运	总量接近峰值，甚至出现下降	强调人性化、多样化、精准化、绿色化的运输服务	联网化、智能化、绿色化、无人化运输方式

资料来源：宋金鹏等. 工业化进程中货物运输需求变化分析［J］. 武汉理工大学学报（社会科学
版），2008，21（6）。内容有调整删改。

在原始货运阶段，由于游牧业和农业的商品异地交换频率较低，小手工
业原材料多数在当地解决，货物运输需求较少。货物种类除去官僚机构、军
队和城市人口所需粮食以及修建工程和其他方面耗用的物资外，很长时间内
主要是商业贩运的盐、布匹、茶叶、皮毛、瓷器、铁器和其他金属制品以及
香料之类的货物。工场手工业时期，纺织、炼铁等行业的生产规模有所扩大，
棉花、木材、生铁等原料、燃料及其产品的运输需求量有所增加。目前部分

极度贫困和以农业为主的国家或经济体仍处于这一阶段。总体来讲，这一阶段货物运输需求量较小，运输频率低，对运输服务质量要求不高，运输可靠性较差。

在货运1.0阶段，国民经济以纺织、冶金原材料工业为主，农业在国民经济中的主导地位开始动摇。纺织业成为工业化的"先导"部门，轻纺工业逐渐取代农业成为国民经济的主导部门。在纺织产业前向联系的带动下，以钢铁工业为主的冶金业、采掘业、早期制造业等产业迅速兴起并得到蓬勃发展。英美等传统发达国家早在18世纪就经历了这一阶段。工业及经济社会发展对煤炭、矿石、钢铁产品等大宗、远途、低值、散装货物运输的需求急剧增加。该阶段货运需求总量快速上升，增速较前一阶段有较大提升。

在货运2.0阶段，制造业逐步成为国民经济的主体，该时期以机械加工及化学工业为主，重化工业取代轻纺工业成为国民经济的主导产业。货物中石油、天然气、化工原料、多种金属和非金属原材料的比重开始上升，水泥等建筑材料大为增加。货物运输除要求继续扩大运输能力，对运输速度和其他运输质量方面的要求相应提高，运输需求开始多样化，对管道、油轮、罐车、棚车等运输需求量增加，要求发展多种运输方式和工具来满足日益多样化的运输需求。这一阶段货运需求总量继续增长，增速较快。

在货运3.0阶段，制造业产品的加工程度进一步深化，以高附加值加工制造业为主，工业品价值普遍很高，技术资本含量大，物质含量相对比较低。汽车、飞机、精密仪器、电器电子产品等高加工产品的附加值比初级产品大为提高，经济增长对原料的依赖减少。这一阶段，大宗散装货物运输需求增长速度减缓，加之以电子、信息为代表的新兴产业对运输需求数量较小，货运需求总量的增加不再是主要方面，对方便、及时、可靠、节约等质量方面的要求更为突出，小批量、特种车、专用车的运输需求增加。

进入货运4.0阶段后，经济结构转向高技术产业和服务业，经济增长转向更多的依赖深度加工、技术和信息。这些变化致使货物运输需求数量基本停止增长，在一些国家甚至出现连续下降的现象，但对运输质量提出了更严格的标准，货物运输融为物流体系的有机组成部分。物品生产方式灵活多变且批量较小，企业追求"零库存"和生产体系全球化，对小批量、集装化运输、特种货物运输和门到门一票到底的国际国内多式联运需求增加，运输速度和频率加快，要求运输服务更加及时、方便、可靠。

上述对应关系将货运需求增长过程与以工业化为中心的经济发展过程紧密联系起来，从工业发展的角度解释了货运需求 5 个阶段的发展特点。需要指出的是，这一对应关系仅是一个示意性的关系，而不存在严格的对应意义。在实际中，由于各国工业发展的演变过程存在较大差异，不同的发展阶段之间经常是交叉在一起，不存在严格的阶段划分。

（三）我国货运需求变化的阶段性特征

改革开放以前，尤其是新中国成立前，我国货运需求长期处于原始货运向货运 1.0 阶段过渡阶段，改革开放以后，我国货运业发生了翻天覆地的变化，实现了从货运 1.0 到货运 3.0 的跨越式发展，用几十年时间走完了发达国家几百年走过的历程。40 年多来，随着中国经济的高速增长，2018 年我国全社会货运量和货物周转量分别为 1978 年的 20.70 倍和 20.82 倍，分别达到515.3 亿吨和 204685.8 亿吨公里。

1. 我国整体货运需求变化的阶段性特征

（1）改革开放后我国货运需求发展的四个阶段。

第一阶段，货运需求总量稳步增长，但货运供给能力不足制约货运需求增长。该阶段基本处于货运 1.0 阶段向货运 2.0 过渡的阶段。改革开放至 20 世纪 90 年代初，经济高速增长带来运输需求爆发，货运量年均增长近 9%，但货运供给能力短缺和水平偏低的问题异常突出。科技进步带来农业连年丰收，从而导致粮食运输需求不断增长；第二产业发展重点由国防工业和重工业向与人类基本需求相关的轻工业、纺织工业转移，导致家电轻纺类等日常生活产品运输需求比重不断提升。与此同时，铁路运能极度紧张，主要干线公路交通拥挤、行车缓慢，航道长期缺少整治、等级偏低，大量潜在货运需求得不到满足，货运供给对国民经济区域分工、能源原材料调运和市场平衡的制约明显。

第二阶段，货运需求总量快速增长，需求结构不断调整，货运供给能力快速提升，此阶段属于货运 2.0 阶段的前中期。20 世纪 90 年代初至 21 世纪初，市场化改革深化、工业化加速启动，年均货运增速近 4%，大运量、快速度、低成本的运输需求开始凸显，货运服务需求逐渐多样化和高端化。这一阶段，轻工业仍是工业化主流，但科技含量较高的电脑、通信产品、电子产品、家电等逐渐发展为主导行业；后期，国家加大基础设施投资，产业重点向重化工业转型，带动货运增速再次抬头，同时，高速公路大规模建设、铁路的四次大提速、航道等级水平提升等改善了交通基础设施供给，引领货运供给能力快速追赶经济社会发展。

第三阶段，货运需求总量增速达到峰值，需求结构的变化进一步加快，此阶段与货运 2.0 阶段的后期基本对应。21 世纪初至 2011 年左右，是我国货运业深刻变革、快速发展的黄金十年。货运供给规模和质量不断提升，逐渐适应经济社会发展，为区域经济分工创造了更好的时空条件，但运输服务供给的结构性不足和过剩问题开始暴露。这一阶段，重化工和技术装备等产业快速上升，国际区域分工带来远洋运输需求快速增长，沿海港口的煤炭、铁矿石吞吐量不断创造新高；电子商务从无到有，并快速转变为超高速增长，快速消费品需求急剧增长，诱发快递和城市配送量井喷；在高附加值、生鲜、电子产品和国际进出口小件运输需求带动下，民航货邮运输量加速增长。

第四阶段，货运需求总量增速逐步放缓，货运需求与供给的结构性矛盾突出，此阶段我国的货运需求逐步进入货运 3.0 阶段。2012 年后，我国经济逐渐进入"新常态"，经济下行压力加大，经济结构开始由工业主导向服务业主导转变，重化工产业"去产能"对货运业冲击巨大，全社会货运量增速明显放缓，2015 年同比仅增长 0.2%，冶金、煤炭、水泥、建材等传统重化工行业成为"十三五"时期"去产能"的重点对象，汽车和部分装备工业品的市场需求增速开始放缓。2015 年，公路货运量仅增长 1.2%，受传统大宗行业下行影响，铁路货运量同比下降 11.9%。同时，货运业长期快速发展过程中积累的问题集中暴露：公铁水大宗物资运能富余，同质化竞争和经营环境不公，破坏货运结构合理化；医药、冷链、危险品、城市配送、快递等高端快速货运供给质量不高，行业治理能力滞后，供给侧结构性矛盾突出。

（2）我国货运需求发展历程的主要特征。

其一，我国货运需求总量增速与经济增长变化趋势高度相关。如图 2－10

所示，我国 1993～2011 年的货运量增速与其 GDP 增速变化趋势基本吻合。

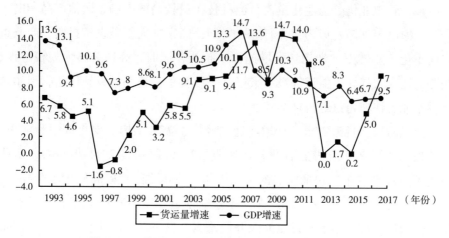

图 2－10 我国 GDP 增长率与货运量增长率变化趋势

资料来源：课题组根据国家统计局公布数据整理。

其二，我国货运需求发展前期受供给侧因素影响明显，后期受需求侧因素影响更大。改革开放以来，我国货运需求在第一和第二阶段受供给侧因素的影响明显。无论是改革开放初期各种经济改革政策，还是 90 年代初期落后的交通基础设施，都对当时的货运需求造成了很大的影响。随着我国交通运输供给能力的快速提升，到了第三、第四阶段后，需求侧因素逐渐成为影响我国货运需求的主要因素。

其三，我国货运需求的发展与工业化进程几乎同步。改革开放 40 多年来，我国从一个农业国迅速成长为世界第一工业大国、第一制造大国，实现了从工业 1.0 到工业 3.0 的跨越式发展，这期间我国货运也经历了货运 1.0，货运 2.0 和货运 3.0 三个阶段。在此期间，我国货运无论是在总量还是在结构上，都随着我国工业化进程的深入而改变，每个时期的主要货运对象也随着工业产品的变化而变化。

其四，我国各区域间的经济发展阶段差异明显，货运需求发展阶段也各不相同。如京、沪已进入后工业化发展阶段，东部沿海地区的长三角、珠三角和环渤海地区已处于工业化后期或货运 3.0 发展阶段，产业链条将不断完善。而一些西部地区还处在工业化中期的前半段，加之复杂的自然地理条件的影响，其货运需求仍处于货运 1.0 阶段，处于承接东部的产业转移的重大战略机遇期。

（3）我国未来货运需求发展的总体趋势。

我国目前处于货运 3.0 向货运 4.0 过渡阶段，全社会总体货运需求增速将逐步放缓并趋于稳定，未来货运需求的变化将主要集中在货运需求结构的演变上。根据中国社会科学研究院发布的《中国工业化进程报告（1995～2015）》显示，我国的平均工业化水平，到 2015 年基本到了工业化后期的后半阶段，即工业 3.0 向工业 4.0 过渡阶段。工业化进程和工业转型升级对货运需求总量和结构产生深刻影响。该阶段的工业化发展仍会带动货运需求量的增长，但增长速度已不如工业化前期的增长速度。随着供给侧结构性改革的进一步深化，货物运输品类也会有所转变，主要运输货物种类由工业化中期的石油、天然气、化工原料、多种金属和非金属原材料、水泥等建筑材料向工业化后期的飞机、精密仪器、电器电子产品等转变。能源等大宗货物的运输需求量增速可能会放缓，但我国的资源、能源结构布局及生产力布局等决定了大宗货物运输需求仍将保持在高位的局面还会延续一段时间，这将要求综合运输规模、结构与大进大出的运输需求特点相适应，加强基础设施薄弱环节，如大容量、高运力的铁路重载货运网、内河航线网、输煤输油管道等基础设施建设，并提供相应的物流服务。随着我国产业结构进一步调整、进入以科技进步和创新为重要支撑的新型工业化阶段，高附加值产品在产品结构中所占比例稳步上升，货物运输量增长的同时，货物的平均价值也会有所提升。未来的工业化进程，应是我国传统制造业从"微笑曲线"中游附加值较低的加工制造业向上游的研发、关键零部件生产、下游的附加价值品牌、销售和售后服务等附加价值较高领域延伸转移的过程，对物流的专业化、精细化、个性化、供应链管理需求日益密切。这一变化要求货运企业自身更主动融入供应链管理，推动产业链更顺畅连接，推动我国工业在价值链中份额的提升。预计到 2035 年后中国整体将处于工业 4.0 和货运 4.0 发展的阶段，并进入以科技进步和创新为重要支撑的后工业化发展阶段。因此，工业品产量及货物运输量需求增速会进一步降低。

2. 我国区域货运需求变化的阶段性特征

改革开放至今，我国交通运输尤其是货运行业实现了跨越式发展，但由于我国地域广阔且不同区域间经济发展水平差距较大，我国各地区工业化水平和货运发展阶段也有很大差别。

（1）我国各区域工业化阶段特征。

如表2－3所示，从九大经济区域来看，长三角地区工业化水平最高，到2015年其工业化综合指数为98，已十分接近后工业化阶段。京津冀地区2010年和2015年均一直处于工业化后期后半阶段，其工业化综合指数由2010年的84提高到2015年的93，珠三角和环渤海地区2010年均处于工业化后期前半阶段，但2015年也纷纷进入了工业化后期后半阶段的行列。另外还有长江经济带，在2015年也处于工业化后期后半阶段，其工业化综合指数为85。东三省2010年和2015年均位列工业化后期前半阶段，其工业化综合指数由2010年的71提高到2015年的76，2010年中部地区处于工业化中期后半阶段，2015年则进入工业化后期前半阶段。大西南地区在2010年和2015年均位列工业化中期后半阶段，大西北地区则实现跨越，由2010年的工业化中期前半阶段进入与大西南地区同样的工业化中期后半阶段。

表2－3　　　　　　　　　2015年中国工业化水平指数

阶段		全国	四大板块	九大区域	31省（区、市）
后工业化阶段（五）					北京、上海、天津
工业化后期（四）	后半阶段	全国（84）	东部（95）	长三角（98）、珠三角（96）、京津冀（93）珠渤海（92）、长江经济带（85）	浙江（97）、江苏（96）、广东（96）、辽宁（91）、福建（91）、重庆（88）、山东（88）
	前半阶段		东北（76）中部（71）	东三省（76）中部六省（71）	湖北（76）、内蒙古（75）、吉林（75）、河北（70）、江西（70）、湖南（70）、陕西（69）、安徽（69）、河南（66）
工业化中期（三）	后半阶段		西部（58）	大西北（58）大西南（58）	四川（64）、青海（62）、宁夏（58）、广西（58）、山西（57）、黑龙江（53）
	前半阶段				西藏（47）、新疆（44）、甘肃（43）、海南（42）、云南（41）、贵州（39）
工业化初期（二）	后半阶段				
	前半阶段				
前工业化阶段（一）					

资料来源：黄群慧、李芳芳等．中国工业化进程报告（1995～2015）［M］．北京：社会科学文献出版社，2017：47．

由此可见，我国各区域间工业化水平差异很大。全国的平均工业化水平在 2015 年基本到了工业化后期的后半阶段。而北京、上海和天津已经实现了工业化，到了后工业化阶段。但像贵州、云南、海南、甘肃等地，还处在工业化中期的前半阶段。从工业化中期到后工业化阶段，要跨越好几个阶段，经济发展水平至少是 50 年以上的差距。这也意味着我国各区域间的货运需求发展阶段差距从货运 2.0 到货运 4.0 至少要跨越 3 个阶段。

（2）我国各区域运输方式特征。

根据部分学者的研究成果[①]显示我们可以看出，2004 年我国货物运输水运型有 9 个省份，铁路型有 11 个省份，公路 - 铁路型有 6 个省份，公路型有 1 个，铁路 - 公路型有 1 个，可见，2004 年我国大部分省份的货运以铁路为主；2009 年货物运输水运型省份有 7 个，公路 - 水运型省份有 2 个，铁路型有 1 个，公路 - 铁路型省份有 7 个，铁路 - 公路型或水运 - 公路型省份共 11 个，可见以公路运输为主的省份明显增多，以铁路运输为主的省份显著减少，以水运为主的省份没有明显的变化；2014 年我国以水运为主的水运型和公路 - 水运型省份共 9 个，以公路运输为主的公路型、铁路 - 公路型和水运 - 公路型省份共有 16 个，以铁路运输为主的铁路型和公路 - 铁路型省份共 5 个，可见以公路运输为主的省份进一步增加，以铁路运输为主的省份继续减少，表明到 2014 年我国 51.61% 的省份是以公路运输为主。运输类型一直没变化的省份共有 8 个，其中除北京是铁路型，云南是铁路 - 公路型外，其余均为水运型，可见水运型省份的运输方式较其他类型的要稳定。2004～2014 年我国各省份货运类型的变化如表 2 - 4 所示。

---

① 董宾芳等为认识各省（区、市）3 种运输方式货物周转量构成的时间变化特征，根据铁路货物周转量（λt）、公路货物周转量（λg）和水路运输周转量（λs）在省内分别所占比例，对各省份货物运输进行聚类分析，可分为：铁路型（λt > 50%，λg < 25%，λs < 25%）、水运 - 铁路型（λt > 50%，λs > 25%）、公路 - 铁路型（λt > 50%，λg > 25%）、公路型（λg > 50%，λt < 25%，λs < 25%）、水运 - 公路型（λg > 50%，λs > 25%）、铁路 - 公路型（λg > 50%，λt > 25%）、水运型（λs > 50%，λg < 25%，λt < 25%）、公路 - 水运型（λs > 50%，λg > 25%）、铁路水运兼具型（50% > λs > λg，50% > λt > λg）、公路铁路兼具型（50% > λt > λs，50% > λg > λs）和水运公路兼具型（50% > λg > λt，50% > λs > λt）共 11 个类型。

表 2 - 4   2004 ~ 2014 年我国各省份货运类型的变化

省份	运输类型		
	2004 年	2009 年	2014 年
北京	铁路型	铁路型	铁路型
天津	水运型	水运型	水运型
河北	水运 - 铁路型	公路铁路兼具型	公路型
山西	公路 - 铁路型	公路 - 铁路型	公路 - 铁路型
内蒙古	铁路型	公路 - 铁路型	公路 - 铁路型
辽宁	铁路水运兼具型	水运型	公路 - 水运型
吉林	铁路型	铁路 - 公路型	铁路 - 公路型
黑龙江	铁路型	公路 - 铁路型	铁路 - 公路型
上海	水运型	水运型	水运型
江苏	水运型	水运型	水运型
浙江	水运型	水运型	水运型
安徽	铁路型	公路型	水运 - 公路型
福建	水运型	水运型	水运型
江西	铁路型	铁路 - 公路型	公路型
山东	水运型	水运 - 公路型	公路型
河南	铁路型	铁路 - 公路型	铁路 - 公路型
湖北	水运铁路兼具型	水运铁路兼具型	公路水运兼具型
湖南	公路 - 铁路型	铁路 - 公路型	公路型
广东	水运型	公路 - 水运型	水运型
广西	铁路型	铁路 - 公路型	水运 - 公路型
海南	水运型	水运型	水运型
重庆	水运型	公路 - 水运型	公路 - 水运型
四川	公路 - 铁路型	铁路 - 公路型	铁路 - 公路型
贵州	铁路型	公路 - 铁路型	铁路 - 公路型
云南	铁路 - 公路型	铁路 - 公路型	铁路 - 公路型
西藏	公路型	铁路 - 公路型	公路型
陕西	铁路型	公路 - 铁路型	铁路 - 公路型
甘肃	铁路型	公路 - 铁路型	公路 - 铁路型
青海	公路 - 铁路型	铁路 - 公路型	公路 - 铁路型
宁夏	公路 - 铁路型	铁路 - 公路型	铁路 - 公路型
新疆	公路 - 铁路型	公路 - 铁路型	铁路 - 公路型

资料来源：董宾芳. 中国货物运输的时空变化特征及成因分析 [J]. 贵州师范大学学报，2017 (3)：自然科学版。

董宾芳（2017）的研究成果显示，2004 年货运集中度高（货物周转量与全国货物周转量的平均值之比）的省份共有 5 个，其中最大的是天津（5.574），其次是上海（4.973）、山东（2.361）、河北（2.001）和广东（1.911），货运集中度高的省份均分布在我国东部沿海地区，5 省市货物周转量共占全国 54.26%；货运集中度较高的省份共有 4 个，其货物周转量占全国的 16.19%；货运集中度较低的省份共有 7 个，其货物周转量占全国的 15.41%；货运集中度低的省份共有 15 个，其中最小的是西藏（0.011），其次是青海（0.068）和海南（0.117），这 15 个省份的货物周转量共占全国的 14.14%。全国货物运输总体分布格局是货物周转量由东部沿海向中西部地区逐步减少。到 2014年，货运集中度高的省份共有 8 个，其中最大的是上海（3.502），其次是广东（2.782）和安徽（2.537），这 8 个省份货物周转量占全国的 60.68%；货运集中度较高的省份共有 2 个，其货物周转量占全国的 7.82%；货运集中度较低的省份共有 8 个，其货物周转量占全国的 19.49%；货运集中度低的省份共有 13 个，其中最低的是西藏（0.021），其次是青海（0.095）和宁夏（0.157），这 13 个省份的货物周转量共占全国的 12.01%。对比分析可以看出，2004～2014 年安徽、江苏、浙江、辽宁、湖北、江西和广西 7 省份在全国货运格局中上升了一个等级，只有黑龙江降低了一个等级，货物周转量东部大西部小的格局进一步凸显。

（3）我国各区域货运需求的阶段性特征。

一方面，从我国货物运输的时间变化看：各省份货物周转量总体上呈增长态势，增长速度有较大差异。2004 年大部分省份货运是以铁路为主，此后，以公路货运为主的省份增多，以铁路货运为主的省份减少，到 2014 年我国 51.61% 的省份是以公路货运为主，绝大多数沿海省份一直以水运为主；水路货运在我国货物周转量份额中一直占据主导地位；2007 年以前公路货物周转量份额一直最低，2008 年以后显著增加，超过了铁路。

另一方面，从我国货物运输的空间变化来看：各省份之间货物周转量的空间差异在缩小。货物周转量空间差异最大的是水运，其差异是呈波动减少的态势；铁路货物周转量的差异在增大，但变化较为缓慢；2007 年后公路运输的差异呈跳跃式增长，超过了铁路，到 2014 年又减少到最小。2004～2014年，我国货物周转量由东部沿海向中部和西部地区减少的基本格局未发生变化。从铁路运输来看，铁路货物周转量北方大，南方小的格局没有变化。10
年间虽然我国中西部大部分省份由以铁路运输为主逐渐向以公路运输为主转
变，但西部地区占全国公路货运份额较少，目前公路货运呈现中东部平分秋
色的格局。水路运输主要集中分布在沿海和沿长江省份。

| 专题报告二 |

典型国家货运需求演变规律及启示

内容提要：研究典型国家货运需求变化特点、趋势和规律对认识、预测我国货运变化有重要意义。本报告分析结果表明：典型国家货物周转量呈倒U形变化趋势，并且其达峰前维持较长时间的低速增长，这与经济发展模式转变密切相关；在后工业化阶段，货物周转量与GDP关联程度变弱，而与工业增加值变化基本同步；不同国家货物运输结构和品类结构差异性较大，但是单位GDP货物周转量均呈长期下降趋势；运输结构与地理、产业、基础设施条件和各种运输方式比较优势等因素有关，而品类结构受国家产业发展影响较大。

一、典型国家经济社会与基础设施基本情况

（一）经济社会基本情况

我国和典型国家经济社会发展水平对比情况如表 3-1 所示。2019 年，我国 GDP 总量达到 14.3 万亿美元，是美国 GDP 总量的 66.9%，经济规模位居世界第二，是英国 GDP 总量的 5.2 倍。同时，我国人均 GDP 也超过 1 万美元，但仍然与美国和英国有较大差距。2019 年，我国人均 GDP 为 10262 美元，仅为美国、英国人均 GDP 的 15.7% 和 24.3%。从人口区域分布来看，2019 年，我国城镇常住人口占比为 60.3%，同时期美国、英国对应的数据分别为 82.5% 和 83.7%，未来我国将有更多的农村人口向城镇流动，城镇化有较大的发展空间。在产业结构方面，2019 年我国工业增加值占比为 39.0%，美国和英国的工业增加值占比都低于 20%。英国是城镇化和工业化的先驱，1891 年城市人口占比达到 72.0%，而人均 GDP 与美国几乎同时期超过 1 万美元。从历史维度看，我国人均 GDP、城镇化率和工业增加值与美国 20 世纪

50～60 年代水平相当。

表 3-1 2019 年我国与典型国家经济发展水平比较

国别	人均 GDP（美元）	GDP（亿美元）	城镇人口占比（%）	工业增加值占比（%）
中国	10262	143429	60.3	39.0
美国	65281	214277	82.5	18.2 *
英国	42300	28271	83.7	17.4

注：* 为 2017 年数据。
资料来源：世界银行数据库。

（二）交通基础设施基本情况

如表 3-2 所示，2019 年我国铁路营业里程达到 13.98 万公里，公路总里程为 501.25 万公里，规模总量分别约为美国的 61.3% 和 76.4%，但是我国铁路电气化率和复线率都远高于美国，并且我国高速公路规模也大于美国。2019 年，我国内河航道里程为 12.73 万公里，是美国的 3.12 倍，但是运输机场和油气管道里程却远小于美国，特别是油气管道里程为我国的 30 倍。我国基础设施的人均规模远小于美国和英国，但是地均规模上，我国基础设施也远小于英国，我国地均的铁路、公路和机场规模分别为美国的 62.7%、78.3% 和 45.3%。上述数据表明，我国近些年虽然投入大量资源建设交通基础设施，路网也越来越发达，已具有总量规模优势，但是从人均和地均密度看，与美国和英国仍然有较大差距。

表 3-2 我国与典型国家交通基础设施比较

国别	国土面积（万平方公里）	人口数（亿人）	铁路营业里程（万公里）	公路里程（万公里）	内河航道里程（万公里）	运输机场数量（个）	油气管道里程（万公里）
中国	960	139273	13.98	501.25	12.73	238	12.66
美国	983.2	32717	22.8	656	4.02	537	380
英国	24.4	6649	1.6	39.7	0.35	55	1.2

资料来源：（1）国土面积和人口为 2018 年数据，来自《中国统计年鉴 2019》。（2）中国交通基础设施规模为 2019 年数据，来自国家统计局。（3）美国、英国交通基础设施规模分别为 2012 年和 2018 年数据，来自各国交通运输部门。

（三）美国和英国货运数据说明

1. 美国货运数据

美国货运数据是基于货运分析系统（the freight analysis framework，FAF）的数据，而货运分析系统是一个综合性货运数据库，它将货运调查数据（the commodity flow survey，CFS）、基于国际贸易数据扩充的 CFS 数据、农业部的农业数据、能源部的能源数据以及其他数据汇总。美国每五年进行一次货运普查（CFS），一般在尾号是 2 或 7 的年份（如 2002 年、2007 年）作为经济普查的一部分调查内容，由美国交通部（BTS）和人口普查局（U. S. Census Bureau）共同完成。美国货运普查（CFS）包括美国境内所有区域内和区域间商品运输活动，调查范围涵盖了境内所有商品（运输起点和终点都在境内）价值的 75%。美国货物周转量统计包括公路、铁路、国内水运（含内河和沿海）、空运（国内）和管道。

2. 英国货运数据

英国货物周转量统计包括公路、铁路、水路和管道等四种运输方式，而公路和水路货运数据来自交通运输部（Department for Transport，DIT），铁路数据由铁路管理办公室（Office of Rail Regulation，ORR）、英国能源与气候变化部门（DECC），2017 年英国将能源与气候变化部和商业、创新与技能部合并，建立一个新的政府部门——商业、能源与工业战略部（BEIS）分别提供铁路和管道货运数据。其中公路统计范围为在英国注册且在英国从事货运业务的重型货车，重型货车是指载重超过 3.5 吨货车，并且公路数据 2011 年进行了修订；水路货运包括内河、沿海和海外货运之和。

二、典型国家货运需求变化历程及主要特点

（一）美国货运需求变化历程及主要特点

1. 近 40 年，美国货物周转量先升后降，2008 年为转折点

美国货物周转量整体呈现上升趋势，但是 2008 年后为波动性下降，如图

3 − 1 所示。1980～2008 年为增长趋势，其中 2008 年货物周转量为 1980～2016 年峰值 88253.4 亿吨公里。1980～2016 年美国货物周转量年增速呈波动趋势，其中 1980～2008 年美国货物周转量年增速相对平稳，波动较小，平均增速为 1.3%，然而 1997～2007 年，货物周转量年均增速为 0.5%，降速明显下降，2008～2016 年货物周转量年增速波动加大，货物周转量年均增速为 −2.1%。总体看，1997 年、2008 年分别为货物周转量和货物周转量增速转折点。

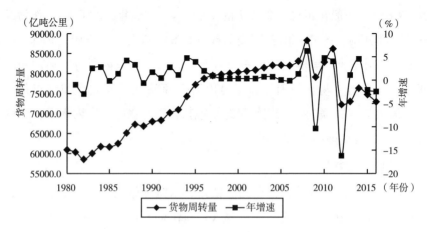

图 3 − 1　美国 1980～2016 年货物周转量及年增速变化趋势

资料来源：Department of Transportation，Bureau of Transportation Statistics，Transportation Statistics Annual Report 2019：The State of Statistics（Washington，DC：2019）［EB/OL］．https：//doi. org/10. 21949/1502602.

2. 近 40 年，美国公路、铁路和航空货物周转量占比呈上升趋势

分运输方式来看，近 40 年来，美国公路、铁路和航空货物周转量呈上升趋势，国内水运和管道货物周转量呈下降趋势，如图 3 − 2 所示。其中，公路和航空分别于 2004 年和 2008 年为转折点。2004 年后，美国航空货物周转量连续 5 年下降，但是从 2010 年开始转入低速增长。2008 年美国公路货物周转量达到最高点，随后 4 年呈波动性下降，在 2012 年后进入低速增长。2008 年以前美国铁路货物周转量整体呈上升趋势，但是 2008 年后呈波动性下降，1980～2008 年美国铁路货物周转量年增速平均值为 2.4%，2008～2016 年该值变为 −1.1%。国内水运货物周转量近 40 年下降趋势明显，特别是 1995 年

左右下降趋势有所加速。管道运输货物周转量在 1996 年前为低速增长趋势，在此之后为下降趋势。

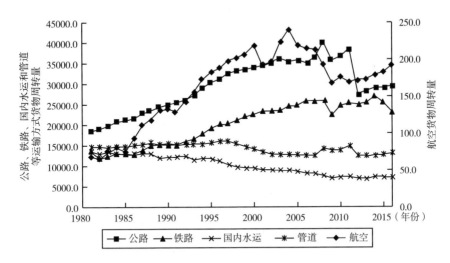

图 3 - 2　美国 1980 ~ 2016 年各种运输方式货物周转量变化趋势（单位：亿吨公里）

资料来源：Department of Transportation, Bureau of Transportation Statistics, Transportation Statistics Annual Report 2019：The State of Statistics（Washington, DC：2019）［EB/OL］. https：//doi. org/10. 21949/1502602.

从货运结构来看，美国国内水运和管道货物周转量所占份额整体呈下降趋势，公路、铁路和民航为上升趋势，如图 3 - 3 所示。公路所占份额最高，2008 年达到最高值为 45.5%，近五年基本在 40% 左右。铁路所占份额仅低于公路，特别 2012 年有一个跃升，这主要是因为公路货运统计口径有所调整，近五年基本在 30% ~ 35%。民航所占份额虽然呈波动性上升趋势，但是整体份额仍然较小，2016 年刚刚再次突破 0.3%。管道运输所占份额在 5 种运输方式中排第 3，并且 2008 年后有小幅的上升，近五年基本在 17% 左右。国内水运所占份额排第 4，长期下降趋势最为明显，所占份额已经降至 10% 以下。

根据美国交通运输部《国家货运战略规划》的预测结果，未来 25 年民航货运量增幅遥遥领先，公路次之，管道、铁路和水运增幅相近，但是各种运输方式货运量占比排序不变，绝对数变化较小。

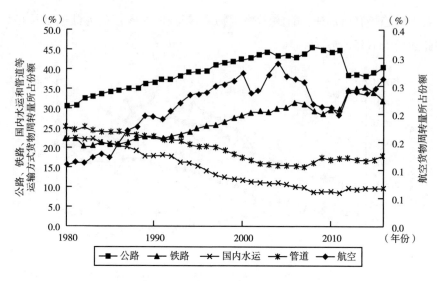

图 3 – 3   美国 1980 ~ 2016 年货运结构变化趋势

资料来源：Department of Transportation，Bureau of Transportation Statistics，Transportation Statistics Annual Report 2019：The State of Statistics（Washington，DC：2019）〔EB/OL〕．https：//doi．org/10．21949/1502602．

（二）英国货运需求变化历程及主要特点

1. 近 70 年，英国货物周转量先升后降，2008 年为转折点

英国货物周转量大体呈上升趋势，也在 2008 年后出现波动性下降，如图 3 – 4 所示。1953 ~ 2000 年，货物周转量上升趋势明显，2000 ~ 2008 年，英国货物周转量在 2400 亿吨公里上下小幅波动，2008 ~ 2017 年具有较为显著的下降趋势。从货物周转量的年增速来看，1953 ~ 2017 年英国货物周转量年增速整体呈下降趋势，在 1981 年前英国全国货物周转量保持较为稳定的增速，在此之后，不但增速明显放缓，并且波动幅度显著加大。2000 年和 2008 年是关键转折点，2000 ~ 2008 年全国货物周转量年增速明显下降，2008 年后全国货物周转量更是转入下降轨道。

2. 近 70 年，英国公路货物周转量占比呈上升趋势

分运输方式来看，1953 ~ 2017 年，公路和管道货物周转量上升趋势明显，水运货物周转量呈先升后降趋势，而铁路货物周转量变化趋势则与水运刚好相反，为先降后升，如图 3 – 5 所示。在 20 世纪 70 年代以前，英国水运

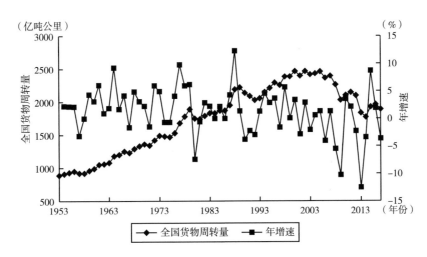

图3-4　英国1953～2017年货物周转量及年增速变化趋势

注：全国货物周转量指公路、铁路、水运及管道等4种运输方式货物周转量之和。

资料来源：Department for Transport Transport, UK. Statistics Great Britain ［EB/OL］. https://www. gov. uk/government/statistics/transport - statistics - great - britain.

周转量基本保持稳定，70～80年代，有段时间水运周转量有较快的上升，在此之后大约20年时间，又进入稳定期，并在2005年前后步入快速下降趋势。

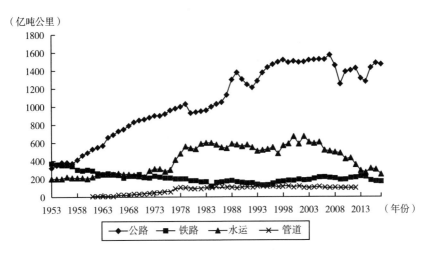

图3-5　英国1953～2017年各种运输方式货物周转量变化趋势

资料来源：Department for Transport Transport, UK. Statistics Great Britain ［EB/OL］. https://www. gov. uk/government/statistics/transport - statistics - great - britain.

对英国铁路而言，20 世纪 80 年代以前，货物周转量都呈下降趋势，至 20 世纪 90 年代后，又出现低速的回升，但是这种回升的势头非常弱。

从运输结构来，1953~2017 年，公路货物周转量所占份额整体呈上升趋势，2017 年其占比已经高达 77.8%。如图 3-6 所示，铁路货物周转量所占份额呈现下降趋势，虽然在近 20 年铁路货物周转量所占份额有微弱的上升，但是反弹幅度非常小，2017 年铁路货物周转量所占份额为 8.9%，排在公路和水运之后。英国水运货物周转量所占份额在 20 世纪 60~70 年代超过铁路，但是在 20 世纪 80 年代之后即步入下降趋势，2017 年仍然高于铁路所占份额，为 13.2%。在英国，管道运输货物周转量所占份额低，并且在 20 世纪 90 年代之后，有下降趋势。

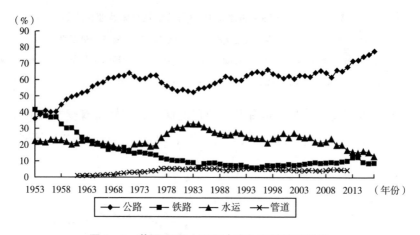

图 3-6　英国 1953~2017 年货运结构变化趋势

资料来源：Department for Transport Transport, UK. Statistics Great Britain [EB/OL]. https://www. gov. uk/government/statistics/transport - statistics - great - britain.

从货运结构来看，1953~2017 年英国公路货物周转量所占份额呈上升趋势，在公路、铁路、水运和管道 4 种运输方式中排首位。英国铁路货物周转量所占份额整体呈下降趋势，但是近 20 年来有略微的反弹，目前在 4 种运输方式中排第 3。英国水运货物周转量所占份额于 20 世纪 60~70 年代超过铁路，并且目前仍排第 2，但是呈下降趋势。管道货物周转量所占份额最小，且为下降趋势。

三、典型国家货运需求规模及结构变化原因分析

(一) 典型国家货物周转量总规模变化原因分析

从上面的分析不难发现，美国和英国分别在 1996 年和 2000 年两个时间点都出现了货物周转量总量增速下降的现象，即美国 1996~2008 年、英国 2000~2008 年货物周转量增长速度与之前相比，货物周转量增长放缓，并且在 2008 年后转变为下降趋势。

美国货物周转量在 2008 年后转入下降轨道，这与全球金融危机有密切关系，而不同国家在不同时间点货物周转量增速为何放缓，不同国家可能有不同的原因。从经济总量与货物周转量关系的角度来分析，美国和英国货物周转量增速与 GDP 增速的相关程度并不高，特别是美国 1996~2008 年、英国 2000~2008 年 GDP 增速并未出现明显下滑（见图 3-7 和图 3-8），相反两国经济都保持正增长。同时，美国和英国货物周转量增速变化幅度明显高于 GDP 增速变化幅度。

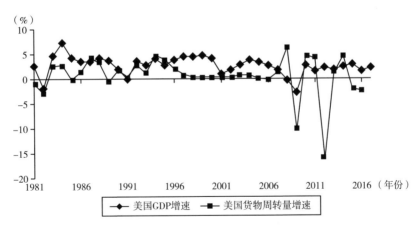

图 3-7　1980~2017 年美国 GDP 与货物周转量增速变化趋势

资料来源：GDP 增速数据来源于世界银行；货物周转量数据来源于 Department of Transportation，Bureau of Transportation Statistics，Transportation Statistics Annual Report 2019：The State of Statistics（Washington，DC：2019）[EB/OL]．https://doi.org/10.21949/1502602。

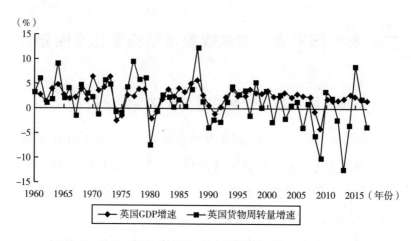

图 3 - 8　1960～2017 年英国 GDP 与货物周转量增速变化趋势

资料来源：GDP 增速数据来源于世界银行；货物周转量数据来源于 Department for Transport Transport, UK. Statistics Great Britain ［EB/OL］. https://www. gov. uk/government/statistics/transport - statistics - great - britain。

　　本报告所考察的时段，英国和美国已经进入工业化后期，服务业为主导产业，工业增加值占国内生产总值的比重一直呈下降趋势，其中美国经济在1948 年之后，出现了由工业向服务业的持续转移。从三次产业结构与货运发展关系的角度，美国和英国货物周转量总量增速放缓与工业增加值占比变化并不存在必然联系。但是从工业增加值与货物周转量增速变化趋势来看（见图 3 -9 和图 3 - 10），除 1999～2008 年美国工业增加值增速与货物周转量增速之间关系较弱之外，其他时间段，英国和美国工业增加值增速与货物周转量增速变化趋势基本一致，并且两者波动幅度也几乎相同。

　　1996～2008 年美国货物周转量增速明显下降，这段时间被称为"新经济时代"，以知识经济、虚拟经济和网络经济为经济发展的标志，也即在 1996 年左右美国经济发展模式发生了转变。与美国类似，2000 年互联经济、知识经济等新经济成为英国经济新增长动力，经济波动放缓，货物周转量不但增速放缓而且波动范围收窄。美国和英国货物周转量放缓与经济发展模式转变有关，以知识经济、虚拟经济和网络经济为代表的新经济发展并没有带来相应的货物运输需求的增长，GDP 与货物周转量变化关联程度变弱。虽然工业与货物周转量变化密切相关，但是工业已经不是美国和英国经济增长的主导部门。

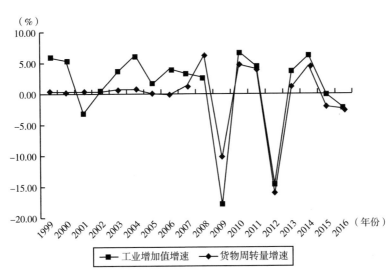

图 3 – 9 1999～2016 年美国工业增加值与货物周转量增速变化趋势

注：工业增加值增速根据世界银行数据推算，工业增加值包括采矿业、制造业、建筑业、电力、水和天然气行业中的增加值。

资料来源：Department of Transportation, Bureau of Transportation Statistics, Transportation Statistics Annual Report 2019: The State of Statistics（Washington, DC: 2019）［EB/OL］. https://doi. org/10. 21949/1502602.

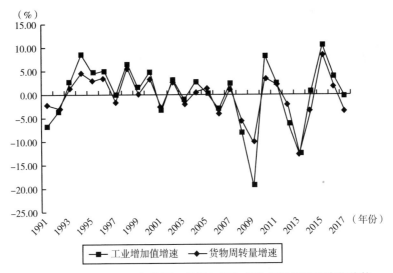

图 3 – 10 1990～2017 年英国工业增加值与货物周转量增速变化趋势

注：工业增加值增速根据世界银行数据推算，工业增加值包括采矿业、制造业、建筑业、电力、水和天然气行业中的增加值。

资料来源：Department for Transport Transport, UK. Statistics Great Britain ［EB/OL］. https://www. gov. uk/government/statistics/transport – statistics – great – britain.

总体来看，进入工业化后期，特别是当以知识经济、虚拟经济和网络经济成为经济增长主要动力之后，货运需求规模变化与 GDP 变化的关联程度变弱，而与工业增加值变化具有较高程度的一致性。这也是 2008 年前后美国和英国货物周转量有所下降的主要原因，产生实物货运量需求的工业不再是经济增长的主导部门，工业增加值增长速度放缓（1999～2016 年的美国、1990～2016 年的英国工业增加值年均增速分别为 1.26%、0.45%），且工业更易受经济波动冲击（2009 年美国、英国工业增加值增速分别为 -7.6%、-9.3%）。

（二）典型国家货运强度存在不同程度下降

典型国家和我国货物周转量变化趋势如图 3-11 所示。虽然各国货物周转量统计范围差别较大，但是从各自的历史变化来看，1980 年以后，中国、美国、英国和日本货运强度（单位 GDP 的货物周转量）均呈下降趋势，这一现象基本符合经济发展规律。在本报告所考察的时间段，四个国家都有不同

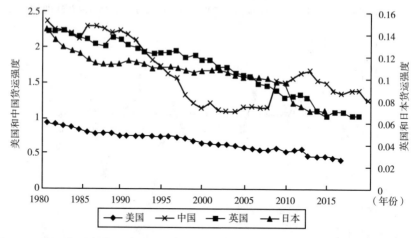

图 3-11 1980 年以来典型国家与我国货运强度变化趋势（单位：吨公里/2010 年美元）

注：四个国家全国货物周转量统计范围不同，美国包括公路、铁路、国内水运（含内河和沿海）、国内空运和管道，英国包括公路、铁路、水路（内河和远洋）和管道，日本包括公路、铁路、内航海运、国内空运，中国包括铁路、公路、国内水运（不包括远洋）、空运（国内和国际）、管道。

资料来源：Department of Transportation, Bureau of Transportation Statistics, Transportation Statistics Annual Report 2019: The State of Statistics（Washington, DC: 2019）[EB/OL]. https://doi. org/10. 21949/1502602.

程度的经济增长动力转换，与实物货运量需求更为密切的工业对经济增长的贡献率不断下降，经济增长所产生的货物运输需求逐步变弱。

1980 年以来，美国、英国和日本等典型国家人均货物周转量先上升后下降，（1980 年以来，我国人均货物周转量持续增长，如图 3 - 12 所示）。另外，美国和中国全国货物周转量统计范围大体类似（除中国航空货运为国内和国际，而美国航空为国内货运之外，其他基本相同），美国人均货物周转量远高于我国，2016 年，我国人均货物周转量为美国的 41%。典型国家人均货物周转量变化相对缓慢，这可能与高等收入国家居民消费和国内生产结构有关。步入高等收入水平之后，居民服务性消费和生产占比提高，对货物运输需求相对变弱。

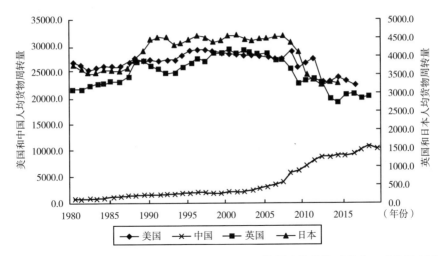

图 3 - 12　1980 年以来典型国家与我国人均货物周转量变化趋势（单位：吨公里/人）

注：四个国家全国货物周转量统计范围不同，美国包括公路、铁路、国内水运（含内河和沿海）、国内空运和管道，英国包括公路、铁路、水路（内河和远洋）和管道，日本包括公路、铁路、内航海运、国内空运，中国包括铁路、公路、国内水运（不包括远洋）、空运（国内和国际）、管道。

资料来源：Department of Transportation，Bureau of Transportation Statistics，Transportation Statistics Annual Report 2019：The State of Statistics（Washington，DC：2019）［EB/OL］. https://doi. org/10. 21949/1502602.

（三）典型国家货物周转量结构受多种因素影响

如表 3 - 3 所示，典型国家和中国货物周转量结构差异较大，这与各国地理、产业、基础设施条件和各种运输方式比较优势等因素有关。2015 年，美国各种运输方式货物周转量所占份额从高至低排序依次是公路、铁路、管道、国内水运和航空，根据近 30 年历史数据比较，这种顺序在短期内不会发生变化。正如本报告第一部分所言，美国管道建设里程远高于其他国家，由此管道在货运占有比较重要的位置，2015 年美国管道货物周转量占比为 17.1%，远高于我国 2019 年的 3.7%。美国和中国都为陆地国土面积大的经济大国，人口和生产分布空域范围较广，长距离货运需求较为旺盛，铁路货物周转量占比相对较高。与此同时，2019 年中国水运（不包括远洋）货物周转量占比高达 34.4%，远高于美国 2015 年的 9.6%，在 5 种运输方式排第二位，这可能与我国一直以来发展外向型经济，产业基地多数布局在沿海沿江地区，使水路货运更有优势有关。根据美国交通运输部《国家货运战略规划》的预测结果，未来 25 年民航货运量增幅遥遥领先，公路次之、管道、铁路和水运增幅相近，但是各种运输方式货运量占比排序不变，绝对数变化较小。在公路、铁路、水运和管道 4 种运输方式中，英国公路货物周转量所占份额最高，随后依次是水运、铁路和管道。日本与英国类似，两者都为岛国，国内诸多大城市和工业生产基地都沿海分布，水路运输较为便利，水运仅次于公路，是其重要的货运方式之一。

表 3-3　　　　　　　　典型国家货物周转量结构与中国比较　　　　　　　单位：%

国别	公路	铁路	水运	管道	航空
美国	39.1	33.9	9.6	17.1	0.24
英国	74.4	9.2	16.3	—	—
日本	50.6	5.1	44.1	—	0.27
中国	41.1	20.7	34.4	3.7	0.18

注：美国和英国为 2015 年数据，日本为 2014 年数据，中国为 2019 年数据，各种方式统计范围；—表示不在统计范围或数据缺失。

资料来源：Department of Transportation, Bureau of Transportation Statistics, Transportation Statistics Annual Report 2019：The State of Statistics（Washington, DC：2019）[EB/OL]. https://doi. org/10. 21949/1502602.

（四）典型国家货运品类结构受产业发展影响大

美国铁路货运品类与其国内大宗产品的产量密切相关。在美国的铁路货运中，煤炭为主要货运品类。随着国内能源结构变化，导致煤炭消费减少，

2001～2015 年，铁路煤炭运量下跌趋势明显。根据美国能源信息管理局预测，未来十年美国原煤生产量将下降 11% 左右，这是未来铁路货运量占比下降的重要原因。化学制品为铁路货运第二大品类，铁路占乙醇运输量的 60% ～70%。2001～2015 年，铁路化学制品运量呈上升态势。

　　日本主要货类的货运量变化情况如图 3-13 所示，20 世纪货运量下降与产业结构调整密切相关。日本在第二次世界大战后形成了偏重化工业的产业结构，重化工业在制造业中所占的比例由 1955 年的 49.4% 增长到 1961 年的65.9%。受第一次石油危机冲击影响，1973 年后，日本经济社会向节约资源的方向发展，特别是日本经济增速停滞后，重化工业大规模向国外转移，造成煤炭、铁矿等矿产品需求锐减。由此可见，20 世纪 90 年代后，日本货运量出现了下降，主要是产业结构调整，矿产品和金属机械工业品的货运量连年下降引起的。

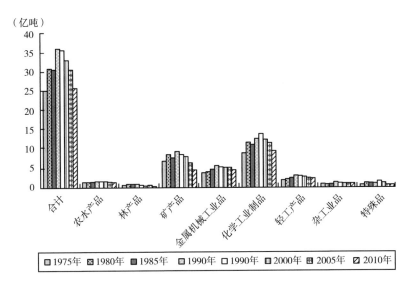

图 3-13　日本主要货类货运量变化情况

资料来源：日本总务省统计局. 日本统计年鉴 [EB/OL]. https：//www. stat. go. jp/data/nenkan/index1. html。

　　2000～2010 年，英国主要货物周转量变化情况如图 3-14 所示。2006～2010 年，英国货物周转量下降，然而大宗商品货运转量下降是主要原因。大宗商品包括木材、粗矿物、矿石、原材料、煤和焦炭、建筑材料和钢铁产品等，其中与房地产密切相关的粗矿物、建筑材料和钢铁产品等下降最为明显，而全球金融危机期间，英国房地产业和建筑业受到严重冲击。

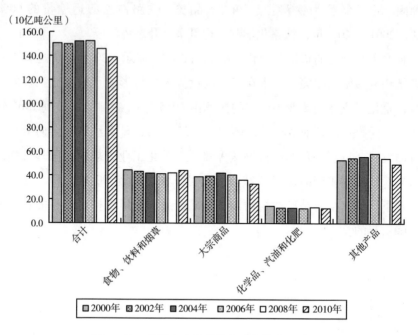

图 3 – 14　英国主要货类货物周转量变化情况

资料来源：Department for Transport Transport，UK. Statistics Great Britain ［EB/OL］. https：// www. gov. uk/government/statistics/transport – statistics – great – britain.

四、近 10 年美国货运需求规模及结构变化情况

（一）美国出口和进口货运量和所占比重都呈下降趋势

如图 3 – 15 所示，2012 年，美国货物运输总量为 169. 96 亿吨。其中，国内货运量为 148. 95 亿吨，所占比重为 87. 6%；出口货运量为 9. 33 亿吨，所占比重为 5. 5%；进口货运量为 11. 69 亿吨，所占比重为 6. 9%。

2016 年，美国货物运输总量为 176. 86 亿吨。其中，国内货运量为157. 62 亿吨，所占比重为 89. 1%；出口货运量为 8. 87 亿吨，所占比重为5%；进口货运量为 10. 37 亿吨，所占比重为 5. 9%。2016 年与 2012 年相比，

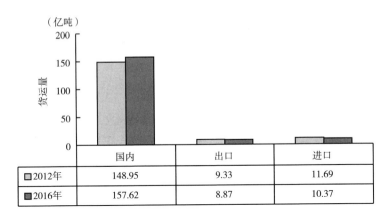

图 3 - 15　2012 年和 2016 年美国国内和国际货运结构对比

资料来源: Department of Transportation, Bureau of Transportation Statistics, Transportation Statistics Annual Report 2019: The State of Statistics (Washington, DC: 2019) [EB/OL]. https://doi. org/10. 21949/1502602.

美国出口、进口货运量分别减少 0.46 亿吨和 1.32 亿吨，出口、进口货运量所占比重分别下降 0.5 个和 1 个百分点，出口和进口的货运量和所占比重都呈下降趋势，出现这一现象可能与 2008 年金融危机对全球贸易的负面冲击有关，其中美国商品贸易占 GDP 比重从 2012 年的 24.0% 下降至 2016 年的 19.8%，每年平均下降 1 个百分点。

（二）美国货物运输总量的增长量主要由公路完成

2012 年，美国货物运输总量 169.96 亿吨由公路（卡车）、铁路、水路、航空及空公联运、多式联运和邮政、管道、其他等运输方式组成，各种运输方式对应的运输量分别为 100.98 亿吨、16.25 亿吨、9.59 亿吨、0.11 亿吨、13.61 亿吨、29.01 亿吨和 0.42 亿吨，各种运输方式所占比重分别为 59.4%、9.6%、5.6%、0.1%、8%、17.1% 和 0.3%。

2016 年，美国货物运输总量增长至 176.86 亿吨，公路（卡车）、铁路、水路、航空及空公联运、多式联运和邮政、管道、其他等运输方式运输量分别 110.86 亿吨、15.75 亿吨、7.98 亿吨、0.11 亿吨、13.54 亿吨、28.23 亿吨和 0.39 亿吨，其中铁路、水路、多式联运和邮政、管道等运输方式的运输量有所下降。上述各种运输方式所占比重分别为 62.7%、8.9%、4.5%、0.1%、7.7%、16.0% 和 0.2%，仅公路货运量所占比重有所上升，这是因为货运增量来自国内，且多为消费品。

2012 年和 2016 年美国货运结构情况如表 3-4 所示。

表 3-4　　　　　　　2012 年和 2016 年美国货运结构情况　　　　单位：百万吨

运输方式	2012 年				2016 年			
	总计	国内	出口	进口	总计	国内	出口	进口
总计	16996	14895	933	1169	17686	15762	887	1037
公路	10098	9893	115	90	11086	10882	101	103
铁路	1625	1481	57	87	1575	1418	66	90
水路	959	502	77	380	798	519	131	148
航空	11	2	5	4	11	2	4	4
联运	1361	309	627	425	1354	322	505	528
管道	2901	2672	50	179	2823	2589	72	162
其他	42	37	2	3	39	29	9	1

注：进出口货运量数据没有包括任何路过美国的国际货运，即从国外发往美国，再从美国发往国外的货运。

资料来源：Department of Transportation, Bureau of Transportation Statistics, Transportation Statistics Annual Report 2019: The State of Statistics (Washington, DC: 2019) [EB/OL]. https://doi.org/10.21949/1502602.

（三）美国公路、铁路、管道和水路以国内货运市场为主

2012 年，美国公路货运量为 100.98 亿吨，其中国内货运量为 98.93 亿吨，出口货运量为 1.15 亿吨、进口货运量为 0.9 亿吨，国内货运占公路货运总量的比重高达 98.0%（2016 年为 98.1%），这表明公路货运的市场主要在国内，铁路、管道与公路相类似。2016 年，水路完成货运量为 7.98 亿吨，其中国内市场水路货运量为 5.19 亿吨，所占比重为 65%；航空和空公联运完成货运量为 0.11 亿吨，国际市场完成 0.08 亿吨，所占比重为 72.3%；多式联运及邮政完成货运量为 1354 亿吨，国际市场完成 1033 亿吨，所占比重为 76.3%。

（四）国际货运市场多式联运、水路和公路占比约 **85%**

2016 年，美国国内市场货运量为 157.62 亿吨，其中公路（卡车）、管道和铁路完成量分别为 108.82 亿吨、25.89 亿吨和 14.18 亿吨，所占比重分别为 69.0%、16.4% 和 9.0%，三者所占比重之和高达 94.4%。2016 年出口市场货运量为 8.87 亿吨，其中多式联运、水路和公路完成货运量分别为 5.05 亿吨、1.31 亿吨和 1.01 亿吨，所占比重分别为 56.9%、14.8% 和 11.4%，三者所占比重之和为 83.1%，进口市场货运情况与之相类似。

（五）美国近半数货运运距小于 **160** 公里

根据美国运输部相关统计①，按货运量计算的国内市场货运结果表明，2016 年美国 50% 货运的运距小于 100 英里（即 160 公里），运距超过 1000 英里（即 1600 公里）的货物占比仅为 7.8%。公路（卡车）运输了大部分货物，并且运距小于 750 英里（即 1200 公里）的货物 62.7% 选择公路（卡车）运输；运距在 750~2000 英里（即 1200~3200 公里）的货物大部分选择铁路运输；运距在 2000 英里（即 3200 公里）以上的货物则大部分选择航空运输或多式联运。

（六）美国大宗货物占全国货运量比重超过 **60%**

根据美国运输部相关统计②，按货运重量计算，2016 年美国前 10 的货类所占比重为 66.1%，分别是天然气、焦炭、沥青、碎石、谷物、非金属矿产品、原油、汽油、燃料油、煤炭、天然砂、其他食品，但是这些货运价值所占比重仅为 24.2%。在 10 大货类中，煤炭运输铁路所承担的份额最高，谷物运输铁路所承担份额仅次于公路（卡车），原油运输铁路所承担份额仅次于管道，天然气、焦炭、沥青、碎石、非金属矿产品和其他食品的国内运输

---

①② Department of Transportation, Bureau of Transportation Statistics, Transportation Statistics Annual Report 2019: The State of Statistics（Washington, DC: 2019）[EB/OL]. https://doi.org/10.21949/1502602.

铁路有一定市场。碎石、谷物、非金属矿、天然砂、其他食品等货运的国内运输主要由公路完成。

专栏 1 美国各种运输方式的需求特征

2018 年，美国商用货车流量约占全国公路交通量 9%，占州际公路交通量的 15%，占农村地区州际公路交通量的比例高达 24%。铁路是 750～2000 英里货运的主要方式，主要承运煤炭、化工、农产品等大宗物资，同时集装箱承运量快速增长，承担（含多式联运）全社会将近 15% 货运量。内河和沿海运输主要承担煤炭、原油和粮食等大宗及农用物资运输，2018 年度完成货运量 24.38 亿吨。民航主要承担高附加值长距离货运，枢纽化特征明显，2017 年度孟菲斯、安克雷奇、路易斯维尔三座机场承担全美民航卸货量的 1/3。管道主要承运原油、成品油和天然气制品等，是液体、气体能源的主要运输方式。

资料来源：刘昭然. 美国首个《国家货运战略规划》分析借鉴［J］. 综合运输（参考资料），2020（63）（总第 730 期）。

（七）美国多式联运快速发展，铁路在多式联运中发挥着主导作用

2016 年，美国国内市场多式联运货运量所占比重为 7.7%，多式联运货运价值则更高，所占比重为 18.3%。BTS 预测结果表明，多式联运货运价值在 2016～2045 年增长将超过 2.5 倍。受全球供应链需求推动，铁路多式联运（例如，由铁路、公路和水路组合完成的集装箱运输）快速增长。2017 年，多式联运货运量为 8.56 亿吨，其中公铁联运货运量为 6.51 亿吨，铁水联运货运量为 0.76 亿吨，铁路多式联运所占比重高达 85%。根据美国铁路协会（Association of American railways）报告，2000～2017 年铁路多联运业务量增长了 52.2%。2017 年，铁路多式联运占美国一级铁路总收入的比重高达 24%，比包括煤炭在内的任何单一大宗商品的收入都要高，而煤炭运输在前几年都一直是铁路收入来源最大的货类。随着集装箱贸易的增长，电子商务的迅速崛起，以及信息和物流技术的进步，预计多式联运仍将保持快速增长。

五、规律总结及发展启示

（一）规律总结

1. 典型国家在进入后工业化阶段后货物周转量仍保持一定增长，2008 年金融危机后货物周转量呈现下降趋势

考察美国 1980～2016 年、英国 1953～2017 年货物周转量总量变化情况发现，在完成工业化之后，货物周转量仍保持增长态势，只是增幅较工业化阶段明显下降；2008 年全球金融危机之后货物周转量总量才出现了波动下降态势。后工业化阶段，GDP 与货物周转量之间关联性变弱，而货物周转量与工业增加值波动基本保持一致。日本货物周转量增速放缓则可能主要与其经济增长停滞有关。同时，全国货运品类结构受产业发展影响较大，关键性实体产业受到冲击是货物周转量下降的重要原因。

2. 典型国家货物周转量达峰前维持较长时间低速增长

在货物周转量总量达到峰值之前，美国和英国在不同时间点或时间段出现了货物周转量总量增长放缓的现象，其中美国为 1996～2008 年、英国为 2000～2008 年。美国与英国出现增速放缓现象主要是经济增长方式发生转变，互联经济、知识经济等新经济成为经济发展的新动力，而与实物货运密切相关的工业规模扩张空间受限，难以产生大规模的货运增长。

3. 典型国家货运强度（单位 GDP 货物周转量）呈下降趋势

按单位 GDP 货物周转量计算，近 40 年来，美国、英国和日本货运强度均呈下降趋势，这是因为与实物货运量需求更为密切的工业对经济增长的贡献率不断下降，经济增长所产生的货物运输需求逐步变弱。目前，典型国家人均货物周转量也处于下降阶段，这可能与高等收入国家居民消费和国内生产结构有关。另外，我国单位 GDP 货物周转量高于美国，但是人均货物周转量比美国现有水平低。

4. 典型国家运输结构变化到一定阶段后保持基本稳定

美国、英国和日本等国运输结构与其地理、产业、基础设施条件和各种运输方式比较优势等因素有关，并且存在显著的国别差异，但是不同国家运输结构演变也有共同特征，运输结构变化到一定阶段后保持基本稳定。比较美国和英国货运结构，不难发现，近些年运输结构较之前波动幅度明显缩小。

5. 典型国家各种运输方式所占份额排序和大小均有国别差异

美国各种运输方式货物周转量所占份额从高至低排序依次是公路、铁路、管道、国内水运和航空。在公路、铁路、水运和管道 4 种运输方式中，英国公路货物周转量所占份额最高，随后依次是水运、铁路和管道。同时，美国管道货运明显强于其他国家，而英国和日本两个岛国在水运方面有显著优势。

在各种运输方式中，公路货物周转量所占份额居首位，且整体呈上升趋势。美国铁路货物周转量所占份额整体呈上升趋势，近五年基本在 30% ~ 35%。英国铁路货物周转量所占份额呈现下降趋势，2015 年仅为 9.1%。日本铁路货物周转量所占份额下降趋势最为明显，近 30 年在 4% ~6%。

（二）发展启示

不同国家由于其自然地理、资源禀赋、人口分布、产业结构和交通基础设施等的不同而各具特点，因此借鉴典型国家货物运输需求发展规律，不宜照搬照抄，还需要在把握我国特色的基础上进行深入分析。我国具有国土大、人口多、资源禀赋不均衡等特征，其运输需求与典型国家的差异性主要在于：一是我国是经济大国，货物周转量总量和人均量显著高于其他国家，但仍小于美国；二是我处于构建国内国际双循环发展新格局的关键时期，与货运需求密切相关的实体经济仍有较大发展空间；三是我国"胡焕庸线"的东、西两侧具有迥异的自然地理、人口和经济产业特征，以及区域货物运输需求特征明显。对比典型国家发展规律和经验，结合我国基本国情得出如下四点启示。

1. 我国铁路货运仍然有较大发展空间

虽然英国和日本铁路货物周转量所占份额已经步入稳定阶段，但是美国铁路货物周转量所占份额仍然呈上升趋势，并且近些年美国、英国和日本铁路所占份额变化区间分别为 30% ~35%、8% ~10% 和 4% ~6%。与美国、英国和日本相比，我国国土大、人口多、资源禀赋不均衡等特点与美国相类似，然而 2018 年我国铁路货物周转量占比仅为 20.7%。下一步，我国铁路要加快创新货运服务，提高铁路货运服务质量和水平，增强市场竞争力。

2. 应高度重视多式联运发展

根据美国经验，随着集装箱贸易的增长，电子商务的迅速崛起，以及信息和物流技术的进步，多式联运快速发展，而铁路多式联运是主流，2017 年美国多式联运业务铁路多式联运所占比重高达 85%。根据美国铁路协会报告，2017 年铁路多式联运占美国一级铁路总收入的比重高达 24%，比包括煤炭在内的任何单一大宗商品的收入都要高，而煤炭运输在前几年都一直是铁路收入来源最大的货类。当前，我国多式联运仍处于起步阶段，特别是铁路多式联运存在硬件和软件等诸多问题，需要通过加强高质量设施供给、创新运输组织模式、改进市场服务理念等促进铁路多式联运发展。

3. 重视公路货运方式的绿色化和智能化发展

对比美国、英国和日本货运结构不难发现，公路货物周转量所占份额在三个发达国家都居首位，并且整体呈上升趋势。美国交通运输部发布的《国家货运战略规划》预测结果表明，未来 25 年公路货运量占比继续保持增长。由此可见，公路作为一种基础性货运方式，在货运体系中发挥着重要作用，需要高度重视其发展。应加快推动公路运输向绿色化、智能化方向发展，加快创新公路货运服务方式和运载工具，提高公路货运质量和绿色化水平。

4. 满足货运需求不应再以增加交通基础设施为主要手段

未来，我国货运需求总量增长放缓但日益精细化、个性化，满足多样化的货运需求，应主要依靠提高既有基础设施的利用效率、提高运输组织效率、创新货运服务产品等途径来实现，新建交通基础设施主要目的是补短板，而不应作为满足需求的主要手段。尤其要更加注重货运技术创新和应用推广，提高货物运输效率和可靠性水平，更好地实现供需精准匹配。

|专题报告三|
我国货运需求发展趋势及特征分析

内容提要： 本研究回顾并分析了我国货物运输需求发展历史和现状，研究未来经济、社会、科技发展形势对货运需求产生的影响，综合运用理论分析、国外对标、情景分析、预测模型和专家判断等方法，以 2025 年、2035 年和 2050 年为目标年，预测在不同经济社会发展情景下我国货物运输需求水平、结构、空间分布，把握货物运输需求发展趋势。

一、我国货物运输量现状分析

货运需求是一种派生性需求，源于经济社会发展对货物空间位移方面的需求。货运需求与经济发展阶段、经济发展水平等密切相关。改革开放 40 余年来，我国的货物运输总量、结构、货类、布局等均发生了巨大变化。

（一）货运总量

1. 货运量和货物周转量

改革开放 40 余年来，随着中国经济的高速增长，2018 年我国全社会货运量和货物周转量分别为 1978 年的 20.70 倍和 20.82 倍，分别达到 5152732 万吨和 204686 亿吨公里（见表 4-1、表 4-2）。

表 4-1 　　　　　　　　　全社会货运量发展情况　　　　　　　单位：万吨

年度	合计	合计不含远洋	铁路	公路	水运	其中：远洋	其中：水运不含远洋	民航	管道
1978	319431	315772	110119	151602	47357	3659	43698	6	10347
1980	310841	306549	111279	142195	46833	4292	42541	9	10525

年度	合计	合计不含远洋	铁路	公路	水运	其中：远洋	其中：水运不含远洋	民航	管道
1985	745763	739136	130709	538062	63322	6627	56695	20	13650
1990	970602	961194	150681	724040	80094	9408	70686	37	15750
1995	1234938	1219687	165982	940387	113194	15251	97943	101	15274
2000	1358682	1335733	178581	1038813	122391	22949	99442	197	18700
2005	1862066	1813517	269296	1341778	219648	48549	171099	307	31037
2008	2585937	2543585	330354	1916759	294510	42352	252158	408	43906
2009	2825222	2773489	333348	2127834	318996	51733	267263	446	44598
2010	3241807	3183753	364271	2448052	378949	58054	320895	563	49972
2011	3696962	3633420	393263	2820100	425968	63542	362426	558	57073
2012	4100437	4034622	390438	3188475	458705	65815	392890	545	62274
2013	4098900	4027744	396697	3076648	559785	71156	488629	561	65209
2014	4167297	4092564	381334	3113334	598283	74733	523550	594	73752
2015	4175886	4101201	335801	3150019	613567	74685	538882	629	75870
2016	4386762	4306993	333186	3341259	638238	79769	558469	668	73411
2017	4804850	4728820	368865	3686858	667846	76030	591816	706	80576
2018	5152732	5075763	402631	3956871	702684	76969	625715	739	89807
2019（2018年口径）	5394072	5310829	431773	4123060	747225	83243	663982	753	91261
2019（新口径）	4706493	4623250	431773	3435480	747225	83243	663982	753	91261

注：2008 年、2013 年、2019 年公路统计口径发生变化。

资料来源：课题组根据国家统计局年度数据整理。

表 4－2　　　　　　　　　全社会货物周转量增长情况　　　　　单位：亿吨公里

年度	合计	合计不含远洋	铁路	公路	水运	其中：远洋	其中：水运不含远洋	民航	管道
1978	9928	7441	5345	350	3802	2487	1315	1	430
1980	11629	8097	5718	343	5077	3532	1545	1	491
1985	18365	13036	8126	1903	7729	5329	2400	4	603

续表

年度	合计	合计不含远洋	铁路	公路	水运	其中：远洋	其中：水运不含远洋	民航	管道
1990	26208	18067	10622	3358	11592	8141	3451	8	627
1995	35909	23971	13050	4695	17552	11938	5614	22	590
2000	44320	27247	13771	6129	23734	17073	6661	50	636
2005	80258	41706	20726	8693	49672	38552	11120	79	1088
2008	110301	77450	25106	32868	50263	32851	17412	120	1944
2009	122133	82609	25239	37189	57557	39524	18033	126	2022
2010	141837	95838	27644	43390	68428	45999	22429	179	2197
2011	159323	109968	29466	51375	75424	49355	26069	174	2885
2012	173804	120392	29187	59535	81708	53412	28296	164	3211
2013	168014	119309	29174	55738	79436	48705	30731	170	3496
2014	181667	125732	27530	56847	92775	55935	36840	188	4328
2015	178356	124120	23754	57956	91773	54236	37537	208	4665
2016	186630	128555	23792	61080	97339	58075	39264	222	4196
2017	197373	142289	26962	66772	98611	55084	43527	244	4784
2018	204686	152759	28821	71249	99053	51927	47126	263	5301
2019（2018年口径）	211185	157128	30075	71534	103963	54057	49906	263	5350
2019（新口径）	199287	145230	30075	59636	103963	54057	49906	263	5350

注：2008 年、2013 年、2019 年公路统计口径发生变化。

资料来源：课题组根据国家统计局年度数据整理。

专栏 4-1　我国公路运输货运量及货物周转量统计口径变化

时间	统计口径
2007 年及之前	营业性载货汽车、农用运输车、运输拖拉机
2008~2012 年	营业性载货汽车、农用运输车、运输拖拉机
2013~2018 年	营业性载货汽车
2019 年	不包含 4.5 吨以下车型的营业性载货汽车

2. 货物平均运距

我国全社会（不包括远洋）的货运平均运距变化如表4－3所示。铁路平均运距先增长再略有下降。航空、管道货运平均运距呈不断增长趋势。公路货运距离长期呈增长趋势，自2013年公路统计口径调整，有所缩短。公路货运运距变动不大。全社会货运平均运距近年来在400公里左右波动。

表4－3　　　　　　　　　　　　　　我国货运平均运距　　　　　　　　　　　　　单位：千米

年份	全社会	铁路	公路	水运	其中远洋	其中沿海和内河	民航	管道	全社会不包括远洋
1978	395	485	32	873	6797	326	1516	416	299
1980	220	514	20	1184	8229	396	1584	467	157
1985	246	622	35	1221	8041	423	2128	442	176
1990	270	705	46	1447	8653	488	2216	398	188
1991	284	718	47	1554	8508	545	2235	399	195
1992	279	734	48	1433	8073	519	2334	417	195
1993	275	743	48	1415	7303	553	2393	410	195
1994	283	774	50	1465	7651	578	2242	406	199
1995	291	786	50	1551	7828	573	2206	386	197
1996	282	766	51	1402	7918	584	2168	366	197
1997	300	771	54	1696	7332	468	2334	362	187
1998	301	764	56	1771	7898	495	2388	348	186
1999	314	771	58	1855	7521	462	2488	310	185
2000	326	771	59	1939	7440	670	2556	340	204
2001	340	761	60	1959	7570	487	2557	336	195
2002	342	764	61	1940	7270	516	2551	339	199
2003	344	769	61	1817	6560	517	2644	336	206
2004	407	775	63	2211	8172	620	2595	330	223
2005	431	770	65	2261	7941	650	2573	351	230
2006	436	762	67	2231	7825	664	2698	464	233
2007	446	757	69	2286	8265	702	2897	460	238
2008	426	760	171	1707	7757	691	2934	428	304
2009	432	757	175	1804	7640	675	2830	453	298
2010	438	759	177	1806	7923	699	3178	440	301
2011	431	749	182	1771	7767	719	3122	506	303

续表

年份	全社会	铁路	公路	水运	其中远洋	其中沿海和内河	民航	管道	全社会不包括远洋
2012	424	748	187	1781	8115	720	3007	519	298
2013	410	735	181	1419	6845	629	3036	536	296
2014	436	722	183	1551	7485	704	3162	587	307
2015	427	707	184	1489	7262	689	3308	615	303
2016	425	714	183	1525	7280	703	3331	572	298
2017	411	731	181	1477	7245	735	3450	594	301
2018	397	716	180	1410	6746	753	3554	590	301

注：2008 年、2013 年公路统计口径发生变化。

资料来源：课题组根据国家统计局年度数据整理。

在各种运输方式中，国家铁路不同货类的平均运距变化如表 4-4 所示。2010 年以来煤炭、焦炭、棉花、粮食等货类的平均运距呈增长趋势，石油、钢铁及有色金属、金属矿石、非金属矿石、水泥、木材呈现小幅下降趋势。铁路不同货类的运距变化反映了我国生产及运输格局的变化。

表 4-4　　　　　　　　我国国家铁路不同货类平均运输距离　　　　　　单位：千米

年份	2010 年	2011 年	2012 年	2013 年	2014 年	2015 年	2016 年	2017 年	2018 年
平均运距	831	832	835	830	814	792	802	825	808
煤炭	642	653	645	647	646	619	626	651	659
焦炭	990	1031	1070	1034	1028	1007	1025	1060	1064
石油	942	898	855	851	870	842	810	779	749
钢铁及有色金属	1093	1090	1124	1108	1088	1038	987	934	896
金属矿石	652	669	653	635	576	533	528	560	537
非金属矿石	705	708	693	688	622	564	529	507	561
矿建材料	362	373	354	312	285	342	399	334	339
水泥	521	460	427	375	387	367	374	348	339
木材	1361	1104	1131	1122	1066	845	780	780	752
化肥和农药	1459	1580	1630	1696	1735	—	—	—	—
粮食	1802	1795	1817	1792	1765	1811	1790	1974	1903
棉花	3779	3810	3701	3844	3878	—	—	—	—
盐	732	700	637	642	629	—	—	—	—
其他	1671	1682	1739	1805	1772	—	—	—	—

资料来源：课题组根据国家统计局年度数据整理。

3. 货运强度和人均货运量

1980 年以来单位国内生产总值的运输周转量变化趋势详见图 4 - 1。

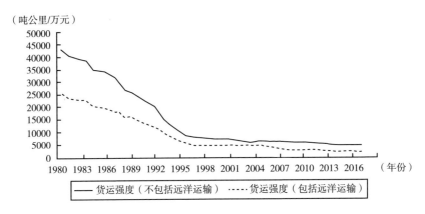

图 4 - 1　我国货物运输强度

资料来源：课题组根据国家统计局年度数据整理。

我国人均货运量呈逐渐增长态势，2018 年我国人均货物运输量为 36.9 吨/人（见图 4 -2）。

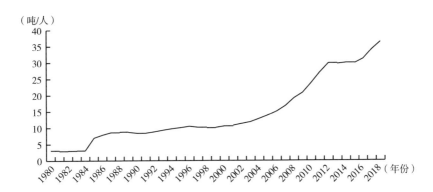

图 4 - 2　我国人均货运量

注：不包括远洋，2008 年、2013 年公路货运统计口径调整。

资料来源：课题组根据国家统计局年度数据整理。

我国的人均货运量已接近甚至超过日本、英国近年来的人均货运水平，但比美国的人均货运量还有一定差距（见图 4 -3）。

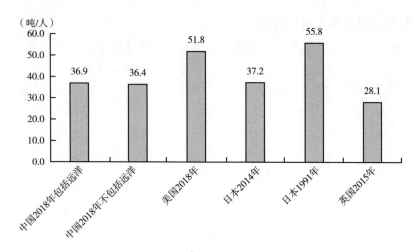

图 4 – 3　我国和部分国家人均货运量比较

注：各国货运统计口径不尽相同。根据货运量及人口数据测算。

资料来源：国家统计局年度数据、美国交通运输部网站统计数据、日本统计年鉴数据。

（二）货运结构

我国货运结构的变化情况如表 4 – 2、图 4 – 4、图 4 – 5 所示。除远洋运输外，铁路货运量占全国货运量的比例已由 1980 年的 36.30% 降低到 2018 年的 7.93%，同期货物周转量占比由 70.61% 下降为 18.87%；而同期公路货运量占比由 46.39% 提高到 77.96%，货物周转量占比由 4.23% 提高到 46.64%。国内水路货运量占比在 1980 年 13.88% 的基础上略有下降到 2018 年的 12.32%，但其周转量占比由 1980 年的 19.07% 增长到 2018 年的 30.85%。管道货运量 1980～2018 年占比由 3.43% 下降至 1.77%，货物周转量同期占比由 6.06% 下降为 3.47%。民航货运量和货物周转量占比虽有所增长，但占比较小，2018 年货运量和货物周转量占比分别为 0.015% 和 0.170%。

（三）主要货类

我国铁路、内河及沿海水路、高速公路干线运输的货类构成见表 4 – 5。不同种类的大宗货物运输量在各种运输方式中所占比例不同，铁路、水路大宗货类运输占比大，公路大宗货类运输量占比 52.6%。粗略计算，大宗散货约占我国货运量的 6～7 成。

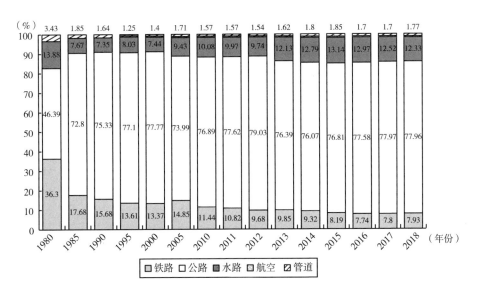

图4-4　全社会货运量结构变化（不包括远洋运输）

注：2008年、2013年公路货运统计口径调整。

资料来源：课题组根据国家统计局年度数据整理。

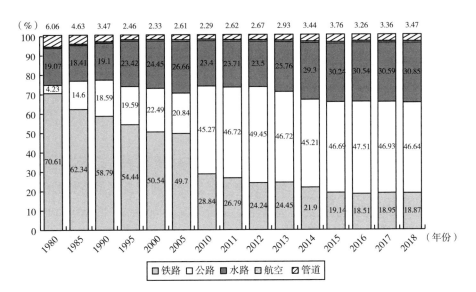

图4-5　全社会货物周转量结构变化（不包括远洋运输）

注：2008年、2013年公路货运统计口径调整。

资料来源：课题组根据国家统计局年度数据整理。

表 4-5　　　我国不同运输方式干线运输货类构成及大宗货物运输占比　　　单位:%

序号	货类	2018年国家铁路货运量	2018年国家铁路货物周转量	2018年水路货物出港	2019年公路货运量	2019年公路货物周转量
1	煤炭及制品	54.85	46.0	23.1	12.6	18.2
2	石油、天然气及制品	3.61	3.3	5.8	—	—
3	金属矿石	13.13	8.7	6.7	7.1	7.9
4	钢铁和有色金属	5.79	6.4	5.2	—	—
5	矿物性建筑材料	2.49	1.0	7.2	38.7	21.9
6	水泥	0.76	0.3	0.7		
7	非金属矿石	1.97	1.4	2.1	—	—
8	木材	0.69	0.6	0.2		
9	粮食	2.65	6.2	1.8		
10	化肥和农药	—	—	0.4		
11	盐	—	—	0.0		
12	机械设备、电器	14.06	26.1	46.9	6.7	10.6
13	化工原料及制品				—	—
14	轻工、医药产品				7.9	11.9
15	农、林、牧、渔产品				5.9	9.9
16	其他货类				21.1	19.6
17	合计	100	100	100	100	100
	货类 1-9	85.94	73.9	52.8	58.4	48

资料来源:国家铁路数据根据国家统计局年度数据计算;水路运输数据根据主要港口主要货物出港量计算;公路数据源自《2019 年道路货物运输量专项调查公报》。

(四) 空间分布

从区域分布看,2000 年以来,我国东部地区货运需求占比下降,中、西部地区占比上升,东北地区货运量比重下降、货物周转量比重略有上升。其中,东部地区的货运量和货物周转量比重分别从 2000 年的 42.0% 和 62.6% 下降至 2018 年的 36.8% 和 56.7%;中部地区的货运量和货物周转量比重分别从 2000 年的 22.8% 和 15.8% 变化至 2018 年的 29.4% 和 20.5%;西部地区的货运量和货物周转量比重分别从 2000 年的 23.0% 和 13.7% 上升至 2018 年的 27.3% 和 15.7%;东北地区货运量比重从 2000 年的 12.3% 下降至 2018 年的 6.5%,货物周转量比重从 2000 年的 8.0% 先上升至 2013 年的 10.6%,然后下降至 2018 年的 7.0%(见图 4-6、图 4-7)。

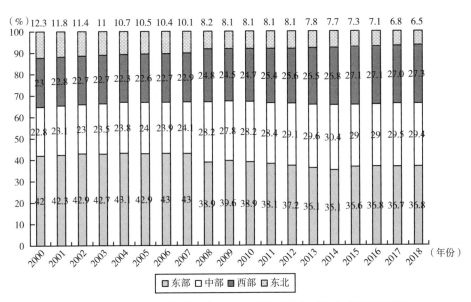

图 4 - 6　2000 ~ 2018 年我国货运量区域分布演变（不包括远洋运输）

注：2008 年、2013 年公路货运统计口径调整。

资料来源：根据历年《中国统计年鉴》数据计算。

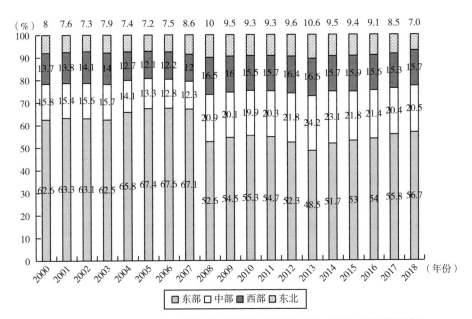

图 4 - 7　2000 ~ 2018 年我国货物周转量区域分布演变（不包括远洋运输）

注：2008 年、2013 年公路货运统计口径调整。

资料来源：根据历年《中国统计年鉴》数据计算。

从货流在线路上的分布看，我国干线运输线路大都表现出"三七"的规律，即大致30%的骨干线网规模承担了70%左右的货物运输量或车公里数①。这些骨干线网廊道承担了东中西地区间物资互补性运输、南北物资调配、东北西北外运、西南出海、国际物资集散等重大物流服务功能。从线路覆盖情况来看，上述货运主要廊道涉及国家干线铁路里程约2.3万公里，约占铁路运营里程（不含高速铁路客运专线里程）的25.6%；涉及国家高速公路里程约2.7万公里，约占已通车国家高速公路里程的36.8%。总体上，我国现状货运主要廊道的空间分布与我国经济发展、贸易及人口、分布格局基本一致。

另根据长安大学和北京中交兴路信息科技有限公司发布的《中国公路货运大数据报告2019》，我国公路货运活跃车辆集中分布于长三角、环渤海、珠三角三大沿海城市群地区，三区域货运量占比超过45%。

二、未来经济社会发展形势及其对货运需求的影响

（一）未来经济产业发展形势及其对货运需求的影响

1. 经济产业发展形势

自改革开放以来，我国经济保持高速增长。截至2019年，我国GDP总量已超过99.09万亿元，按可比价计算是1978年的39.29倍，年均增速达9.37%。受新冠肺炎疫情的影响，我国短期内经济增长速度会降低。得益于有效的疫情防控，我国经济已在全球率先企稳，预计将逐渐回归到正常轨道，中长期经济增速呈现先高后低的趋势。

党的十九大报告提出从现在至21世纪中叶的两阶段奋斗目标，即第一阶段从现在到2035年，我国经济社会发展要基本实现现代化，达到中等发达国家水平，而后再经过十五年的奋斗到21世纪中叶建设社会主义现代化强国。中国社会科学院数量经济与技术经济研究所李平在其《"两个一百年"目标及经济结构预测》中认为：2021～2035年，我国GDP平均增长率将保持

---

① 李伟，孙鹏，李可. 国家运输廊道的运输需求特征分析及规划启示［J］. 西部人居环境学刊，2017，32（1）：16–22.

5.0%左右（其中2021～2025年平均为5.6%，2026～2030年平均为4.9%，2031～2035年平均为4.5%）；2036～2050年，我国GDP平均增长速度很可能仅仅维持在3.6%左右（其中2036～2040年平均为4.0%，2041～2045年平均为3.6%，2046～2050年平均为3.2%）。2050年中国不变价GDP规模将为2020年的3.6倍、2030年的2.1倍、2040年的1.4倍。中国大约在2035年左右超过美国，成为世界第一经济大国。中国人均GDP将于2050年左右达到欧盟和日本水平，但由于汇率（人民币贬值）因素，2050年美国依然保持人均GDP世界第一地位。世界银行、国务院发展研究中心课题组（2013）基于CGE模型估计，2021～2025年中国GDP发展速度为5.9%，2026～2030年将为5%。国家发改委宏观经济研究院郭春丽、易信等的研究认为：2050年前，我国经济增长速度将趋于下降。其中，到2025年，乐观情景、基准情景和悲观情景下，经济增长速度将分别下降到6.48%、6.13%和5.68%；到2035年，乐观情景、基准情景和悲观情景下，经济增长速度将分别下降到5.08%、4.73%和4.28%；到2050年，乐观情景、基准情景和悲观情景下，经济增长速度将分别下降到4.37%、4.02%和3.57%。

　　本报告参照上述专家预测，考虑新冠肺炎疫情对经济增速的中长期影响，分别按照基准情景、乐观情景和保守情景预测GDP增速，预测值如表4-6所示。

表4-6　　　　　　　　　　我国GDP增长速度预测　　　　　　　　　单位:%

年均增速	基准情境	乐观情景	保守情景
2018～2025年	6.1	6.7	5.9
2025～2035年	4.7	5.8	4.5
2035～2050年	4.0	4.4	3.5

　　1978～2019年，第三产业增加值占GDP的比重从24.6%升至53.9%；第二产业增加值比重从47.7%降至39.0%；第一产业增加值比重从27.7%降至7.1%。未来的二三十年里，我国产业结构将进一步高度化发展。据中国社会科学院工业经济课题组研究预测，我国第一产业占GDP的比例将逐步下降至2050年的6.2%；第二产业比例将由40.9%下降至31.3%；第三产业比例则由50.2%上升至62.6%。李平对三次产业结构的预测的结果与中国社会

科学研究院工业经济课题组相似：2020 年第三产业增加值在 GDP 中的比例将上升到 55.3%；2050 年第三产业增加值在 GDP 中的比例将上升到 67.2%，第三产业在国民经济中处于绝对主体地位。李平还预测：以投资拉动型为主的经济增长在未来将逐步转变为以市场需求为导向的消费增长，尤其是居民消费增长，将成为未来我国经济增长和发展的主要动力。国家发展和改革委员会宏观经济研究院经济所预测结果表明，第一产业占 GDP 的比例将由 2019 年的 7.1% 逐步下降至 2050 年的 2.0% ~3.0%；同期第二产业比例将由 39.0% 下降至 32.5% ~34.5%；第三产业比例则由 53.9% 上升至 62.5% ~65.5%。

参照不同专家预测，本报告对产业结构的预测的结果如表 4 – 7 所示。

表 4 – 7 我国三次产业结构预测

年份	基准情境	乐观情景	保守情景
2019	7.1 : 39.0 : 53.9	7.1 : 39.0 : 53.9	7.1 : 39.0 : 53.9
2025	5.5 : 39.0 : 55.5	5.3 : 38.8 : 55.9	5.7 : 39.4 : 54.9
2035	3.5 : 36.6 : 59.9	3.2 : 36.1 : 60.7	3.8 : 37.3 : 58.9
2050	2.5 : 33.5 : 64.0	2.0 : 32.5 : 65.5	3.0 : 34.5 : 62.5

2. 经济产业发展引发货运需求增速降低及货运结构调整

按照运输需求和经济发展关系的规律，在工业化发展的一定阶段，货物运输需求总量仍然与经济增长保持一定的正向弹性系数关系，经济的增长会引发货物运输需求总量的增加。但是在工业化后期及后工业化阶段，经济增长与货物运输量之间关系会出现明显的脱钩（解耦）发展。我国未来 30 年将处于工业化后期向后工业化的过渡阶段。根据荣朝和的运输化理论，在工业化后期，工业化发展仍会带动货运需求量的增长，但增长速度已不如工业化前期的增长速度。在后工业化阶段，经济增长与货物运输量之间关系会出现解耦现象，即经济增长可能伴随总货运量的停滞甚至下降。如图 4 – 8 所示。

未来 30 年，我国仍将"以供给侧结构性改革为主线"，促进经济的高质量发展，并培育战略性新兴产业和服务业。随着我国产业结构的升级、工业化进程的发展，制造业从"微笑曲线"（见图 4 – 9）中游附加值较低的加工制造业继续向上游的研发、关键零部件生产、下游的附加价值品牌、销售和售后服务等附加价值较高领域延伸转移，运输强度会进一步显著下降，货物

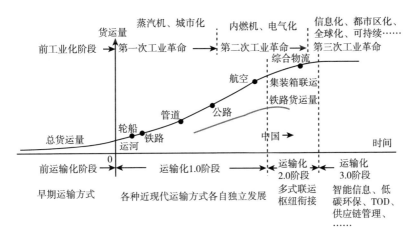

图 4-8 运输化阶段划分调整示意图

资料来源：荣朝和. 对运输化阶段划分进行必要调整的思考 [J]. 北京交通大学学报，2016，40（4）：122-129。

的平均价值也会有所提升。主要运输货物种类中，工业化中期的煤炭、钢铁、矿石、石油、天然气等运输增速会放缓，甚至逐步达到高峰平台期，但仍是货运需求的主导，这要求综合运输基础设施既要满足这种大进大出的运输需求，也要意识到货物运输需求增长的极限，防止超规模的基础设施建设。同时，供给侧的产业结构调整、战略新兴产业发展，以及需求侧的消费升级，还将导致产品结构中高附加值化和轻型化产品比例增加，促进小批量，多批次、高价值货物运输需求量的增长，从而促进航空、公路等货运需求的增长。

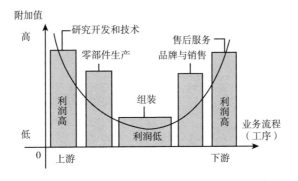

图 4-9 构成供应链各环节附加值的微笑曲线

资料来源：关志雄. 做好中国自己的事："中国威胁论"引发的思考 [M]. 北京：中国商务出版社，2005。

（二）人口及城镇化

1. 人口及城镇化发展形势

2019 年，我人口总量达到 14.0 亿人，常住人口城镇化率达到 60.6%。

根据联合国《2015 世界人口预测》，中国人口将于 21 世纪 30 年代达到峰值 14.2 亿人，进入 21 世纪 40 年代后人口转为负增长，2050 年从峰值减少至 13.5 亿人。《国家人口发展规划（2016—2030 年)》预测，我国人口总量将在 2030 年前后达到峰值。国家卫生和计划生育委组织开展的《实施全面两孩政策人口变动测算研究》预计，我国落实全面两孩政策后，我国人口数将在 2028 年达到峰值 14.5 亿人。

本报告综合参照上述专家预测，分别按照基准、乐观、保守三种情景进行取值，预测结果如表 4-8 所示。

表 4-8　　　　　　　我国人口总量预测结果　　　　　　单位：亿人

年份	基准情境	乐观情景	保守情景
2019	14.0	14.0	14.0
2025	14.39	14.45	14.34
2035	14.34	14.50	14.20
2050	13.65	14.00	13.50

据李平预测，2030 年、2040 年、2050 年我国城镇化率分别达到 65.5%、69.0%，和 71.0%。高春亮、魏后凯预测，2020 年、2030 年、2040 年和 2050 年城镇化率分别为 60.34%、68.38%、75.37% 和 81.63%。

本报告参照不同专家预测对城镇化率的预测取值结果如表 4-9 所示。

表 4-9　　　　　　　我国常住人口城镇化率预测　　　　　单位：%

年份	基准情境	乐观情景	保守情景
2019	60.6	60.6	60.6
2025	65.75	65.04	64.22
2035	74.73	73.20	71.50
2050	81.36	84.13	78.40

2. 城镇化发展促进货物运输需求总量增长及货流格局改变

我国常住人口城镇化率到 2050 年达到 80% 左右，达到当前美国、欧洲、日本等发达国家的水平。这意味着 2035 年前我国还将增加近 2 亿城镇居民，这相当于日本全国人口的 160%、美国人口的 67%。这决定我国未来城镇交通基础设施、城市交通运输服务的建设规模是巨大的，对钢铁、建材、能源的需求量还会很多，因此与之对应的货运需求将保持一定的增长。但是我国城镇化已进入后半程，城镇建设速度也将趋缓。未来 30 年，随着城镇化的发展，我国人口将向城市、都市圈、城市群集聚，意味着生产中心、消费中心也将向上述城市群集中，特别是向京津冀、长三角、珠三角和成渝四个特大城市群集中，形成若干产业体系完备、产业链完整的经济集群，汽车、机械、服装等工业制成品将可基本满足区域生产、消费需求，许多产品无须长距离区际调运，既有的工业制成品货流格局将有所改变，并使工业制成品的货物平均运距有缩短的趋势。

（三）对外贸易发展

1. 对外贸易发展形势

在全球经贸整体放缓的背景下，2019 年中国对外贸易逆势增长，货物贸易进出口总额 31.54 万亿元人民币（45753 亿美元），创历史新高。据世界贸易组织（WTO）统计，2019 年中国货物出口额占全球货物出口总额的 13.2%，货物进口额占全球货物进口总额的 10.8%。随着我国"一带一路"倡议的深入推进，中国的贸易格局也在不断改变。当前，东盟已超越欧盟成为我国第一大贸易伙伴，我国与东盟的贸易额占比从 2019 年的 14.0% 扩大至 2020 年上半年的 14.7%，欧盟从 15.4% 降至 14.0%，美国从 11.8% 降至 11.5%。

当前，已出现逆全球化的思潮，贸易摩擦增多，加之今年新冠肺炎疫情的冲击，将使国际贸易面临更多的不确定性，危及全球产业链供应链的稳定性。习近平总书记在世界百年未有之大变局下，提出"双循环"战略，即"我们要逐步形成以国内大循环为主体、国内国际双循环相互促进的新发展格局"，为我国应对逆全球化指明了方向。

尽管全球化遭遇波折，但经济学家普遍认为：从长期历史进程中看，全球化不会停滞，将在曲折中上升，全球经济增长重心将继续向以中国为核心的亚太地区转移，同时环印度洋也将成为最有增长潜力的地区。我国的宏观经济研究院经济研究所郭春丽、易信等基于不同情境对我国进出口贸易总额进行了预测：在基准情景下，全球化遇到波折、中美经贸摩擦持续延续，全球贸易进入疲软增长状态，假定我国外贸依存度从 2018 年的 33.9% 降至 2035 年的 25% 后趋于相对稳定，则预计到 2025 年、2035 年、2050 年，我国进出口规模将分别达到 41.4 万亿元、58.7 万亿元、109.5 万亿元；在乐观情景下，全球化继续深入推进，全球经贸合作非常活跃，假定我国外贸依存度延续了"十三五"时期的趋势、略降至 2035 年的 30% 后趋于相对稳定，则预计到 2025 年、2035 年、2050 年，我国进出口规模将分别达到 45.6 万亿元、74.5 万亿元、146.2 万亿元；在悲观情景下，全球化出现重大风险，全球贸易急剧下滑，假定我国外贸依存度从 2018 年的 33.9% 降至 2035 年的 20% 后趋于相对稳定，预计到 2025 年、2035 年、2050 年，我国进出口规模将分别达到 36.6 万亿元、43.6 万亿元、76.4 万亿元。郭春丽、易信等还预测未来一段时期，我国将基本能实现进出口平衡并逐渐出现经常项目小幅逆差（见表 4-10、表 4-11）。

表 4-10　　　　　不同情景下我国进出口规模预测（2018 年价格）　　　单位：万亿元

年份	基准情景	乐观情景	悲观情景
2018	30.5	30.5	30.5
2025	41.4	45.6	36.6
2030	50.2	59.4	40.7
2035	58.7	74.5	43.6
2050	109.5	146.2	76.4

资料来源：郭春丽，易信. 如何理解和把握第二个百年目标［J］. 宏观经济研究，2019（1）：2-5。

表 4-11　　　　不同情景下我国进口和出口规模预测（2018 年价格）　　　单位：万亿元

年份	出口总额			进口总额		
	基准情景	乐观情景	悲观情景	基准情景	乐观情景	悲观情景
2018	16.4	16.4	16.4	14.1	14.1	14.1
2025	20.7	24.0	17.4	20.7	21.7	19.2
2035	26.4	35.4	18.5	32.3	39.1	25.1
2050	43.8	62.1	28.7	65.7	84.1	47.8

资料来源：郭春丽，易信. 如何理解和把握第二个百年目标［J］. 宏观经济研究，2019（1）：2-5。

2. 对外贸易的总量增长及格局改变影响国际货运的流量流向

未来30年，我国将逐渐迈向全球价值链的中高端，培育出若干世界级先进制造业集群，进出口仍将保持增长态势。工业制成品出口仍将保持较快增长，同时经济增长、产业转型和消费升级对能源、矿产、粮食、先进设备、高端零部件、高档消费品的进口需求仍较强。随着"一带一路"六大经济走廊的贯通（见图4-10），既有的国际通道和货运方式将逐步改变，货物进出口的流向将更加多元，货运格局随着全球经济格局、生产格局、贸易格局的改变而改变。

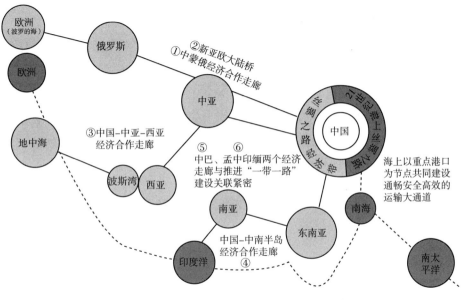

图4-10　中国"一带一路"的六大经济走廊

（四）科技发展形势推进货运模式革命

新一轮技术革命突破了传统的技术局限、发展模式和发展速度，对货物运输需求将产生深刻影响。

首先，5G、移动互联网、能源互联网、车联网、物联网等发展形态不断涌现，智慧城市、智慧物流、智能生活等应用技术不断拓展，将形成无时不有、无处不在的信息网络环境，推动人类生产方式、商业模式、生活方式、消费方式等发生深刻变革，也将改变货物运输模式，货物运输将呈现平台化、智能化的特点，运输装备、货物本身接入移动互联网，流通服务进一步精准化、实时化、弹性化、智能化。

其次，能源领域的新技术将对能源运输产生一定的替代性。在当前技术条件下，每条特高压线路的建设可替代2000万吨左右的煤炭运输，而风能、太阳能等新能源的广泛利用将减少经济社会发展对传统化石能源的需求。新能源及能源输送技术已使中国煤炭近年来的产运系数产生较大幅度下降。未来这种趋势还将进一步演进。

国外的成熟技术，包括铁路双层集装箱技术、美国的无缝货运中转站（thruport）技术（起重机从铁路到铁路的运输，不再需要在火车站外隔夜存储货物）、公路甩挂运输技术等在我国的推广应用将有效提高我国货运效率。

3D打印及纳米技术使本地化生产和分散化生产成为可能，并有可能打破传统供应链的空间布局。多数专家认为，至少在未来10年内，该技术还无法取代大规模生产，因为它的生产成本、速度和质量仍存在一定局限。但这项技术目前已经风靡了原型制作、替换件、玩具、鞋履和医疗设备领域。据ITF的《货运发展展望2019》，2050年3D打印可减少28%的货物周转量。共同配送、共享物流的发展将使货运更加集约化、高效化。

（五）资源环境约束和绿色发展理念要求运输结构加快调整

《巴黎协定》指出，各方将加强对气候变化威胁的全球应对措施，把全球平均气温较工业化前水平升高控制在2°C之内，并为把升温控制在1.5°C之内而努力。全球将尽快实现温室气体排放达到峰值，并在21世纪下半叶实现温室气体净零排放。我国积极参与国际社会应对气候变化进程，在哥本哈根气候变化峰会上，我国向国际社会承诺到2020年实现单位GDP CO_2 排放比2005年下降40%～45%的自主行动目标。

在应对气候变化的同时，我国还面临自然环境和资源条件有限、环境污染严重等问题。新时期我国确立了"创新、协调、绿色、开放、共享"的发展理念。党的十九大报告中，习近平总书记提出了生态文明建设思想，进一步明确了绿色发展的基本路线。习近平总书记在2017年底的中央经济工作会议上明确提出要打好蓝天保卫战等三大攻坚战，并作出"要调整运输结构，减少公路货运量，提高铁路货运量"等重要指示。

我国交通运输业是仅次于工业、建筑之外的第三大排放部门，多项分析研究预测，交通运输 CO_2 排放还将增长。货运能耗及排放约占交通能源消耗及碳排放的约 2/3。构建便捷高效、结构合理、节能减排、环境友好的绿色交通运输体系，是建设交通强国的重要任务，也是中国在可持续发展框架下应对气候变化、解决环境危机的必由之路。货物运输需要通过优化交通运输结构、技术创新和管理创新等，不断提高交通运输业的资源配置效率和资源使用效率，降低环境成本，以最小的社会资源（土地、能源等）占用、尽可能低的资源消耗和环境成本支撑国民经济和社会发展，从而实现交通与环境间关系由互竞、互斥逐步走向互补、互适。

三、我国货运总量预测

（一）国内货运量预测

本报告采用定性分析和定量预测相结合的方法，按照基准、乐观、保守三种情景，首先预测出我国的货物运输需求量，其次根据货运量预测结果和全社会货运平均运距的变动趋势，预测货物周转量。

为增强预测的准确性，在货运量预测中采取定性定量预测相结合的方法，并同时采用自上而下和自下而上两种方式对我国货运需求进行预测。自上而下是指通过对货运总量划分至不同运输方式、不同货类，通过对不同货类发展趋势的分析、不同运输方式未来水平的预测等与货运总量进行校核。自上而下地预测货运需求总量，需在对货运趋势进行定性研判的基础上，综合考虑基础数据、预测时限等，采用多元回归、时间序列、运输强度、弹性系数等多种数学模型对不同影响因素变动与货运需求变化的关系进行深入量化分析，深入研讨不同因素对货物运输需求增长率变化的定性和定量影响，分别建立经济计量模型进行货运需求总量预测，并采取情景分析和定量预测相结合的方法进行预测。对定性预测结果、不同模型的定量预测结果比较、核对，分析其差异的原因，根据经验进行综合判断。利用定性分析对定量预测结果进行必要的修正和调整，定量预测与定性预测紧密结合、相互印证，使得预测结果更为科学、可信。

1. 增长率法

增长率法是根据预测对象的预计增长速度进行预测的方法。预测模型的

一般形式如式 (3-1):

$$Q_t = Q_0 \cdot (1 + \alpha)^t \qquad (3-1)$$

式 (3-1) 中:

Q_t 为第 t 年的货运需求总量;

Q_0 为基年的货运需求总量;

a 为年均增长率;

t 为时间,年。

本报告根据货运需求发展趋势理论及我国货运需求发展趋势的判断,结合我国历史货运量增速的变化情况,参照发达国家在我国工业化发展相似阶段的货运需求增长速度,估计未来我国不同时期货运需求增速。在 2018～2025 年货运需求仍将保持中高速增长,2025～2035 年我国进入工业化新阶段,货运增速将会进入低增速阶段。如表 4-12、表 4-13 所示。

表 4-12　　　　　　　　货运量在不同历史时期的增长速度　　　　　　单位:%

年份	全社会货运量年均增速	不包括远洋全社会货运量年均增速
1980～1985	6.41	6.39
1985～1990	5.41	5.39
1990～1995	4.94	4.88
1995～2000	1.93	1.83
2000～2007	7.65	7.51
2008～2012	12.19	12.20
2013～2018	9.75	9.78
2013～2018	5.45	5.53

表 4-13　　　　　国内货运需求总量增长率预测 (不包括远洋运输)

年份	货运量 (亿吨)			年份	货运量年均增速 (%)		
	基准	乐观	保守		基准	乐观	保守
2018	507.5	507.5	507.5	2018～2025	5.40	5.60	5.20
2025	733	742	723	2025～2035	1.50	2.00	1.30
2035	850	905	823	2035～2050	0.08	0.18	0.06
2050	860	930	830				

2. 运输强度分析法

运输强度分析法是基于经济社会与货运需求之间的内在关系，在判断经济增长趋势的基础上，通过预判某一区域的运输强度值，即每万元 GDP 产生的货物运输量，来预测货运需求总量。运输强度分析法可用式（3 - 2）表示：

$$Q = S \cdot GDP \qquad\qquad (3-2)$$

式（3 - 2）中：

Q 为货运需求；

S 为货运强度；

GDP 为国内生产总值。

对货运强度进行趋势外推预测，得到的预测模型如图 4 - 11 所示。

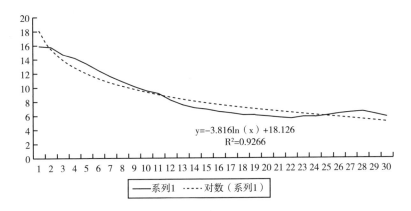

$y=-3.816\ln(x)+18.126$
$R^2=0.9266$

——系列1　·····对数（系列1）

图 4 - 11　单位 GDP 货运量的趋势外推模型

根据上述模型，预测出 2025 年、2035 年的货运强度如表 4 - 14 所示，2018 ~ 2025 年、2025 ~ 2035 年、2035 ~ 2050 年单位 GDP 货运量分别下降 38.3%、19.1% 和 50.0%。

表 4 - 14　　　　　　　　　　单位 GDP 货运量预测结果　　　　　　单位：吨/万元

年份	单位 GDP 货运量
2018	6.06
2025	4.15

年份	单位 GDP 货运量
2035	3.30
2050	1.65

注：GDP 按照 2015 年价格计算。

根据货运强度预测值和 GDP 的预测值，可计算出国内货运量的预测值。结果如表 4 – 15 所示。

表 4 – 15　　　　　　　　　单位 GDP 货运量及货运量预测

年份	单位 GDP 货运量（吨/万元）	货运量（基准）	货运量（乐观）	货运量（保守）
2018	6.06	507	507	507
2025	4.15	527	537	511
2035	3.30	665	701	618
2050	1.65	723	804	630

注：GDP 按照 2015 年价格计算。

3. 弹性系数分析法

弹性系数是指货运量增长速度与国内生产总值（GDP）增长速度之比，反映了货物运输需求随社会经济发展的变动情况。弹性系数分析法可由式（3 – 3）表示：

$$Q = Q_0 \cdot (1 + T \cdot R_{GDP}) \qquad (3-3)$$

式（3 – 3）中：

Q 为未来货运需求；

Q_0 为基年货运需求；

T 为货运弹性系数；

R_{GDP} 为 GDP 增长速度。

未来几十年，随着经济发展步入新常态，产业转型升级步伐加快，货运弹性系数将呈现逐渐下降的趋势，预计 2018～2025 年弹性系数将会接近近期的水平，取值为 0.9，2025～2035 年、2035～2050 年我国货运的弹性系数将有所下降，取值分别为 0.5 和 0.1。通过 GDP 弹性系数法对未来货物周转量进行预测，结果如表 4 – 16 所示。

目标年的货运需求量如表 4 – 17 所示。

表 4 – 16　　　　　　　　　　货运量年增长率预测

年份	GDP 年均增长率（%）			货运量弹性系数	货运量年增长率（%）		
	基准	乐观	保守		基准	乐观	保守
2018 ~ 2025	6.13	6.48	5.68	0.9	5.52	5.83	5.11
2025 ~ 2035	4.73	5.08	4.28	0.5	2.37	2.54	2.14
2035 ~ 2050	4.25	4.60	3.80	0.1	0.43	0.46	0.38

表 4 – 17　　　　　　　　　　货运量弹性系数法预测　　　　　　　　　单位：亿吨

年份	基准	乐观	保守
2018	507	507	507
2025	738	754	719
2035	933	969	888
2050	995	1038	940

4. 回归预测法

根据运输需求的相关理论，货运需求发展符合皮尔生长曲线的趋势。皮尔生长曲线的基本模型如式（3 – 4）所示：

$$y = \frac{K}{1 + be^{-ax}} \quad a > 0, b > 0 \qquad (3-4)$$

皮尔生长曲线模型图像如图 4 – 12 所示。

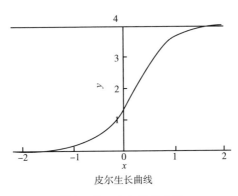

皮尔生长曲线

图 4 – 12　皮尔生长曲线

将人均货运量作为因变量，将 GDP 和第三产业比例作为自变量进行回归，可得到回归后的皮尔生长曲线方程如式（3 – 5）所示：

$$y = \frac{K}{1 + a\exp(-a_1 x_1) + b\exp(-b_1 x_2)} \quad (a > 0, b > 0) \quad (3-5)$$

式（3-5）中：

y 为人均货运量，吨/人；

x_1 为 GDP，亿元（2016 年不变价）；

x_2 为第三产业比例，%；

K 为常数；

a、a_1、b、b_1 为参数（$a > 0$，$b > 0$）。

回归后的皮尔生长如图 4-13 所示。

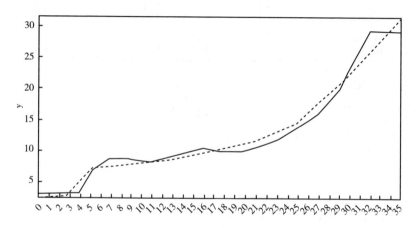

图 4-13　皮尔生长曲线模型模拟结果

运用包维尔法和通用全局优化法计算，得到的结果为：相关系数之平方 R2 为 0.9913，卡方系数值为 1.63，F 统计值为 1938。这表明模型通过了检验。

通过包维尔法 + 通用全局优化法计算，得到的结果如下所示，显示模型通过了检验。

均方差（RMSE）：1.03558945216008

残差平方和（SSE）：38.6080384833076

相关系数（R）：0.991345358608082

相关系数之平方（R^2）：0.982765620033787

决定系数（DC）：0.982703638974406

卡方系数（Chi-Square）：1.63358126760191

F 统计（F - Statistic）：1938.80088211209

参数　　最佳估算

————————　——————————————

a	6.06687975930765
b	846338.788420514
a1	3.79812165445502E - 6
b1	0.495681617605328
k	45.6937882733474

根据人均货运量预测数及预测人口数，计算出目标年的预测货运量，如表 4 - 18 所示。

表 4 - 18　　　　　　　　回归预测法测算的货运需求预测结果

年份	人均货运量（吨/人）			人口（亿人）			货运量（亿吨）		
	基准	乐观	保守	基准	乐观	保守	基准	乐观	保守
2018	36.4	36.4	36.4	13.95	13.95	13.95	507.5	507.5	507.5
2025	43.6	43.8	43.2	14.39	14.39	14.39	627	630	622
2035	45.6	45.6	45.4	14.34	14.34	14.34	653	654	652
2050	53.9	55.5	51.6	13.65	13.65	13.65	735	757	704

5. 预测结果

专家在对增长率法、运输强度法、弹性系数法、回归分析法的预测结果加以综合分析的基础上进行综合判断，获得最终预测结果，如表 4 - 19、表 4 - 20 所示。

表 4 - 19　　　　　　　不同定量预测方法货运量预测结果汇总　　　　　　单位：亿吨

年份	预测方法	预测情景		
		基准	乐观	保守
2018	实际值	507.5	507.5	507.5
2025	增长率法	733	742	723
	运输强度	527	537	511
	弹性系数	738	754	719
	回归	627	630	622
	综合取值	670	690	650

续表

年份	预测方法	预测情景		
		基准	乐观	保守
2035	增长率法	850	905	823
	运输强度	665	701	618
	弹性系数	933	969	888
	回归	653	654	652
	综合取值	730	780	712
2050	增长率法	860	930	830
	运输强度	723	804	630
	弹性系数	995	1038	940
	回归	735	757	704
	综合取值	783	850	720

表 4 - 20   货运需求预测结果及其增长率

情境	2018 年	2025 年	2035 年	2050 年	年均增速（%）		
					2018~2025 年	2025~2035 年	2035~2050 年
基准	507.6 亿吨	670 亿吨	730 亿吨	783 亿吨	4.05	0.86	0.48
乐观	507.6 亿吨	690 亿吨	780 亿吨	850 亿吨	4.49	1.23	0.57
保守	507.6 亿吨	650 亿吨	712 亿吨	720 亿吨	3.6	0.92	0.07

结合货运量预测和全社会货运平均运距近年变化趋势，预测货物周转量，由于近年来货物平均运距变化不大，因此按照 2020 年、2030 年、2050 年平均运距分别取 310 公里、315 公里和 320 公里，计算出基准、乐观、保守情景的货物运输周转量，结果详如表 4 - 21 所示。

表 4 - 21   货运量及货物周转量预测结果

年份	货运量（亿吨）			货物周转量（亿吨公里）		
	基准	乐观	保守	基准	乐观	保守
2018	507.6	507.6	507.6	152760	152760	152760
2025	670	690	650	188471	195200	165000
2035	730	780	712	201579	217200	174044
2050	783	850	720	205542	220000	182500

续表

年份	货运量（亿吨）			货物周转量（亿吨公里）		
	基准	乐观	保守	基准	乐观	保守
2018～2025 年 年均增速（%）	4.05	4.49	3.60	3.05	3.66	1.11
2025～2035 年 年均增速（%）	0.86	1.23	0.92	0.67	1.07	0.54
2035～2050 年 年均增速（%）	0.47	0.57	0.19	0.13	0.09	0.32

（二）远洋货运量预测

在贸易全球化格局遭遇波折的情况下，我国未来 30 年的远洋运输量仍将增长，但增长速度低于国内货运量增长速度。远洋运输的平均运距随着我国贸易格局改变有所缩短，远洋货物周转量的增长速度总体上低于远洋货运量增长速度。预测结果如表 4－22 所示。预计原油、天然气进口量将有较大增幅。煤炭、铁矿石等大宗货物的进口随着我国产业结构的转型升级即将进入高峰平台期，但对石油天然气、电器、食品、消费品的进口量将会快速增长。在出口方面，附加值高的电子、机械等产品比例将大幅增长。

表 4－22　　　　　　　　　　远洋货运需求预测结果

年份	货运量（万吨）			平均运距 （公里）	货物周转量（亿吨·公里）		
	基准	乐观	保守		基准	乐观	保守
2018	76969	76969	76969	6746	51927	51927	51927
2025	94662	95956	91492	6215	58833	59637	56862
2035	102514	105996	97132	6153	63077	65219	59765
2050	108840	114230	101596	6108	66479	69771	62055
2018～2025 年 年均增速（%）	3.0	3.2	2.5	－1.2	1.8	2.0	1.3
2025～2035 年 年均增速（%）	0.8	1.0	0.6	－0.1	0.7	0.9	0.5
2035～2050 年 年均增速（%）	0.4	0.5	0.3	－0.5	0.4	0.5	0.3

四、货物运输结构预测

（一）各种运输方式在货运中的分工定位

各种货物运输方式的技术经济特征不同、功能定位不同，适合不同货种、不同运输量、不同运输距离的货物运输（见表4-23）。从运输距离看，不同运输距离对运输方式的选择有重要影响，公路适合短距离运输，铁路适合中长距离运输，水路在超长运距的情况下费用优势明显。从货物价值看，不同货种的价值不同、所能承受的运输费用水平不同，对运输的时效性要求也不尽相同，需要不同运输方式发挥作用（见图4-14、图4-15）。不同运输方式既在某些货类上存在一定的竞争和可替代性，同时又具有互补性：铁路和水路在煤炭、矿石、钢铁、粮食等大宗物资长距离运输中具有竞争关系；公路和铁路在中短距离的运输间存在竞争和替代关系；公路在货值高、批量小、需求分散，对时间要求较高的货物运输中具备优势；不同运输方式间的联合运输可提供货物门到门货运服务。

表4-23　　　　　　　　　各种运输方式的一般技术经济特点

	指标	铁路	公路	民航	水路	管道
技术特征	运输能力	很大	很小	小	很大	大
	运行速度	快	快	很快	慢	较慢
	安全性	很高	较高	很高	高	很高
	连续性	很高	高	低	很低	很高
	灵活性	低	很高	较低	很低	高
	通用性	强	强	弱	强	很弱
	适用距离	中长	短、中、长	中长	中长	短、中、长
经济特征	建设投资	很高	很高	高	较低	低
	运输成本	低	较高	很高	很低	很低
	固定成本和可变成本	高固定	高可变低固定	高可变低固定	高可变低固定	高固定

	指标	铁路	公路	民航	水路	管道
经济特征	市场覆盖	站到站	门到门	港到港	港到港	低
	货物种类	中低价值，中高质量	所有	高价、低重，少量	低价，高重，大尺寸	少
	货损	中—高	低	低	低—中	小

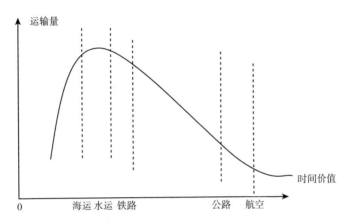

图 4 - 14　各种货物运输方式的适用范围与货物时间价值、运输量的关系

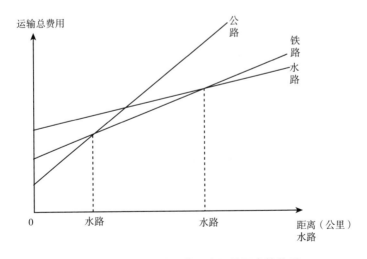

图 4 - 15　货物运输总费用和运输距离的关系

鉴于各种运输方式的技术经济特点，在货运结构调整中应充分发挥各种运输方式的技术经济优势，实现各种运输方式的有机衔接、合理分工，追求社会效益的最大化。铁路、水运、管道等运量大、能耗低、排放低的运输方式，应使其在综合运输体系中发挥骨干作用，在充分满足运输需求的同时，可以通过对高耗能、高排放运输方式的替代，使综合交通运输体系结构更合理。

（二）预测情景

1. 当前政策延续情景

生态文明建设持续推进，逐步构建低碳绿色的交通运输体系。2020 年前，打好蓝天保卫战，"要调整运输结构，减少公路货运量，提高铁路货运量"的发展目标基本实现。2020～2050 年不再出台力度更大的运输结构调整政策，随着煤炭、钢铁等大宗货物运输量逐渐达到峰值，公转铁政策效应递减，且公路、铁路运输方式的比价没有颠覆性改变，运输结构仅出现微小变化。

2. 强化绿色货运政策情景

强化绿色货运政策情景的核心思想是在保证运输服务水平基本稳定的情况下，用绿色、环保、低碳、生态文明的理念全面引导货运体系的转型升级。生态文明建设持续推进。2020 年前，打好蓝天保卫战，"要调整运输结构，减少公路货运量，提高铁路货运量"的发展目标顺利实现。国家出台一系列新政策鼓励公转铁，包括：以财政、税收等手段对铁路承担的低价运输予以补贴；将能源、环境、安全等外部成本纳入交通运输的价格体系中，对能耗大、排放严重的公路运输研究征收环境税；继续加大对公路货运汽车污染排放、超载超限的监督、检查力度；逐渐形成有利于向铁路等运输方式转移的比价；铁路企业的市场化改革取得突破性进展，以客户需求为导向，创新货运组织模式，开行客车化班列、快捷班列，并与水路、公路企业加强合作，提供门到门的货运服务等。此情景下，铁路在货运价格、运输时限、服务水平、便利性等多方面与公路相比处于劣势的局面明显改善。公铁联运、铁水联运等多式联运比重不断增长，运输结构进一步优化。

（三）各种运输方式货运需求趋势分析

货运结构受政策影响较大。在应对气候变化和绿色环保理念的大环境下，发达国家普遍实行了市场化改革、价格改革、提升服务水平等手段促进货运需求由公路运输向铁路等运输方式转移，也出台了若干具体政策扶持铁路发展，在环保立法、燃油税、加征重载卡车税费等方面给予铁路企业大力扶持和帮助，使铁路在干线运输的市场份额有所上升，铁路货运市场份额逐渐趋于稳定，甚至在部分年份有小幅增长。

参照国外货运需求结构变化规律，结合我国当前货运发展形势分析，航空、管道所承担的货运量及占比会有所上升，但在运输系统中总体占比较低；公路运输随着路网等级的不断提高、经济运输距离的不断延长，再加之具有灵活的"门到门"运输优势，公路运输仍将是货运最主导的运输方式。铁路、水路运输的占比受政策力度影响较大。

在当前政策延续情景下，我国铁路及国内水路的货运量及货物周转量的占比呈下降趋势。且公路、铁路运输方式的比价没有颠覆性改变，运输结构仅出现微小变化。在强化绿色货运政策情景下，预计会引起部分公路货运需求转移到铁路、水路方向，表现为铁路货运量及货物周转量占比增长，而水路运输由于运网密度低、可达性差，在全社会货运总量中所占比例有所下降。

1. 铁路

铁路在承担大宗货物的中长途运输方面具有一定的技术经济优势。大宗货物运输需求是影响铁路货运量的重要因素。预计我国大宗货物运输需求将于 2025～2035 年达到峰值，2035～2050 年，随着我国大宗货物运输需求的减少，铁路大宗货物运输量难以增长。另外，我国铁路集装箱和零担货物运量占比远低于发达国家，预计未来集装箱和零担货物将成为铁路货运需求新的增长点。

铁路货运量占比能否提升还将受政策的影响。当前政策延续情景下，预计我国铁路货运量和货物周转量虽然还将会有所增长，但铁路货运量和货物周转量份额均有所下降。在强化绿色货运发展情景下，随着各项政策的加码，将促进公转铁的实现，加上铁路集装箱运输将成为铁路货物运输需求新的增长点，促使铁路货运量有不小的增长空间，货运量、货物周转量占比在 2018~2025 年和 2025~2035 年均有小幅提升，2035~2050 年铁路货运量占比基本稳定在 2035 年的水平，货物周转量占比与 2035 年相比有所提升。

2. 公路

我国大宗货物运输需求在逐步达到峰值的同时，其他货物的运输需求将大幅度增加，这将成为公路货运需求增长的重要来源。公路运输具有门到门、快捷的优势，预计未来我国公路运输仍将继续保持较快增长，特别是小型化、多批次、时效性、高附加值和中短距离的货运需求将继续增长。

公路货运变化情况将与我国货运结构调整政策的力度密切相关。在当前政策延续情景下，公路货运量及货物周转量占绝对优势。在强化绿色货运政策情景下，会产生公转铁的货运结构调整。公转铁引发公路货运距离缩短，进而导致公路货运量和货物周转量占全社会货运量和全社会货物周转量的比例均低于当前政策情景水平。

3. 水路

水路主要运送运距较长和对时效性要求不高的大宗散货和集装箱货物。由于大宗散货运输需求将在 2025~2035 年达峰，因此未来水路货运需求增长空间有限。另外，由于水路航道密度和运行条件远低于铁路，可达性差，预计未来水路货运量和货物周转量增长速度将回落，在全社会货运总量中所占比例有所下降，但仍然高于铁路货运量和货物周转量比例。不同政策情景下水路货运需求占比有所不同。在强化绿色货运政策情景下，水路货运量需求占比高于当前政策延续情景，其中铁水集装箱联运将成为水路货物运输量的重要增长点。

4. 航空

未来航空货运量和货物周转量将以较高的速度增长，但在全社会总货运量和货物周转量中所占比例仍远远低于其他运输方式。航空运输属于能耗相对较大的运输方式，绿色货运政策的实施将在一定程度上影响民航货运需求的增长。由于航空运输的货物一般都对时效性要求较高，即使在强化绿色货运政策下，航空货物运输量也将保持一定的增长，但不论在哪种情景下航空货运占比均低于 1%。

5. 管道

管道运输是我国陆上石油和天然气运输的主要方式，是我国能源结构调整的重要路径。从未来的发展趋势看，我国石油和天然气以及其他固体物料的消费量仍将继续增加，同时新技术的引进，还会使管道运输的货物类别有所增加。因此，未来管道货运需求将保持较高增长，管道货物周转量所占比例将高于现状水平。

（四）不同政策情景货运结构预测结果

本报告对基准情景货运需求总量的结构进行预测分析。

参照国外货运结构的变化规律，对不同政策情景的货运量、货物平均运距及货物周转量进行预测，结果如表 4 - 24 ~ 表 4 - 29 所示。其中，强化绿色运输政策情景为推荐预测结果。

表 4 - 24　　　　　　当前政策延续情景——货运量及结构预测

货运方式	货运量（亿吨）				货运量份额（%）				货运量年均增速（%）		
	2018年	2025年	2035年	2050年	2018年	2025年	2035年	2050年	2018~2025年	2025~2035年	2035~2050年
铁路	40.26	50.00	54.00	57.00	7.93	7.46	7.40	7.27	3.14	0.77	0.36
公路	395.68	540.87	591.00	639.00	77.96	80.73	80.96	81.51	4.57	0.89	0.52
水运	62.57	66.00	68.72	68.30	12.33	9.85	9.41	8.71	0.77	0.40	-0.04
航空	0.074	0.13	0.28	0.70	0.01	0.02	0.04	0.09	8.38	7.97	6.30
管道	8.98	13.00	16.00	19.00	1.77	1.94	2.19	2.42	5.43	2.10	1.15
合计	507.56	670	730	784	100	100	100	100	4.05	0.86	0.48

表 4 - 25　　　　　　当前政策延续情景——货运平均运输距离预测　　　　　单位：公里

年份	铁路	公路	水运	航空	管道	合计
2018	715	180	758	3547	624	301
2025	700	175	760	3560	630	281
2035	680	171	765	3580	640	276
2050	645	160	775	3600	596	262

表4-26　　　　　　　当前政策延续情景——货物周转量及结构预测

货运方式	货运量（亿吨）				货运量份额（%）				货运量年均增速（%）		
	2018年	2025年	2035年	2050年	2018年	2025年	2035年	2050年	2018~2025年	2025~2035年	2035~2050年
铁路	28821	35000	36720	36750	18.87	18.57	18.22	17.88	2.81	0.48	0.01
公路	71249	94658	101061	102008	46.64	50.22	50.13	49.63	4.14	0.66	0.06
水运	47126	50160	52556	52933	30.85	26.61	26.07	25.75	0.90	0.47	0.05
航空	263	463	1002	2520	0.17	0.25	0.50	1.23	8.44	8.04	6.34
管道	5301	8190	10240	11331	3.47	4.35	5.08	5.51	6.41	2.26	0.68
合计	152760	188471	201579	205542	100	100	100	100	3.05	0.67	0.13

表4-27　　　　　　　强化绿色运输政策情景——货运量及结构预测

货运方式	货运量（亿吨）				货运量份额（%）				货运量年均增速（%）		
	2018年	2025年	2035年	2050年	2018年	2025年	2035年	2050年	2018~2025年	2025~2035年	2035~2050年
铁路	40.26	55	60	64	7.93	8.21	8.22	8.16	4.56	0.87	0.43
公路	395.68	537.9	587	630	77.96	80.28	80.41	80.36	4.48	0.88	0.47
水运	62.57	65.98	68.78	69.5	12.33	9.85	9.42	8.86	0.76	0.42	0.07
航空	0.074	0.12	0.22	0.5	0.01	0.02	0.03	0.06	7.15	6.25	5.63
管道	8.98	11	14	20	1.77	1.64	1.92	2.55	2.94	2.44	2.41
合计	507.56	670	730	784	100	100	100	100	4.05	0.86	0.47

表4-28　　　　　　强化绿色运输政策情景——货运平均运输距离预测　　　　单位：公里

年份	铁路	公路	水运	航空	管道	合计
2018	715	180	758	3547	624	301
2025	685	163	824	3580	754	281
2035	679	156	844	3600	749	276
2050	652	146	837	3620	586	262

表 4 - 29　　　　　强化绿色运输发展情景——货物周转量及结构预测

货运方式	货运量（亿吨）				货运量份额（%）				货运量年均增速（%）		
	2018年	2025年	2035年	2050年	2018年	2025年	2035年	2050年	2018~2025年	2025~2035年	2035~2050年
铁路	28821	37694	40719	41725	18.87	20.00	20.20	20.30	3.91	0.77	0.16
公路	71249	87705	91376	91672	46.64	46.54	45.33	44.60	3.01	0.41	0.02
水运	47126	54364	58055	58168	30.85	28.85	28.80	28.30	2.06	0.66	0.01
航空	263	415	947	2261	0.17	0.22	0.47	1.10	6.75	8.61	5.97
管道	5301	8293	10482	11716	3.47	4.40	5.20	5.70	6.60	2.37	0.74
合计	152760	188471	201579	205542	100	100	100	100	3.05	0.67	0.13

五、主要典型货类运量预测

（一）大宗货类运输量预测

目前，我国 200 多种工业品产量位居世界第一位，煤炭、水泥、粗钢等诸多行业产能已接近或达到峰值。大宗货物运输是我国交通运输系统所服务的重要领域，关系国民经济发展的关键性支撑。未来 30 年，我国经济进入新的发展阶段，预计随着我国供给侧改革的深化，我国将进一步转变发展方式、优化经济结构、转换增长动力，使得重化工业增速降低，从而减缓对煤炭、铁矿石和钢铁等大宗货物的需求。在这种态势下，我国过去几十年的煤炭、冶炼物资等大宗物资运输需求量总体快速增长的势头将有所改变。本报告重点分析煤炭、钢铁及冶炼物资、石油天然气、粮食、建材等主要货类的运输需求变化趋势，预测结果如表 4 - 30 所示。

预计大宗货物运输需求将于 2025~2035 年处于高峰平台期，2035 年后随着快速城市化进程，以及基础设施建设的完成，我国大宗物资运输将有所下降。考虑到我国国土面积大、人口多、资源禀赋不均衡，以及构建完整产业链的需要，基准情景下，我国大宗货物运输需求小幅下降，大宗物资的运输量仍将维持在一个相对稳定的规模。乐观情景下，我国煤炭、钢铁及冶炼物资等运输需求下降幅度极为有限。保守情景下，我国大宗物资运输需求有较大幅度下降，具体数据如表4-30所示。

表4-30　　　　　　　　　　　我国大宗货物运输需求预测

年份		煤炭运输量（亿吨）	原油管道进口量（亿吨）	原油海运进口量（亿吨）	天然气管道进口（亿立方米）	LNG进口量（亿吨）	钢铁及冶炼物资运输量（亿吨）	粮食运输量（亿吨）	矿建材料及水泥运输量（亿吨）
2019年		≥80	0.6	4.02	514	—	60	20	150
2025年		80	0.8	4.3	1100	0.6	56	23	150
2035年	基准	70	1.0	4.4	1300	1.0	55	25	135
	保守	60	—				50		—
	乐观	75					61		
2050年	基准	60	10	3.8	1500	1.3	50	25	125
	保守	40		—			36		
	乐观	70					52		

（二）集装箱运输量预测

集装箱运输是一种高效率、高效益的运输方式，可减少倒装、装卸搬运等物流环节，促进物流全过程快捷、便利、低成本发展。随着我国外贸进出口以及经济高质量发展，我国的集装箱运输进入快速发展时期，成为外贸、内贸各类货物运输的重要载体。

近年来，全社会集装箱运量快速增长，我国由铁路、公路、水路完成的集装箱发送量情况如表4-31所示。多式联运政策、集装箱技术的突破（如铁路35T敞顶箱的大量使用等），以及绿色发展的要求，促使我国煤炭、矿粉、粮食、化肥、水泥、建材等传统大宗货物入箱率持续攀升。以铁路集装箱为例，2017年大宗物资增量占铁路集装箱增长总量的81%，成为铁路集装箱发送量增速较高的原因。

表 4 - 31　　　　　　　　　　我国集装箱运输完成情况

年份	铁路		公路		水路	
	集装箱发送量（万 TEU）	发送量（万吨）	集装箱发送量（万 TEU）	发送量（万吨）	集装箱发送量（万 TEU）	发送量（万吨）
2011	489	8802	6453.6	74402.9	4252.9	51801.0
2012	471.3	8483.4	6968.7	82681.7	4603.3	54805.5
2013	441	7938	6980.6	83067.7	4912.9	57615.6
2014	445.4	8017.2	7117.9	84623.7	5241.4	63996.5
2015	535.3	9825	7201.9	87025.3	5170.7	64869.0
2016	751.3	12458	7133.6	90566.6	5735.9	67420.7
2017	1029.3	18206	—	—	6257	—
2018	1397	26414	—	—	—	—

注：吨数按照每 TEU18 吨的经验值计算。

资料来源：公路、水路数据摘自历年《交通统计资料汇编》；铁路 TEU 数据摘自历年《中国交通年鉴》。

今后一段时期内，伴随"一带一路"倡议的实施、全方位对外开放格局的形成和区域联动协调发展，我国制造业和对外开放格局向内陆省份延伸的趋势将进一步增强，我国集装箱运输也将有更大发展。以电子电器、服装、医药、汽配、仪器仪表等为代表的高附加值货物运输需求仍然是集装箱运量持续增长的内在动力，高附加值产品货运需求依然旺盛。铁水联运、中欧（亚）班列是集装箱运量增长的新引擎。

本报告采用增长率法、市场占比法，对标发达国家货物集装箱运量占总货运量的比重，预计我国集装箱总量到 2035 年基本达到发达国家当前的水平。

2018 年我国铁路集装箱运量仅占铁路货运量的 6.4%，而欧美国家铁路集装箱运量占铁路货运量比例都在 30% ~ 40%。以 2016 年铁路集装箱日均装车数约为铁路货车日均总装车数 10%、集装箱货运量 1.8 亿吨为预测基础，预计 2025 年，我国铁路集装箱货运量约占铁路总货运量的 10%；2035 年，伴随全社会货物集装箱化程度的提高、铁路市场化改革的深化和集装箱运输业务的进一步成熟，铁路集装箱货运量占铁路总货运量比例约为 20%；2050 年占比将达 30%。具体结果如表 4 - 32 所示。

表 4 - 32　　　　　　　　　　　　集装箱发送量预测

年份	铁路		公路		水路	
	集装箱发送量 （万 TEU）	发送量 （万吨）	集装箱发送量 （万 TEU）	发送量 （万吨）	集装箱发送量 （万 TEU）	发送量 （万吨）
2016	751.3	13523.4	7133.6	90566.6	5735.9	67420.7
2018	1397	25600				
2025	3001	55000	22413	268950	10104	118764
2035	6548	120000	48917	587000	11703	137560
2050	10478	192000	105000	1260000	13599	159850
2018（2016）~2025 年* 年均增速（%）	11.5	11.5	12.9	12.9	6.5	6.5
2025~2035 年 年均增速（%）	8.1	8.1	8.1	8.1	1.5	1.5
2035~2050 年 年均增速（%）	3.2	3.2	5.2	5.2	1.0	1.0

注：* 铁路为 2018~2025 年年均增速；公路、水路为 2016~2025 年年均增速。
资料来源：本书课题组测算。

　　2016 年，我国公路集装箱运量仅占公路货运量的 2.7%。根据交通运输部发布的《2019 年道路货物运输量专项调查公报》，在公路货运量的主要货类构成中，轻工医药产品、机械设备电器、鲜活农产品等货类占比分别为 7.9%、6.7% 和 5.9%，这些均是传统的适箱货类。随着集装箱化的进一步发展，适箱货更多采用集装箱运输，预计我国公路集装箱发送量仍将有所增长，增速将快于公路货运量的增长速度，2025 年、2035 年和 2050 年我国公路集装箱货运量占公路总货运量（强化绿色货运政策情景）的比例将分别达到 5%、10% 和 20%。

　　2016 年，我国水路集装箱运量仅占水路货运量的约 10%。在主要货类出港量中，约 4 成为其他货类，部分为适箱货类。随着适箱货更多采用集装箱运输，预计我国水路集装箱发送量将有所增长。2025 年、2035 年和 2050 年水路集装箱货运量占水路总货运量（强化绿色货运政策情景）的比例将分别达到 18%、20% 和 23%。预测值增速及发送量如表 4 - 32 所示。

根据当前制造业、外向型经济总体布局的结构特点及未来发展趋势，预计我国未来集装箱运输需求仍将主要集中在京津冀、长三角、珠三角、成渝城市群四大经济圈以及河南、湖北等内陆开放高地，在此基础上向四大经济圈周边省份拓展。此外，沿海港口的集装箱铁水联运需求、公水联运需求，以及新疆、甘肃等地的国际集装箱铁路联运需求将会快速增加。

（三）快递

2018 年全国实物商品网上零售额达 7 万亿元，同比增长 25.4%，占社会消费品零售总额的比重为 18.4%，带动快递及电商物流需求高速增长。2007～2019 年，我国快递业务量由 12 亿件增长至 635 亿件（见图 4－16），年均增速达 39.2%。2019 年我国快递业务量约占全球快递业务总量的 40%，位居世界第一，我国成为名副其实的"快递大国"。2019 年我国人均快递使用量达到 45 件。

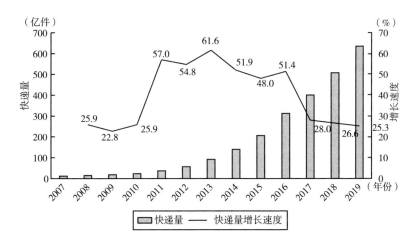

图 4－16 我国快递件量与其增长速度变化情况

资料来源：国家统计局年度数据。

2020 年新冠肺炎疫情预计会固化及强化个人及企业的网上购物行为习惯。未来，随着国家继续协同推进新型工业化、信息化、城镇化、农业现代化，快递行业的超大规模内需潜力还将不断释放，我国快递业务量仍有增长空间。其中农产品进城和工业品下乡畅通快递将成为新的增长点。但 2019 年我国人均快递件数达到 45.4 件/年。预计未来快递增长速度将由高速增长发展到中高速增长，以及逐渐达到饱和后的缓慢增长阶段。预计我国 2019 ~ 2025 年、2025 ~ 2035 年平均年增速为 13.2% 和 6.15%，2035 ~ 2050 年增速降低到 1.53%（见表 4 - 33）。照此速度预计我国 2050 年快递量达到 2862 亿件，为 2019 年的 4.4 倍，人均快递量达到 209 件/年。

表 4 - 33   我国快递量预测

年份	快递量（亿件）	快递量年均增速（%）	
2019	635.2	2019 ~ 2025 年	13.2
2025	1337	2025 ~ 2035 年	6.15
2035	2428	2035 ~ 2050 年	1.53
2050	2826		

资料来源：本书课题组测算。

（四）小结

本报告重点分析煤炭、钢铁及冶炼物资、石油天然气、集装箱几大货类的运输需求变化趋势。我国经济进入新的发展阶段，面临产业结构与增长方式的深入调整，占我国货运量六 ~ 七成的大宗货物运输需求增速也将面临阶段性拐点。预计在 2025 ~ 2035 年，以煤炭、铁矿石和钢铁为代表的大宗货物运输需求达到峰值，并处于峰值平台期，在 2035 ~ 2050 年，煤炭等大宗货物会有小幅下降，但大宗货物总体上运输需求降幅会比较温和。

另外，随着经济社会的发展，人们消费水平的提高，产品结构中高附加值产品和轻型产品比例将明显增大，促进小批量、多批次、高价值货物运输需求量的增长，并会使我国集装箱及快递的货运量呈现快速增长态势。

此外，本报告未涉及的货类包括大型机械、非金属矿石、砂石、农林牧渔业产品以及其他货类，预计大型机械、农林牧渔业产品等货类的运量在预测期还将保持中高速增长，从而带动货运需求总量的增长。

六、空间分布

我国不同区域工业化阶段不同，交通运输需求也表现出不同的阶段性特征，货运需求具有相应的工业化阶段特点（见图4－17）。

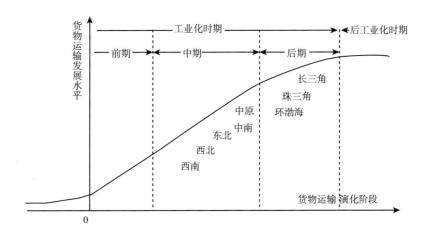

图4－17 我国区域货物运输系统发展阶段示意

资料来源：孙风华．区域货运需求预测方法研究［D］．西安：长安大学，2011：25.

我国在建设现代化强国过程中，将实施区域协调发展战略。预计伴随国家"一带一路"倡议、西部大开发战略、长江经济带战略、京津冀协同、长三角、粤港澳大湾区等国家发展战略的有效实施，未来中西部地区的货运需求总体呈现较快上升趋势。而我国东部沿海地区的长三角、珠三角和环渤海地区具有优越的地理位置和完善的交通基础设施，已处于工业化后期，或工业3.0发展阶段，产业不断向中西部地区转移，货运增速有所下降，货物运输需求呈现运输化后期的特征。我国中、西部地区大体处于工业化中期，或工业2.0发展阶段，正在承接东部的产业转移，中西部区域经济社会正面临加快发展的重大战略机遇期。随着经济社会发展和交通基础设施网络的进一步完善，中西部地区的货运需求潜力将大幅释放，增速将高于东部地区，区域间货运需求将进一步平衡发展，但我国货运需求东高西低的基本格局不会改变。各区域货运量和货物周转量占比发展情况如图4－18、图4－19所示。

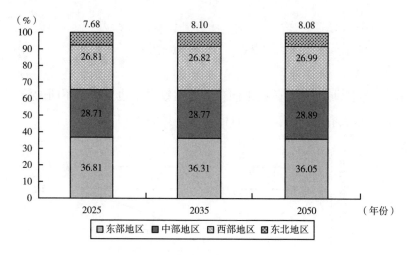

图 4 – 18 各区域货运量占比变化

资料来源：本课题组测算。

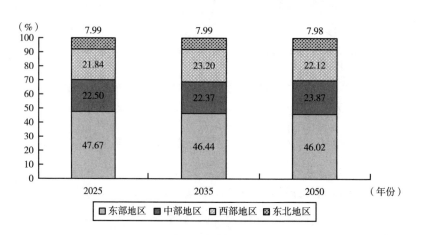

图 4 – 19 各区域货物周转量占比变化

资料来源：本课题组测算。

七、主要结论

（一）货运需求将由高速增长转向平稳增长，货物平均运距有所缩短

荣朝和的运输化理论阐释了工业化发展阶段与运输需求之间的关系。美

国、英国、日本的货运量演变过程遵循运输化理论，三国货物周转量在工业化后期增速均逐步放缓，且于 2003～2010 年达到货物周转量峰值，之后从峰值下降 15%～35% 不等。我国当前经济发展阶段与美国 20 世纪六七十年代、日本和英国 20 世纪 70 年代第二产业比例达到峰值、第三产业比例开始反超第二产业的阶段相近。发达国家货运需求发展规律虽然不宜照搬照抄，但其趋势值得注意。本报告根据运输化理论、借鉴国外经验，结合我国具体国情，在考察大宗货类运输需求的基础上预测货运需求。2035 年以前，我国整体处于工业 2.0 向工业 3.0 过渡的时期，供给侧结构性改革将进一步深化，货运需求增速将有所下降，但由于工业化和城镇化进程还在持续，货运需求仍将保持一定速度的增长。2018～2035 年，基准情景下我国货物运输量、货物周转量分别比 2018 年增长 43% 和 32%。2035～2050 年我国整体将处于工业 3.0 向工业 4.0 发展的阶段，主要运输货物种类由工业化中期的石油、天然气、化工原料、多种金属和非金属原材料、水泥等建筑材料向汽车、飞机、精密仪器、电器电子产品等转变，该期间货运量及货物周转量仅分别增长 7% 和 2%。

未来 30 年，我国人口、产业将向城市、都市圈、城市群集聚，意味着生产中心、消费中心也将向上述城市群集中，特别是向京津冀、长三角、珠三角和成渝四个特大城市群集中，形成若干产业体系完备、产业链完整的经济集群，汽车、机械、服装等工业制成品将可基本满足区域生产、消费需求，许多产品无须长距离区际调运，既有的工业制成品货流格局将有所改变，并使货物平均运距有缩短的趋势。这也是货物周转量增速低于货运量增速的原因。

（二）货运强度将随着工业化进程的推进而下降，人均货运水平2050 年将达到天花板

随着未来产业结构的进一步调整，我国的货运强度——单位 GDP 货运量及单位 GDP 货物周转量，将随着工业化进程的不断推进而不断下降。预计2025 年、2035 年、2050 年基准情景下，我国单位 GDP 货运量（GDP 按 2018年不变价计算，且不包括远洋运输数据）将分别为 2018 年的 86%、55% 和32%，单位 GDP 货物周转量（GDP 按 2018 年不变价计算，且不包括远洋运输数据）将分别为 2018 年的 80%、51% 和 28%（见图 4-20）。

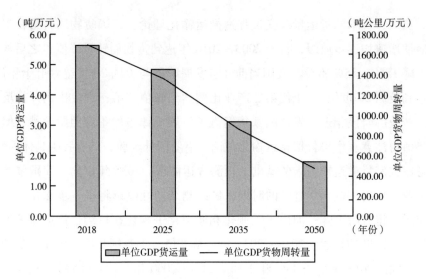

图 4 – 20 基准情景我国货运强度（不包括远洋运输）

注：GDP 按 2018 年不变价计算。

资料来源：本课题组测算。

根据发达国家实践规律，我国人均货运水平（不包括远洋运输需求）不会无限制增长下去。基准情景下，人均国内货运需求将由 2018 年的 36.4 吨/人增长到 2025 年的 46.6 吨/人，2035 年的 50.9 吨/人，2050 年的 57.5 吨/人（见图 4 – 21）。2050 年我国人均货运量超过美国 2015 年的货运水平（56.2 吨/人），同时超过日本历史上的人均货运水平峰值（日本国内人均货运量最

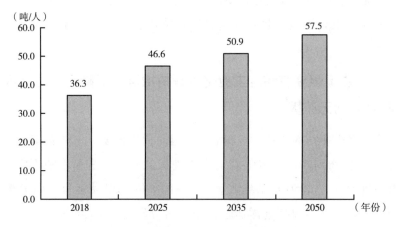

图 4 – 21 基准情景我国人均货运量需求预测结果

资料来源：本课题组测算。

高值曾达到 56 吨/人），届时我国人均货运需求水平也将面临天花板。

（三）在绿色发展理念下铁路货运份额有所增长

我国当前及未来 30 年的经济发展阶段决定航空所承担的货运量及占比会有所上升，但在运输系统中总体占比较低；管道运输随着对石油天然气需求的增长，其占比也将进一步增长。随着路网等级的不断提高、经济运输距离的不断延长，再加之具有灵活的"门到门"运输优势，公路运输仍将是货运最主导的运输方式。在生态发展的背景下，我国将实施力度较大的绿色货运政策，预计会引起部分公路货运需求转移到铁路，水路运输由于运网密度低、可达性差，在全社会货运总量中所占比例有所下降。预测我国铁路货运量份额可由 2018 年的 7.93% 略有增长到 2035 年的 2050 年的 8.2% 左右，铁路货物周转量份额可由 2018 年的 18.9% 增长到 2050 年的 24% 左右（2018 年统计口径）。公路货运量占比由 2018 年的 78% 增长到 2050 年的 80%，公路货物周转量则由 2018 年的 46% 略有下降，到 2050 年达到 42%。

（四）大宗散货运量在 2025～2035 年处于峰值平台期，高价值、分散性、小批量、时效性货运需求快速攀升

2018 年我国大宗货物的产量和运输量均位居世界第一。预计随着我国供给侧改革的深化，我国将进一步转变发展方式、优化经济结构、转换增长动力，使得重化工业增速降低，从而减缓对煤炭、铁矿石和钢铁等大宗货物的需求。在这种态势下，我国过去几十年的煤炭、冶炼物资、建材、粮食等大宗物资运输需求量总体快速增长的势头将有所改变。预计大宗货物运输需求将于 2025～2035 年达到峰值平台期，2035～2050 年，随着快速城市化进程，以及基础设施建设的完成，部分货类的大宗物资运输需求将略有下降。考虑到我国国土面积大、人口多、资源禀赋不均衡，以及构建完整产业链的需要，我国大宗货物下降幅度不大，大宗物资的运输量仍将维持在一个相对稳定的规模之中。

《中国制造 2025》提出，我国将大力发展基于互联网的个性化定制，工业生产由集中式控制向分散式增强型控制转变，工业领域的物流也将随之呈

现出与工业生产类似的"个性化"特点，成为分散性、小批量货运需求快速增长的另一推手。人民群众消费水平的提高将诱发更多的消费品需求，促进小批量，多批次、高价值货物运输需求量的增长，以及对更快速、更便捷、更准时物流配送的需求，并推动航空、公路等货运需求增长。产品结构中高附加值和轻型化产品比例明显增大，单位运输量的货物价值远超过大宗货类。货类变化将促使我国集装箱及快递运输量持续增长。

（五）东西部货运需求差距有所缩小，但东高西低的基本格局不会改变

我国实施的区域协调发展，既是实现全面小康社会的必然要求，也是建设现代化强国的国家重大战略。伴随着国家 2020 年全面建成小康社会、国家新型城镇化战略的推进，以及"一带一路"倡议、西部大开发战略和长江经济带战略的有效实施，未来区域内和区域间物资交流将更加积极和频繁，由此将产生大量的货运需求，其中中西部地区和农村地区的货运需求上升趋势明显。作为我国经济发展的第一梯队，东部沿海地区的长三角、珠三角和环渤海地区已处于工业化后期或工业 3.0 发展阶段，产业链条将不断完善。另外，部分产业向中、西部地区转移，货运需求将更注重质量，并保持较稳定的中低速增长态势。中、西部地区大体处于工业化中期或工业 2.0 发展阶段，处于承接东部的产业转移的重大战略机遇期。基于国家区域协调发展战略，中、西部地区的货运需求来自旧有潜力释放和经济社会发展带动新增两大因素。预计中、西部地区货运需求的增长速度将高于东部地区，区域间货运需求差距随之缩小，但我国货运需求东高西低的基本格局不会改变。

（六）在我国"双循环"战略下，远洋运输仍将有所增长

全球化虽遇波折，但长期看全球化趋势不可逆转。全球经济增长重心将继续向以中国为核心的亚太地区转移，同时环印度洋地区也将成为最有增长潜力的地区。我国将实施"双循环"战略，产业发展逐渐迈向全球价值链中高端，培育出若干世界级先进制造业集群，进出口仍将保持增长态势。随着

"一带一路"六大经济走廊的贯通，既有的国际通道和货运方式将逐步改变，货物进出口的流向将更加多元，货运格局随着全球经济格局、生产格局、贸易格局的改变而改变。远洋运输量增长速度预计低于国内货运量增长速度。煤炭、铁矿石等大宗货物的进口即将在 2025～2035 年进入峰值，并处于高峰平台期，原油、电器、食品、消费品的进口量将会快速增长。附加值高的电子、机械等产品出口比例将大幅增长。

大宗货物运输需求发展趋势分析

内容提要： 大宗货物运输量占我国全社会货运量的 60% 以上，对我国货运需求发展趋势有着重要影响。本专题选取煤炭、石油及天然气、钢铁及冶炼物资、粮食、矿建材料及水泥作为重点分析对象，分析货物所在行业产品的生产量、进出口量、消费量、生产消费布局以及运输组织情况，并结合统计数据得出主要货类的运输量、流量流向和方式分担情况。通过分析每个行业主要产品生产、消费、进出口量，以及生产消费分布和重大技术、工艺变革等，展望行业未来发展图景，预测大宗货物运输需求总量、流量流向和运输方式结构等主要趋势。

一、 主要研究结论

当前，我国正处于工业化、城镇化快速发展时期，工业生产和基本建设消耗大量的能源原材料，其中又尤以煤炭、石油天然气和钢铁及冶炼物资、粮食、矿建材料及水泥等为主，这五大货类占据我国全社会货运量的 60% 以上，对我国货运需求发展趋势有着重要影响，因此本报告选取上述几大货类作为重点，分别预测每种货物的运输需求发展趋势。

（一）研究技术路线

首先，通过分析大宗货物行业的产品生产量、进出口情况，得出行业消费量①，然后根据行业生产、消费总量和分布情况，以及交通运输服务组织，推算各种产品的总运输量、运输流量流向等货运现状。

其次，结合每种货物行业产业链特点，重点分析对行业货运需求趋势有

---

① 本报告中的消费量在不特殊说明的情况下均指表观消费量。

重大影响的因素，一般包括行业产品消费需求量趋势，生产力和消费地布局变化，重大技术和工艺变革等，通过对这些影响因素分析，展望行业未来发展图景。

最后，根据未来行业发展图景，分别预测大宗货物行业运输需求趋势，主要包括货物运输需求总量、流量流向和运输方式结构情况等。

大宗货物各货类运输需求发展趋势分析技术路线如图 5-1 所示。

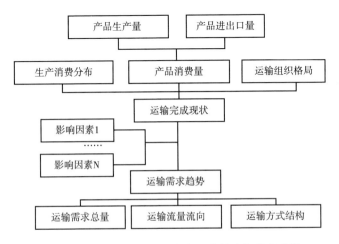

图 5-1 大宗货物运输需求发展趋势分析技术路线

（二）大宗货物运输现状

煤炭方面，全国煤炭运输呈现"北煤南运""西煤东运"的空间格局。2019 年，我国煤炭运输量在 80 亿吨以上，包括铁路运输 24.6 亿吨，水路运输约 14 亿吨以上，全国港口煤炭及制品吞吐量 26.26 亿吨，其中北方港口海运一次下水出港量近 8 亿吨，远洋进口运输 2.65 亿吨，沿海运输约 8 亿吨，内河运输约 3.5 亿吨，公路运输约 43 亿吨。

原油方面，2019 年我国进口约 5.06 亿吨原油，连续第 17 年刷新进口记录新高，原油运输总体呈现进口以海运为主、国内以管道运输为主格局。2018 年，我国通过管道进口原油 5990 万吨，占原油进口量的 12.97%。海运进口达到 4.02 亿吨，占原油进口量的 87.03%。国内运输方面，包括管道和公路、铁路运输，原油以管道运输为主（运送到炼油厂），约占原油运输总量的 70%。

天然气方面，我国是一个多煤少油少气的国家，2019 年进口 1322 亿立
方米天然气，增速为 6.5%。从贸易类型看，管道进口天然气 507 亿立方米，
占进口总量的 38%，进口管道气以土库曼斯坦天然气资源为主，还包括乌兹
别克斯坦、缅甸、哈萨克斯坦等国家天然气资源。液化天然气（LNG）进口
量 816 亿立方米，占天然气进口总量的 62%，澳大利亚是中国进口 LNG 的最
大来源国，约占 LNG 进口总量的 50%。国内运输以管道为主，管道方式运输
占天然气运输总量的 99% 以上。

钢铁及冶炼物资方面，估计钢铁行业总物资运输量约为钢铁总产量 6 倍
（不含焦炭），2019 年，全社会钢铁及冶炼物资运输量约 60 亿吨，其中铁路
运输量约 5 亿吨，公路运输量 35 亿吨，水路运输量约 20 亿吨（其中远洋铁
矿石运输 10.7 亿吨）。海运是铁矿石进口的主要运输方式，进口铁矿石主要
供应长江以北沿海地区以及长江沿线城市钢厂，少部分供应华南和西南地区。

粮食方面，2018 年，我国跨省粮食流通实物量约 2.25 亿吨，粮食流通
总体呈现"北粮南运""中粮西运"的运输格局，而其中又以"北粮南运"
为绝对主导，全国粮食运输量约 20 亿吨，其中铁路粮食发送量为 8451 万吨，
涉及海港的水路运输量 3.3 亿吨以上，公路粮食运输量在 15 亿吨以上。

矿建材料和水泥方面，近年来水泥运输半径有所扩大，利用沿海和长江
水运条件，形成了"西材东送"和"北材南下"的运输格局。2019 年，全
社会矿建材料和水泥运输量在 150 亿吨以上，占全社会货物运输量（不含管
道）的 1/3 以上，其中我国公路运输量约 133.0 亿吨，水路运输量在 16.4 亿
吨以上，铁路运输量约 1.0 亿吨。

（三）大宗货物运输需求趋势

煤炭方面，"十四五"时期我国煤炭消费量将小幅下降，预计同期煤炭
运输量将趋于稳中稍降，并保持在 80 亿吨左右。基准情景下，我国煤炭消费
需求出现小幅下降，2035 年全社会煤炭运输量将下降至 70 亿吨左右；2035 ~
2050 年，煤炭消费需求继续下降，2050 年全社会煤炭运输量约为 60 亿吨。
乐观情景下，我国煤炭消费需求出现下降但降幅有限，2035 年全社会煤炭运
输量将下降至 75 亿吨左右；2035 ~ 2050 年，煤炭消费需求继续下降，2050

年全社会煤炭运输量约为 70 亿吨。保守情景下，煤炭生产消费将进入快速下降通道，2035 年全社会煤炭运输量将下降至 60 亿吨左右；2035～2050 年，煤炭消费需求继续下降，2050 年全社会煤炭运输量约为 40 亿吨。总体上，"西煤东运""北煤南运"格局将进一步强化，铁路运输的主力作用也进一步强化。

石油方面，预计 2025 年、2035 年、2050 年我国原油管道进口分别达 0.8 亿吨、1.0 亿吨和 1.0 亿吨，原油海运进口分别为 4.3 亿吨、4.4 亿吨和 3.8 亿吨，国际石油海运需求占比将有所提升。国内运输方面，原油仍以管道运输为主，占比逐步提升，2050 年将达到约 80%，铁路原油运输比例逐步减小。成品油以公路、铁路运输为主。

天然气方面，预计 2025 年、2035 年、2050 年我国天然气管道进口分别达 1100 亿立方米、1300 亿立方米和 1500 亿立方米，LNG 海运进口分别为 0.6 亿吨、1.0 亿吨和 1.3 亿吨。在国内运输方面，管道运输将是天然气干线输送的主体，LNG 液态运输方式也日益多样化。

钢铁及冶炼物资方面，2025 年，我国钢铁及冶炼物资运输量较当前下降 10% 以内，全社会钢铁及冶炼物资运输量约 56 亿吨。基准情况下，2035 年，我国钢铁及冶炼物资运输量与 2025 年水平相近，运量约为 55 亿吨；2050 年，我国钢铁及冶炼物资运输量较当前下降 15% 以上，运量约为 50 亿吨。保守情况下，2035 年、2050 年我国全社会钢铁及冶炼物资运输量分别为 50 亿吨、36 亿吨。乐观情况下，2035 年、2050 年我国全社会钢铁及冶炼物资运输量分别为 61 亿吨、52 亿吨。铁矿石远洋进港和沿长江向内陆运输仍是主要流向，由北向南、由东向西、由沿海沿江向内陆的钢材运输比重增加，来自发达城市群地区向钢铁企业的废钢逆向物流需求将大幅增长。

粮食方面，国内粮食调运总量将基本稳定在当前水平，即粮食实物流通量在 4 亿吨以上，其中省内粮食流通实物量 2 亿吨以上，跨省粮食流通实物量约 2.25 亿吨。预计 2025 年、2035 年、2050 年我国粮食运输量分别约为 23 亿吨、25 亿吨和 25 亿吨。我国"北粮南运""中粮西运"运输格局不会改变，且以"北粮南运"为主，目前八大粮食流通通道格局将总体保持，沿海和沿长江、西江粮食运输量会有所增加。

矿建材料和水泥方面，预计 2025 年、2035 年、2050 年我国矿建材料及水泥运输量分别约为 150 亿吨、135 亿吨和 125 亿吨。区域内中短距离运输依然是水泥及矿建材料运输的主要形态，水泥"北材南下"布局仍会保持，但运量将减少，"西材东送"运输量将下降甚至转变为"中材外运"。公路在矿建材料及水泥中短途运输中发挥重要作用，水路运输仍将作为水泥及矿建材料长距离调运骨干方式，铁路在矿建材料及水泥长距离调运中发挥次要作用。

我国大宗货物运输需求预测值如表 5-1 所示。

表 5-1　　　　　　　　　我国大宗货物运输需求预测值

年份		煤炭运输量（亿吨）	原油管道进口量（亿吨）	原油海运进口量（亿吨）	天然气管道进口（亿立方米）	LNG 进口量（亿吨）	钢铁及冶炼物资运输量（亿吨）	粮食运输量（亿吨）	矿建材料及水泥运输量（亿吨）
2019 年		≥80	0.6	4.02	514	—	60	20	150
2025 年		80	0.8	4.3	1100	0.6	56	23	150
2035 年	基准（推荐）	70	1.0	4.4	1300	1.0	55	25	135
	保守	60	—	—	—	—	50	—	—
	乐观	75					61		
2050 年	基准（推荐）	60	10	3.8	1500	1.3	50	25	125
	保守	40					36		
	乐观	70					52		

资料来源：本课题组测算。

二、煤炭运输需求发展趋势

煤炭是我国重要的能源基础和化工原料，煤炭运输有力支撑煤炭流通和经济社会稳定运行，受煤炭生产消费量、进出口量、煤炭产消地分离，以及运输结构政策等众多因素以及相互之间关系影响，具体的煤炭运输需求决定机理如图 5-2 所示。

本节即按照图 5-2 的煤炭运输需求决定机理，分析相关因素现状和发展趋势，进而研判煤炭运输需求趋势。

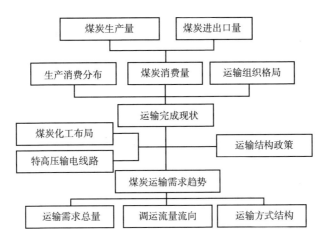

图 5 - 2　煤炭运输需求决定机理

（一）煤炭运输现状

1. 生产消费总量

（1）煤炭生产量。

我国是全球第一大能源生产国，富煤、贫油、少气，煤炭在我国一次能源生产和消费结构中的占比长期维持在70%左右。据《BP 世界能源统计年鉴2020》最新公布数据显示，2019 年全球煤炭总产量为 81.29 亿吨，保持自 2017 年以来的连续三年上升，比上年上涨 0.5%。2019 年，我国原煤产量稳步增加，完成产量 38.5 亿吨，同比增长 4.0%。

（2）煤炭进出口量。

我国已经发展为煤炭进口大国，出口量极小。"十五"中后期以来，随着我国重化工业快速发展，煤炭需求持续快速增长。2003 年以后我国煤炭进口量逐年增加、出口量趋于下降，2008 年我国开始成为煤炭净进口国。2019 年我国煤及褐煤进口量为 29967 万吨，同比增长 6.6%，进口金额为 233.95 亿美元，同比下降 4.9%；出口量为 603 万吨，同比增长 22.1%，出口金额为 9.34 亿美元，同比增长 18.6%。

（3）煤炭消费量。

近年来，我国煤炭消费量一直保持在 40 亿吨左右，2019 年我国煤炭消费量 41.43 亿吨，占全球煤炭总消费量的 51.7%。煤炭四大下游为电力、钢铁、化工、建材行业，各行业耗煤量占比分别为54%、18%、7%和12%，其他行业耗煤量占比约9%。

2. 生产消费分布

（1）生产分布情况。

我国煤炭资源极不均衡，西北地区煤炭资源丰富，而且近年来煤炭产能加速向陕西、山西和内蒙古西部（以下简称"三西"地区）集中，南方地区煤炭生产布局出现显著变化。具体表现为，"三西"地区煤炭储量最为丰富，其次是西南、中南、华东和东北。其中西北、华北煤炭资源储量大、种类齐全、煤炭质量较好，东南部储量少、开采难度大、煤炭质量低、综合利用价值低。

2019年我国煤炭产量前五大省份分别是内蒙古、山西、陕西、新疆以及贵州。其中，内蒙古原煤产量达到了103523.7万吨，占全国原煤总产量的28%；其次为山西、陕西，其原煤产量分别为97109.4万吨、63412.4万吨，分别占全国原煤产量的26%、17%。山西、陕西、内蒙古原煤产量约占全国总产量的71%。如图5-3所示。

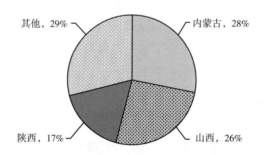

图5-3 2019年全国原煤产量地区分布情况

资料来源：本课题组整理。

（2）消费分布情况。

我国煤炭消费市场多半位于东南地区，与产地分离现象比较严重。从行政区域分布看，华东、中南地区是我国煤炭消费的主要地区，相关省份占煤炭消费总量近一半，同时华东和中南地区省份也是我国能源消费增长最快的地区之一。从地理区域分布来看，由于电力、钢铁、化工、建材行业占煤炭消费总量的90%以上，而钢铁、化工、建材行业企业具有原材料和制成品的

"大进大出"特征，火电行业需直接调运大量煤炭，充分依托低成本运输来布局产业，因此生产力布局主要分布在沿海、沿江地区。

3. 运输完成情况

（1）煤炭调运总量。

考虑煤炭运输过程中各种运输方式衔接转运导致运输量的多次统计，全社会煤炭实际运输量远大于煤炭实际区域调出量。我国年度煤炭消费量虽然在 40 亿吨左右，但 2019 年实际全社会各方式完成煤炭运输量在 80 亿吨以上。铁路方面，完成运输量 24.6 亿吨，同比增长 3.3%，占铁路货运量的 56%；港口完成煤炭及制品吞吐量 26.26 亿吨，其中北方港口海运一次下水出港量近 8 亿吨，进口煤炭进港量约 3 亿吨；水路煤炭运输量 14 亿吨以上，其中远洋进口运输 2.65 亿吨，沿海运输约 8 亿吨，内河运输约 3.5 亿吨。公路煤炭运输量约 43 亿吨，承担了较高比例的长距离煤炭运输，同时作为最灵活便捷的运输方式，是铁路、水路末端运输的重要补充。

（2）煤炭运输分布。

根据有关研究和相关规划，目前我国煤炭跨省净调出量约 16.6 亿吨，其中晋陕蒙地区 15.85 亿吨，主要调往华东、京津冀、中南、东北地区及四川、重庆；新疆 0.2 亿吨，主要供应甘肃西部，少量供应四川、重庆；贵州 0.55 亿吨，主要调往云南、湖南、广东、广西、四川、重庆。煤炭调入省区净调入煤炭约 19 亿吨（含进口），主要由晋陕蒙、贵州、新疆供应，沿海、沿江地区也调入一定量的进口煤炭。

为满足上述煤炭调运需求，我国煤炭区域运输呈现"九纵六横"的煤炭物流网络，形成了以锦州、秦皇岛、天津、唐山、黄骅、青岛、日照、连云港等北方下水港，江苏、上海、浙江、福建、广东、广西、海南等南方接卸港，以及沿长江、京杭大运河的煤炭下水港为主体的北煤南运水上运输系统。其中，北方港口海运一次下水量约 8 亿吨，主要铁路运输通道中，大秦线运量约 4.5 亿吨，唐呼线约 1.5 亿吨，瓦日线约 1 亿吨，浩吉铁路约 6000 万吨。形成以下主要六大煤炭运输通道：

——晋陕蒙煤炭外运通道。由北通路（大秦、朔黄、蒙冀、丰沙大、集通、京原）、中通路（石太、邯长、山西中南部、和邢）和南通路（侯月、陇海、宁西）三大横向通路和焦柳、京九、京广、浩吉、包西五大纵向通路组成，满足京津冀、华东、华中和东北地区煤炭需求。

——蒙东煤炭外运通道。主要为锡乌、巴新横向通路，满足东北地区煤炭需求。

——云贵煤炭外运通道。主要包括沪昆横向通路、南昆纵向通路，满足湘粤桂川渝地区煤炭需求。

——新疆煤炭外运通道。主要包括兰新、兰渝纵向通路，适应新疆煤炭外运需求。

——水运通道。由长江、珠江－西江横向通路、沿海纵向通路、京杭运河纵向通路组成，满足华东、华中、华南地区煤炭需求。

——进出口通道。由沿海港口和沿边陆路口岸组成，适应煤炭进出口需要。

进出口煤炭到港方面，2019 年进口煤炭到港量总计 2.65 亿吨。其中，华南地区 1.49 亿吨，占全国总量的 56%；华东及长江地区 0.69 亿吨，占全国总量的 26%；其他地区 0.47 亿吨，占全国总量的 18%。

（二）影响因素分析

1. 煤炭消费总量

根据《巴黎协定》，长期目标是将全球平均气温较前工业化时期上升幅度控制在 2 摄氏度以内，并努力将温度上升幅度限制在 1.5 摄氏度以内。根据中美气候变化联合声明，我国承诺计划在 2030 年二氧化碳排放量达到峰值，且争取早日达峰，并计划到 2030 年非化石能源占一次能源消费比重提高到 20% 左右，相比 2005 年单位国内生产总值二氧化碳排放下降 60%。这要求煤炭在我国一次能源消费中的比重进一步降低，同时我国钢铁、化工、建材等传统重化工行业正处于峰值平台区间，传统非电力用煤需求将逐渐进入下降通道。因此受资源环境约束、产业结构调整等因素影响，我国煤炭消费量总体呈下行趋势，2013 年即为我国煤炭生产消费的峰值年，当年煤炭生产量和消费量分别为 39.75 亿吨和 42.44 亿吨。

（1）"十四五"时期。

"十四五"时期，预计受经济下行压力加大，以及钢材、化工建材等行业增长放缓甚至萎缩影响，煤炭产销量将小幅下行，但考虑到煤炭行业健康稳定和经济社会发展需要，我国仍然保持较高水平的煤炭消费量。"十四五"时期，我国煤炭消费量小幅度下行后再反弹回稳，2025 年我国煤炭消费量在40 亿吨以内，较 2019 年水平下降 2 亿吨以上。

（2）2025～2035 年。

2025～2035 年，乐观情景下，考虑到我国具有煤炭储量丰富的资源禀赋优势，是我国实现能源安全和较低用能成本的保障，而且煤炭化工产业可能进入蓬勃发展期，将成为新的重要耗煤领域，弥补部分能源消耗型煤炭需求。保守情境下，考虑到我国重化工行业发展进一步放缓，能源清洁化、绿色化发展水平不断提高，能源供需和商业模式发生根本性变化，导致传统煤炭能源需求下行。中国煤炭运销协会对 2035 年我国煤炭消费量相对乐观，根据他们观点，可认为 2035 年我国煤炭消费量将在 35 亿吨以上。而国家发展改革委能源所对 2035 年我国煤炭消费量判断较为保守，认为在能源绿色发展和低碳转型的全球大背景下，煤炭能源消耗将大幅下降，煤炭消费量约为 20 亿～26 亿吨。综合相关机构研究成果，相对看好未来煤炭化工行业发展，认为2025～2035 年我国煤炭消费需求处于近峰值平台阶段，乐观、基准和保守情景下，我国 2035 年煤炭消费量分别为 38 亿吨、33 亿吨和 25 亿吨，并且推荐基准情景 33 亿吨。

（3）2035～2050 年。

2035～2050 年，我国已基本实现社会主义现代化，正在向建成社会主义现代化强国迈进。能源生产和消费将发生深刻变革，南海油气田开发、核裂变发电和低阶煤热解产业发展有很大不确定性。关于 2050 年我国能源消耗相关研究的观点差异也较大：高终端能源需求场景下，预计我国一次能源需求在 60 亿吨标准煤左右；低终端能源需求场景下，预计我国一次能源需求在40 亿吨标准煤左右。鲜有关于煤炭消费量的预测结果，但一致认为会在 2035年水平上有所下降。综合相关机构研究成果，本报告认为乐观、基准和保守情景下，我国 2050 年煤炭消费量分别为 32 亿吨、28 亿吨和 20 亿吨，并且推荐基准情景 28 亿吨。

2. 生产消费分布

（1）煤炭生产分布。

当前及未来一段时间，我国煤炭开发总体布局将是压缩东部、限制中部和东北、优化西部。由于东部地区煤炭资源枯竭，开采条件复杂，生产成本高，将逐步压缩生产规模；中部和东北地区现有开发强度大，接续资源多在深部，投资效益降低，将从严控制接续煤矿建设；西部地区资源丰富，开采条件好，生态环境脆弱，将加大资源开发与生态环境保护统筹协调力度，结合煤电和煤炭深加工项目用煤需要，配套建设一体化煤矿。

具体实施上，我国将推动大型煤炭基地外煤矿关闭退出，降低鲁西、冀中河南两淮大型煤炭基地生产规模，控制蒙东（东北）、晋北、晋中、晋东、云贵、宁东大型煤炭基地生产规模，有序推进陕北、神东、黄陇、新疆大型煤炭基地建设。因此，未来我国煤炭的生产布局基本延续当前的格局，但继续向我国的西部尤其是"三西"地区集中。

（2）煤炭消费分布。

伴随经济转型升级加快，煤炭消费格局将发生一定的变化，即在东部保持较高水平，中部西南地区成为重要的增长点。我国沿海经济发达区域，城镇化水平已然较高，单位国土面积的煤炭消费量超过大量发达国家水平，环境空间余量有限，且其经济转型将先于中西部区域，长远看对于煤炭的能源需求强度将下降，产业转移以及中西部地区的进一步城镇化将带来中部和西部区域对煤炭的需求进一步增加，尤其是西南地区人口密集，且成渝地区双城经济圈建设上升为国家战略，用能需求将继续增加。

（3）行业进出口。

煤炭进出口情况与世界能源格局和全球经济发展形势密切有关。近期，由于我国煤炭行业可能陷入困境，为促进我国煤炭行业健康发展，政策将倾向于限制进口。同时伴随浩吉铁路建成通车，湖南、湖北、江西地区的煤炭消费将得到有效供给，通过长江水运的"海进江"煤炭需求将逐渐下降，要求政策上压缩煤炭进口空间。中长期，我国煤炭总需求将陷入下行区间，国内过剩产能逐渐消化，行业形势要求不宜过多进口煤炭。同时南亚、东南亚国家经济开始快速增长，将在亚洲国际煤炭消费市场上占据更大份额。出口方面，我国煤炭生产成本在国际市场上并无优势，出口空间有限。因此，我国煤炭进口规模已经处于峰值区间，未来煤炭进口量将在现状水平上有所萎缩，处于2亿吨左右，具体规模受国家政策影响较大。

3. 其他影响因素

（1）特高压输电线路。

特高压是指电压等级在交流 1000 千伏及以上和直流 ±800 千伏及以上输电技术，具有输送距离远、容量大、损耗低和效率高等技术优势，其输电能力可达到 500kV 超高压输电的 2.4～5 倍，被称为"电力高速公路"。截至 2018 年底，我国已累计建成特高压输电通道 22 条，总输电能力 1.3 亿千瓦。特高压与产煤地电厂组合，将有效减少电力紧张地区的电煤需求，减少长距离煤炭调运，有关研究表明 1 条特高压通道可减少煤炭调运约 2000 万吨。随着我国一次能源需求增长，尤其是中西部地区清洁能源发电的快速增长，我国特高压仍有较大发展必要和增长空间。但在我国煤炭消耗需求中长期逐渐减少的大形势下，未来新增煤炭产区数量将有限，以输送煤电为目的的特高压线路建设必要性不足，对未来煤炭调运的替代分担将非常有限。

（2）煤化工布局。

煤化工将是未来煤炭消费的重要领域，煤炭消费地与产地的分离直接决定了化工煤炭的调运需求。煤炭化工生产力布局存在煤炭产地布局和制成品消费地布局两种可能，一是在煤炭产地布局，可以较好地利用产地煤炭资源，但受煤炭产地经济不发达、人才资源不丰富、生态环境脆弱、其他配套产业不完备、制成品运输距离长等因素制约；二是在制成品消费地布局，产业将主要布局在东中部地区，可以较好利用东部地区的人才资源，配套关联产业发达，可以形成较完整产业链，同时制成品运输距离短，但煤炭原材料长距离调运成本高。

现有煤炭化工布局以产地为主，并未产生大量煤炭调运需求，大部分专家认为，在可以预见的将来，煤炭化工产业即使发展壮大，仍将以在煤炭产地布局为主，对煤炭运输需求影响较小。

（3）运输结构优化。

"十三五"时期以来，货运结构调整受到党中央、国务院高度重视，国务院办公厅印发《推进运输结构调整三年行动计划（2018—2020 年）》，大力推进长距离大宗货物运输"公转铁、公转水"，考虑到目前煤炭运输结构是在公路运输大量超载、煤炭矿区专用线支线不足、铁水联运衔接不畅情形和特定政策环境情况下形成的，因此为适应经济社会高质量发展要求，未来必将针对公路行业超载、铁路支线不足、部分铁路通道运价较高（如兰渝铁路）等问题采取针对性措施，为煤炭运输"公转铁"创造政策环境和市场空间，进一步推动煤炭公路运输向铁路方式转移。

（三）运输需求趋势

1. 运输需求总量

当前我国煤炭消费总量已处于峰值区间，未来受煤炭下行趋势带动，调运总量将会出现逐步下降。"十四五"时期我国煤炭运输量将趋于稳中稍降，将保持在 80 亿吨左右。

基准情景下，2025～2035 年，我国煤炭消费需求出现小幅下降，仍为当前消费量的 80% 以上，2035 年全社会煤炭运输量将下降至 70 亿吨左右。2035～2050 年，煤炭消费需求继续下降，2050 年全社会煤炭运输量约为 60 亿吨。

乐观情景下，2025～2035 年，我国煤炭消费需求出现下降幅度极为有限，仍为当前消费量的 90% 以上，2035 年全社会煤炭运输量将下降至 75 亿吨左右。2035～2050 年，煤炭消费需求继续下降，但消费量依然超过 30 亿吨，2050 年全社会煤炭运输量约为 70 亿吨。

保守情景下，煤炭生产消费将很快进入快速下降通道，2025～2035 年，我国煤炭消费需求出现大幅下降，仅为当前消费量的 60% 左右，2035 年全社会煤炭运输量将下降至 60 亿吨左右。2035～2050 年，煤炭消费需求继续下降，2050 年全社会煤炭运输量约为 40 亿吨。如表 5-2 所示。

表 5-2 　　　　　　　　我国全社会煤炭消费和运输需求　　　　　　　单位：亿吨

年份		消费量	运输量
2019 年		41.43	≥80
2025 年		≤40	80
2035 年	基准（推荐）	33	70
	保守	25	60
	乐观	38	75
2050 年	基准（推荐）	28	60
	保守	20	40
	乐观	32	70

资料来源：本课题组测算。

2. 运输流量流向

当前及未来一段时间，我国煤炭开发总体布局的思路是明确的：压缩东部、限制中部和东北、优化西部。煤炭输出省份也将主要为山西、陕西、内蒙古等三地，河南、湖南等中部传统产煤大省煤炭产量将萎缩，宁夏、黑龙江等原煤炭调出省份将变为调入省份。另外，新疆地区煤炭储量产量较大，客观要求向外大量调运，但由于运输距离较长，将主要面向西南地区市场。因此我国当前"西煤东运""北煤南运"格局非但不会改变，而且还将进一步强化，运输流量流向更加向主通道集中。

3. 运输方式结构

在煤炭运输总需求有所下降的大趋势下，考虑到高铁建设带动的铁路既有线运煤能力不断释放，煤炭流量流向将进一步向主通道集中。伴随公路长距离超载运输将逐步得到抑制，铁路运能充分利用将成为综合运输发展的必然要求，作为煤炭中长距离运输主力的作用将进一步强化。实际运输量方面，2025 年铁路煤炭运输量将达到 28 亿吨以上，2035 年及中长期铁路煤炭运输量可能冲顶并保持在 30 亿吨左右。

三、石油天然气运输需求发展趋势

石油天然气运输需求决定机理如图 5-4 所示。本节即按此机理分析相关因素现状和发展趋势，研判石油天然气运输需求趋势。

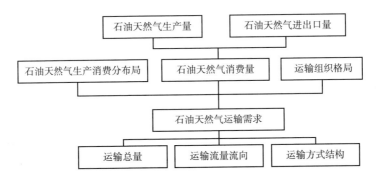

图 5-4　石油天然气运输需求决定机理

（一）石油天然气运输现状

1. 生产消费现状

（1）生产消费总量。

近年来，我国石油天然气产量和消费量均实现了较快增长，然而国内产量远远难以满足经济增长对石油天然气的需求。近年来，石油、天然气净进口量一直保持上升趋势，我国目前已成为世界最大的原油净进口国和天然气进口国。2019年，我国原油净进口量达到5.06亿吨，对外依存度超过70%。2019年，我国天然气进口量1322亿立方米，对外依存度42.1%。

（2）生产消费布局。

我国石油资源集中分布在渤海湾、松辽、塔里木、鄂尔多斯、准噶尔、珠江口、柴达木和东海陆架八大盆地。华北、东北、华南和华东地区为我国炼油能力的集中分布地。以东部为主，中西部为辅，梯次分布。山东、辽宁、广东是我国炼油能力的主要大省，合计炼油能力约占全国总产能的50%。

我国天然气上游气源包括国产气和进口气。2019年，国产气占总供给比重的57.9%，进口气占42.1%。国内的天然气气田主要分布在中西部，探明的储量集中在10个大型盆地，分别为渤海湾、四川、松辽、准噶尔、莺歌海—琼东南、柴达木、吐—哈、塔里木、渤海、鄂尔多斯，其中以新疆的塔里木盆地和四川盆地资源最为丰富，资源占比超过40%。进口气可以分为进口管道气和进口LNG两类。从天然气消费结构看，四大天然气消费领域分别为工业燃料、城镇燃气、发电和化工，2018年工业燃料消费占比38.6%，城镇燃气占比33.9%，发电用气占比17.3%，化工用气占比10.2%。消费较多的地区主要集中在环渤海、长三角、东南沿海等发达地区。

（3）进口规模。

2019年，我国原油净进口量达到5.06亿吨。天然气进口主要有两种形式，一是LNG进口，通过海运运至我国沿海港口，二是通过管道进口天然气。进口的LNG主要来自澳大利亚、卡塔尔、印度尼西亚等国。管道气进口来自中亚、俄罗斯和缅甸。2019年，我国管道气进口量500亿立方米以上，天然气管道总输送能力超过1000亿立方米。此外，还计划建立通往俄罗斯和中亚的新管道，将在现有容量的基础上增加600亿立方米。

2. 运输组织格局

（1）石油。

我国构建了海、陆原油进口网络，海运是原油进口的主要方式，通过远洋油轮从东南沿海港口上岸，再通过四通八达的国内管道、铁路或公路运往内陆腹地的各大炼厂。管道运输已成为原油进口的重要方式，中俄、中俄二线、中哈及中缅四大原油管道合计具备每年7200万吨的运输能力，已成为中国原油进口运输的重要组成部分。

国内形成东北、华北、华东、中南、西北等地区的管道网络，连接沿海主要港口和大型炼油厂。东北输油管网起自大庆油田的林源首站，主要有从大庆到秦皇岛和从大庆到大连两大输油动脉。华北地区管网向北至北京与东北管网连接，向南至临邑与华东管网衔接。华东地区形成了以甬沪宁、临邑—仪征、仪征—长岭为骨架，连接油田、黄岛油港和仪征油港与长江两岸炼厂的原油输送系统。中南地区由潜江—荆门、魏岗—荆门、魏岗—荆门复线、濮阳—临邑、濮阳—洛阳、濮阳—洛阳复线、洪湖—荆门复线等构成原油管网输送系统。西北地区主要有新疆油田、塔里木油田、青海油田、玉门油田和长庆油田等，主要从新疆向兰州方向输送原油，外输管道初具规模，海上进口原油登陆基本实现管道化。

成品油运输方面。我国成品油管道在西北、西南和珠三角地区已建成骨干输油管道，形成了"西油东运、北油南下"的成品油管道输送格局。西北地区成品油管道主要有克拉玛依—乌鲁木齐管道、乌鲁木齐—兰州管道和格尔木—拉萨管道等。西南地区成品油管道主要有茂名—昆明管道、兰州—成都—重庆管道、兰州—郑州—长沙管道等。珠三角地区成品油管道主要有湛江—惠州管道。另外，已建成投产的成品油管道还有抚顺—营口鲅鱼圈、大港石化—枣庄、齐鲁石化—宿州、石家庄—太原、洛阳—郑州—驻马店、合肥—安庆等。

（2）天然气。

我国天然气运输格局是"西气东输，北气南下，海气登陆，就近供应"。我国已经建成四条天然气进口管道，分别为中亚A、B、C及中缅线、中俄管道东线。中亚天然气气源主要来自土库曼斯坦、乌兹别克斯坦、哈萨克斯坦三国，中缅线气源则主要来自缅甸海上若开盆地的三个气田。我国国产气产地主要分布在陕西、四川、新疆三大地区，进口则主要由西北、西南以及沿海等边境地区进入我国境内。中亚天然气管道 D 线正在铺设中。接收站方面，截至 2018 年底，我国已经建成 LNG 接收站共计 20 座，合计接受能力达到 6585 万吨。

3. 运输完成情况

（1）石油。

石油进口运输主要包括管道和海运两种，目前，我国原油进口有四大管道（中俄、中俄二线、中缅、中哈），总输送能力 7200 万吨/年。2018 年，通过管道进口石油 5990 万吨，占石油进口量的 12.97%。海运进口达到 4.02 亿吨，占石油进口量的 87.03%。

国内运输方面，包括管道和公路、铁路运输，原油以管道运输为主（运送到炼油厂），占比原油运输总量的 70%。成品油以公路、铁路运输为主。

原油以及原油加工后的成品油运输有铁路、水运、管道、公路等多种运输方式。随着进口原油的大幅增加，沿海、沿江炼化规模比重的提高，以及从港口至炼厂的原油管道的铺设，成品油管道不断建成，铁路的石油及制品运量呈略有下降趋势。

（2）天然气。

天然气进口运输主要包括管道和液化天然气（LNG）运输两种方式，2018 年进口天然气中，管道进口天然气 507 亿立方米，占进口总量的 38%，液化天然气进口量 816 亿立方米，占天然气进口总量的 62%。LNG 到站后主要通过管道运送到各地，国内运输以管道为主。

（二）行业发展趋势

中国石油经济技术研究院发布的《2050 年世界与中国能源展望》（2019年版）报告认为：2035～2040 年我国一次能源需求将达 40 亿吨标油的峰值，一次能源消费结构将形成煤炭、油气和新能源三足鼎立之势。2035 年和 2050年，油气占一次能源的比重在 2035 年后基本保持在 31.5% 左右；2035 年，石油和天然气占比分别为 17.4% 和 14.2%；2050 年，石油和天然气占比分别为 15.2% 和 16.5%。2030 年前，因交通用油及化工原料增加，石油需求仍保持增长，2030 年将达 7 亿吨左右的峰值水平，国内原油产量在 2030 年前有望维持在 2 亿吨，此后逐步下滑。需求缺口 5 亿吨需要进口补充。2016～2030 年柴油需求缓慢下滑，汽油需求先增后降，航空煤油需求持续增长，2030 年成品油需求也将达 3.8 亿吨左右峰值水平。天然气具备清洁低碳、使用便捷、安全高效的特点，其需求在展望期内稳步增长，且 2040 年前为高速增长期，新增需求集中在工业、居民以及电力等部门，2040～2050 年消费需求约徘徊在 7000 亿立方米。国内天然气产量将稳步提升，2050 年达 3500 亿立方米。天然气供需缺口依然有 3500 亿立方米需要进口。

（三）运输需求趋势

如前所述，2030 年我国原油的供需缺口约 5 亿吨，需要进口补充。随着"一带一路"建设推进，我国将加大对俄罗斯、中亚、非洲和南美等国家和地区的资源开拓力度，进一步推进原油进口来源多元化。预计 2025 年、2035 年、2050 年我国原油管道进口分别达 0.8 亿吨、1.0 亿吨和 1.0 亿吨，原油海运进口分别为 4.3 亿吨、4.4 亿吨和 3.8 亿吨，国际石油海运需求占比将有所提升。国内运输方面，原油以管道运输为主，占比逐步提升，2050 年约为 80%，铁路原油运输比例逐步减小。成品油以公路、铁路运输为主。

天然气将是消费增速最快的化石能源。2050 年我国天然气的供需缺口约 3500 亿立方米，需要进口补充，对外依存度升至约 50%。未来我国管道气从俄罗斯、土库曼斯坦等国的进口量将进一步增长；随着伊朗出口全面解禁和地缘政治形势改善，可考虑经巴基斯坦建设中国—伊朗管线。LNG 进口可能来自澳大利亚、俄罗斯、卡塔尔、美国等国家和地区。预计 2025 年、2035 年、2050 年我国天然气管道进口分别达 1100 亿立方米、1300 亿立方米和 1500 亿立方米，LNG 海运进口分别为 0.6 亿吨、1.0 亿吨和 1.3 亿吨（见表 5－3）。在国内运输方面，管道运输将是天然气干线输送的主体方式，LNG 运输方式也日益多样化，LNG 罐箱的公路、铁路、海路、内河运输四通八达，互通有无。

由于我国石油、天然气高度依赖国外进口，国外供应和运输的安全可靠直接关系到国家能源安全，上述预测值是在不考虑国外供应出现突然断供，或者供应通道不畅情况下的运输需求。我国正加快构建以国内大循环为主体、国内国际双循环相互促进的新发展格局，要求我国保留较大的石油、天然气战略储备，并有可能减量进口以保持一定的能源自给率。

表 5-3　　　　　　　　　我国石油天然气运输需求

年份	原油管道进口量（亿吨）	原油海运进口量（亿吨）	天然气管道进口（亿立方米）	LNG 海运进口量（亿吨）
2025	0.8	4.3	1100	0.6
2035	1.0	4.4	1300	1.0
2050	1.0	3.8	1500	1.3

资料来源：课题组测算。

四、钢铁及冶炼物资运输需求发展趋势

钢铁是工业的粮食，是人类社会文明繁衍和发展不可或缺的基础材料之一。钢铁冶炼物资运输是保障钢铁行业生产流通的关键，也占据了大宗物资运输的重要比重。钢材最终生产量及生产过程中的废钢比例决定了铁矿石、石灰石、焦炭、废钢需求和钢材生产实物量，并成为决定钢铁冶炼物资运输量的最主要因素。钢铁及冶炼物资运输需求决定机理如图 5-5 所示，本报告即按照该机理，分析相关因素现状和发展趋势，进而研判相关物资运输需求趋势。

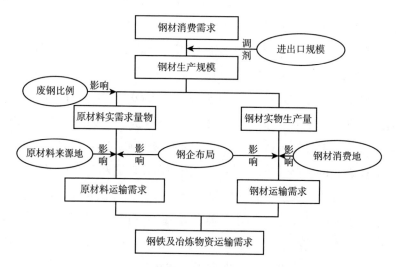

图 5-5　钢铁及冶炼物资运输需求决定机理

（一）钢铁冶炼物资运输现状

1. 生产消费总量

（1）钢材生产消费。

世界钢铁协会数据显示，2019 年全球（64 个纳入世钢协统计的国家和地区，下同）粗钢产量达到 18.70 亿吨，创历史新高，同比增长 3.4%。我国钢铁产量连年大幅增长，全国生铁、粗钢和钢材产量分别为 80937 万吨、99634 万吨、120477 万吨，同比分别增长 5.3%、8.3%、9.8%。我国占全球粗钢产量的比重达到 53.3%。从人均看，2019 年我国人均粗钢产量 711.6 千克，而同期世界人均粗钢产量仅为 241.3 千克，是世界平均水平的 2.95 倍。我国进口钢材 1230.2 万吨，出口钢材 6429 万吨，钢材表观消费量（含重复材）11.5 亿吨，钢材表观消费量（扣除重复材）8.95 亿吨。

进出口方面，我国钢材进口保持平稳，近几年呈缓慢下降趋势，逐步转向高端需求，主要来自日本、韩国、中国台湾。2019 年，我国进口钢材 1230.2 万吨，同比下降 6.5%；出口钢材 6429 万吨，同比下降 7.3%，钢材出口依存度为 5.3%，出口对象主要为亚洲周边国家，即韩国、越南、泰国、印度尼西亚、菲律宾等。

（2）原材料生产消费。

铁矿石、焦炭、冶金石灰石是钢铁生产的重要原材料。铁矿石是含有铁单质或铁化合物并能够经济利用的矿物集合体，我国是全球铁矿石消费第一大国，2019 年我国铁矿石原矿产量 8.44 亿吨，同比增长 4.9%。焦炭是钢铁生产重要的还原剂、燃料、原料和填充料。在下游行业拉动下，2019 年我国焦炭生产出现较大幅度增长，全年焦炭产量 47126.2 万吨，同比增长 5.2%。冶金石灰是钢铁生产的重要原料，与粗钢产量变化趋势一致，2019 年冶金石灰产量 11470 万吨，同比增长 4.6%；冶金石灰供给炼钢消耗 4007 万吨，供给烧结消耗 7383 万吨，供给其他消耗 80 万吨。

进出口方面，由于国内铁矿开采建设滞后且品味远不如国外，采挖成本较高，我国铁矿石高度依赖进口，2019 年全国进口铁矿石 10.69 亿吨，比2018 年增长 0.5%，国内钢铁产业铁矿石对外依存度达到 80.4%。另外，我国焦炭出口 652.3 万吨，同比减少 33.1%，焦炭出口主要国家为印度、日本、马来西亚、巴西、越南、印度尼西亚、南非等。焦炭进口量很小，主要用于试验和非工业，与产量及出口量相比，所占比例非常小，对我国焦化行业影响可以忽略不计。

2. 生产消费分布

（1）原材料来源。

铁矿石方面，2019 年全国统计有 27 个省（区、市）生产铁矿石，铁矿石产量位居前 5 位的省份分别是河北、辽宁、四川、山西和内蒙古，五省共生产铁矿石 62554.08 万吨，占全国总产量的 74.08%，较 2018 年上升 1.44个百分点。

焦炭方面，全国共有 28 个主要产焦省份，其中山西、河北、山东、陕西、内蒙古是重要的产焦大省，2019 年产量占全国的 59.3%，是全国焦炭调运主要输出省份。其中，山西焦炭产量长期排名第一，产量为 9699.5 万吨，且焦炭产量的 70% 输出至全国各地。河北、山东区域焦炭产量也较高，分别排名全国第二、第三名，2019 年分别生产焦炭 4983 万吨和 4920.9 万吨，较多用于本地消费。陕西焦炭产量排名第四名，生产焦炭 4986.6 万吨。内蒙古产量排名全国第五名，2019 年焦炭产量 3677.2 万吨，且区域内焦炭产量的60% 输出至全国各地。

（2）钢铁企业分布。

钢铁企业既是铁矿石、焦炭、冶金石灰石等原材料的运输目的地，也是粗钢制品的运输始发地，是钢铁及冶炼物资运输分布的关键决定因素。

由于我国铁矿石大量依赖进口，沿海、沿江地区可以充分利用水运低成本优势，因此成为我国钢铁企业的主要布局地。根据中国钢铁工业协会对 306 家企业的产能估算，我国钢铁企业产能的 2/3 布局在东部沿海省份，仅有小部分企业主要依赖腹地原材料并靠近市场而布局在内陆省份。从地区分布来看，粗钢产量分布即可反映钢铁企业生产力布局：2019 年，华北地区粗钢产量 35045.2 万吨，占全国总产量的比重为35.2%，是我国粗钢产量最大地区；华东地区粗钢产量 29502.2 万吨，占全国总产量的 29.6%；华北、华东地区粗钢产量占全国总产量的 64.8%；中南地区粗钢产量 15188.2 万吨，占全国总产量的 15.2%；东北地区粗钢产量9614.6万吨，占全国总产量的9.6%；西南地区粗钢产量6251.2万吨，占全国总产量的6.3%；西北地区粗钢产量4032.8万吨，占全国总产量的4.0%。

（3）钢材消费分布。

消费分布方面，不考虑库存变化情况下，2019年我国钢材消费量8.95亿吨，其中华北地区11530万吨，占12.9%；东北地区6350万吨，占7.1%；华东地区31450万吨，占35.2%；中南地区23900万吨，占26.7%；西南地区10410万吨，占11.6%；西北地区5860万吨，占6.5%。由此可见，目前我国东部沿海地区钢材消费强度较大，中部、西南和西北地区的钢材消费依次下降，与我国各地区的经济梯度明显相关。

3. 运输完成情况

（1）物资运输总量。

钢铁行业的大宗物资运输主要包括两大部分，一是大宗原材料（焦炭、铁矿石等）采购运输，二是钢材产成品的流通运输，钢铁行业物资运输的形式主要有水运、铁路和公路运输，钢铁生产消费物资运输环节如图5－6所示。

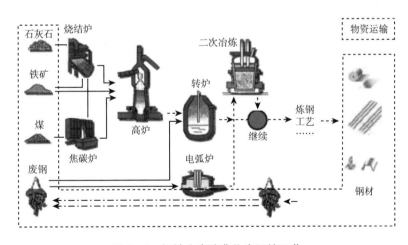

图5－6　钢铁生产消费物资运输环节

资料来源：课题组整理。

钢铁行业生产1吨钢，往往需要3倍以上的原材料物资保障和消耗，根据这一比例关系，再考虑到钢铁行业成品运输，以及公路与铁路、水路联运的运输量重叠统计，钢铁行业的总物资运输量达到钢铁总产量6倍（不含焦炭，由于焦炭运输量已在煤炭运输章节中分析，故本节运输量不重复统计），2019年全社会钢铁及冶炼物资运输量约60亿吨（不含焦炭），其中铁路运输量约5亿吨，公路运输量35亿吨，水路运输量约20亿吨（其中远洋铁矿石运输10.7亿吨）。

（2）铁矿石运输分布。

海运是铁矿石进口的主要运输方式，海运铁矿石到港量占铁矿石进口量的95%以上。进口来源国主要有澳大利亚和巴西，两国的铁矿石进口量占我国铁矿石进口量的89.6%。进口铁矿石主要供应长江沿线以及长江以北广大地区，少部分供应华南和西南地区。

2019年到港量前三大港口分别为日照港、宁波舟山港、曹妃甸港。日照港全年累计到港1.31亿吨，占全国总到港量的12.2%，宁波舟山港、曹妃甸港到港量分别为1.21亿吨和1.10亿吨，青岛港、京唐港、连云港港、上海港到港量分别为9000万吨、9000万吨、6000万吨和3000万吨左右。北方地区形成了以曹妃甸港、日照港、京唐港为主，其他港口分散接卸的格局，华东地区形成了以宁波舟山港为主、其他港口为辅的格局。南方地区进口铁矿石一次接卸港口主要有湛江、防城港等港口。

（3）钢材流通分布。

目前并无钢材流向流量方面的全口径统计数据，但可根据全国重点钢铁企业同期统计的钢材流通量一窥钢材流通运输分布情况。2019年，全国重点钢铁企业的钢材流通量为6.6亿吨，占全国总产量的54.6%。从分地区钢材流向看，华东地区流入量最高，为2.7亿吨，占钢材流通量的40.8%；西北地区流入量最低，为2571.9万吨，仅占钢材流通量的3.9%；出口量2756.3万吨，占钢材流通量的4.2%。

（二）影响因素分析

1. 钢铁消费总量

（1）"十四五"时期。

从国际看，世界钢材需求总量已经进入平台期，钢铁产能已出现过剩倾向，国际贸易保护主义蔓延，竞争将更加激烈，对我国外部需求存在负面影响。从国内看，国内经济已由高速增长阶段转向高质量发展阶段，工业结构向高端化、智能化发展，高科技、服务业将成为发展的重点，我国粗钢产量也已处于峰值区间，人均粗钢是世界平均水平的 2.95 倍。但考虑到我国城镇化发展仍有较大发展空间、人均小汽车比例仍然不高，相关行业还需大量消耗钢材，综合预测"十四五"时期我国钢材消费强度和消费总量将呈较小幅度下降走势，生产消费将步入峰值弧顶缓慢下行期。预测 2025 年国内粗钢消费量将在 2019 年 9.4 亿吨基础上，下降至 9 亿吨左右，粗钢产量将在 2019年 9.96 亿吨基础上，下降至 9.5 亿吨左右。

（2）2035 年及远期。

发达国家经验表明钢铁消费和需求与经济发展的关系符合"S"形规律，即人均 GDP 达到 3000 美元（1990 年美元，下同）时，工业化、城市化进程进入加速增长期，人均钢消费开始高速增长；人均 GDP 达到 7000 ~ 8000 美元时，人均消费增长幅度和粗钢消费强度达到峰值，与第二产业比重同期接近顶点；之后钢铁消费需求进入下降通道，最终人均钢消费量稳定在一定水平，此时人均 GDP 多位于 10000 ~ 12000 美元。如图 5 - 7、图 5 - 8所示。

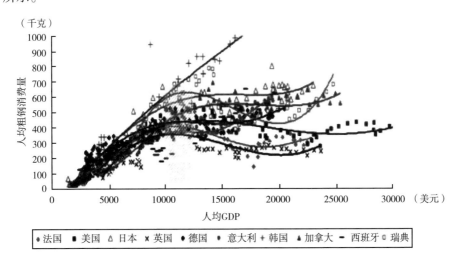

图 5 - 7　典型发达国家人均粗钢消费"S"形轨迹

资料来源：张艳飞．中国钢铁产业区域布局调整研究［D］．北京：中国地质科学院，2014.

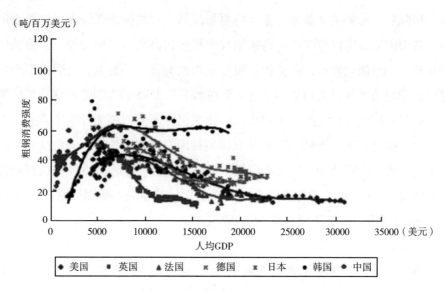

（吨/百万美元）

图 5-8　发达国家粗钢消费强度与人均 GDP 变化趋势

资料来源：张艳飞. 中国钢铁产业区域布局调整研究［D］. 北京：中国地质科学院，2014.

中远期看，各国人均钢铁消费稳定水平有较大差异，德国、日本等出口工业产品的制造业强国，人均钢铁消费量仍然较高，只有极个别国家，如韩国持续大量出口工业产品，至今人均粗钢消费量依然较高。

中远期看，我国人均粗钢消费量将稳定于何种水平尚无定论，主要与我国未来总体经济规模和工业品出口情况相关，从峰值区向稳定期过渡的时间长度将主要受我国城镇化的发展速度影响。根据《中国钢铁产业区域布局调整研究》的预测，我国粗钢消费稳定期人均粗钢消费量约在 490~500 千克，粗钢消费总量将近 7 亿吨；而中资公司钢铁专家预测，我们仍有很大的城镇化建设需求，钢建筑结构比例将在房地产行业提升，所以我国钢材消费将在较长时间内维持 7 亿吨左右甚至更高。综合认为中长期我国粗钢消费量处于平缓下降通道，但降速会明显慢于发达国家。2025~2035 年，我国钢铁消费总体平稳并有小幅下行，2035~2050 年，城市再更新会带动钢铁一定消费，但总体仍然是下降的。

综上分析，2035 年，乐观、基准和保守情景下，分别预测我国粗钢消费量为 9.5 亿吨、将近 9 亿吨和 7 亿吨，粗钢产量分别为约 10 亿吨、9 亿吨以上和 8 亿吨。2050 年，乐观、基准和保守情景下，分别预测我国粗钢消费量为 8 亿吨、约 7 亿吨和 5 亿吨，粗钢产量分别为约 9 亿吨、8 亿吨和 5.5 亿吨。

2. 生产消费布局

（1）钢铁企业布局。

我国将按照钢铁行业发展规律，统筹考虑钢材市场需求、交通运输、环境容量和资源能源支撑条件，深化区域布局调整，总体上生产力布局不会有较大改变。沿海地区，将转变钢厂一味转移到海边建设的思路，不再布局新沿海基地，立足现有沿海基地实施组团发展、提质增效；内陆地区，将以区域市场容量和资源能源支撑为双底线，坚决退出缺乏竞争力的企业。

分区域看，京津冀及周边地区、长三角地区在已有沿海沿江布局基础上，重点减轻区域环境压力，依托优势企业，通过减量重组，优化调整内陆企业，化解过剩钢铁产能。位于河北境内首都经济圈内的重点产钢地区，将立足现有沿海钢铁基地，研究城市钢厂整体退出置换，实现区域内减量发展。中西部地区、东北老工业基地，依托区域内相对优势企业，实施区域整合，减少企业数量，压减过剩钢铁产能。东南沿海地区以调整全国"北重南轻"钢铁布局为着力点，建好一流水平的湛江、防城港等沿海钢铁精品基地。

（2）钢材消费布局。

从消费布局来看，在我国经济进入高质量发展阶段后，中西部地区经济增速总体快于东部，且城镇化和工业化水平尚有提升空间，钢材消费量增速将逐渐快于东部地区，但毕竟经济体量小，短时间内平均水平难以超过东部地区。在进出口方面，随着"一带一路"倡议逐步推进，预测我国钢材出口量仍将维持增长态势。日本、德国、法国、意大利等国家的铁矿石消费几乎全部依赖进口，而我国虽然有一定的铁矿石储量，但在国际铁矿石供给市场格局不发生动荡变化情况下，我国钢铁产业铁矿石对外依存度仍将快速增长。

3. 废钢回收比例

废钢铁是一种载能和环保资源，用废钢直接炼钢，对铁矿石、焦炭和冶金石灰石等形成有效替代，按实物量计算，1 吨废钢大约可炼 0.9 吨好钢，而用废钢炼成 1 吨好钢可节约 350 千克标准煤、1.7 吨新水、1.3 ~ 1.5 吨精矿粉，因此可以大幅减少原材料运输，带动单位粗钢产量的大宗物资运输量大幅下降。根据中国废钢协会数据，2018 年，全国废钢资源总量在 2.2 亿吨左右，其中社会回收废钢约 1.7 亿吨、自产废钢约 0.5 亿吨。根据中国工程院预测，2025 年我国钢铁积蓄量达到 120 亿吨，废钢资源量达到 2.9 亿 ~ 3 亿吨，2030 年钢铁积蓄量达到 132 亿吨，废钢资源量达到 3.3 亿 ~ 3.5 亿吨。当前我国废钢资源还没有得到充分回收利用，随着生态环保和低碳节能理念要求的不断提高，我国废钢资源将得到更充分的回收，废钢对生铁的替代作用大幅增强，进而减少钢铁原材料的运输。

（三）运输需求趋势

1. 运输需求总量

我国正处于钢材消费峰值弧顶区，2025 年，我国粗钢消费量约 9 亿吨，粗钢产量约 9.5 亿吨，较 2019 年产量下降将近 5%，废钢资源量达到 2.9 亿 ~ 3 亿吨，炼钢需要的铁矿石和石灰石等原材料下降，废钢运输量会大幅增加，综合预测钢铁及冶炼物资运输量较 2019 年下降不足 10%，全社会钢铁及冶炼物资运输量约 56 亿吨。

2035 年，基准情况下，我国粗钢消费量将近 9 亿吨，粗钢产量 9.0 亿吨以上，较 2019 年水平小幅下降，与 2025 年水平相近，综合预测全社会钢铁及冶炼物资运输量约 55 亿吨。同时预测钢铁消费运输乐观和保守情况下，全社会钢铁及冶炼物资运输量分别约为 61 亿吨和 50 亿吨。

2050 年，基准情况下，我国粗钢消费量在 7 亿吨左右，粗钢产量约 8 亿吨，废钢资源量在 4 亿吨左右，利用废钢炼钢量约占据我国粗钢生产的半壁江山，废钢运输量大幅增加，铁矿石、冶金石灰等运输量较 2019 年大幅下降，综合预测钢铁及冶炼物资运输量较 2019 年下降 15% 以上，全社会钢铁及冶炼物资运输量约 50 亿吨。同时预测乐观和保守情况下，全社会钢铁及冶炼物资运输量分别约为 52 亿吨和 36 亿吨。如表 5 - 4 所示。

表 5－4		我国全社会钢铁及冶炼物资运输需求	单位：亿吨
年份		消费量	运输量
2025		9	56
2035	基准（推荐）	9	55
	保守	7	50
	乐观	9.5	61
2050	基准（推荐）	7	50
	保守	5	36
	乐观	8	52

资料来源：课题组测算。

2. 运输流量流向

　　未来我国钢铁行业新增较大产能可能性小，短期内钢铁生产力分布格局不会有较大改变，沿江沿海主导的钢铁生产力布局将会逐步强化。铁矿石运输方面，由于铁矿石对外依存度较高，预测内陆长距离铁矿石运输将逐渐下降，铁矿石远洋进港运输和沿长江向内陆运输仍是主要流向。钢材运输方面，中西部发展进入加速期，钢铁制成品消费增加，由北向南、由东向西、由沿海沿江向内陆的钢材运输比重增加，同时钢铁出口可能不断增加，远洋出港运输将逐渐上涨。废钢运输方面，来自发达城市群地区向钢铁企业的逆向物流需求将大幅增长，成为钢铁冶炼物资运输领域的重要增长点。

3. 运输方式结构

　　随着运输结构调整政策不断深入，低成本、大运量运输方式将发挥更大作用。铁路方面，受益于沿海沿江港口通往钢铁企业铁路专用线加快建设，铁矿石运输比重将增长，2035 年前铁路钢材运输总量不断下降，但受益于运输结构调整政策，方式比重将增长；2035 年后，铁路钢材运输量趋于稳定。水路方面，进口铁矿石、铁矿石海进江将仍然高度依赖远洋和内河水运，水运仍然是影响钢铁企业布局的最重要运输方式，但由于中远期废钢回收利用率提高，铁矿石水路运输量将不断下台阶。公路方面，在铁矿石和成品钢材末端运输环节仍然发挥重要作用，尤其是钢材进入企业运输环节，同时由于在废钢回收逆向物流中，废钢起运地分散，公路在灵活性方面更有优势，将发挥较大作用。

五、粮食运输需求发展趋势

粮食是关系到国计民生的重要战略性商品，粮食运输连接农业生产和居民消费，是粮食流通中的最重要环节之一，是我国大宗物资运输的重要领域。粮食运输与粮食生产量、进出口量、消费量及生产消费分布密切相关，并受供给侧粮食运输组织重要影响，具体的粮食运输需求决定机理如图 5-9 所示。

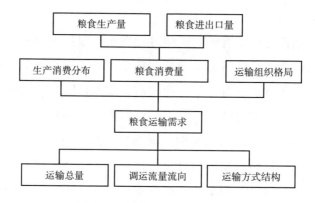

图 5-9　粮食运输需求决定机理

本节即按照图 5-9 的粮食运输需求决定机理，分析相关因素现状和发展趋势，进而研判粮食运输需求趋势。

（一）粮食运输现状

1. 粮食生产情况

（1）粮食生产总量。

2018 年，我国国内粮食种植结构进一步优化，粮食种植面积有所减少，单产增加，粮食总产量稍有下降。2018 年，我国粮食播种面积 11703.8 万公顷，比上年减少 95.1 万公顷，减幅 0.8%。年度粮食总产量 6.58 亿吨，比上年减少 0.04 亿吨，增幅 0.6%，粮食产量连续 4 年稳定在 6.5 亿吨以上。

分品种看，稻谷面积产量均略减，稻谷播种面积 3018.9 万公顷，比上年减少55.8万公顷；总产量21212.9万吨，比上年减少54.7万吨。小麦面积产量均略减，小麦播种面积2426.6万公顷，比上年减少24.2万公顷；总产13144.0万吨，比上年减少289.4万吨。玉米继续调减，玉米播种面积4213.0万公顷，比上年减少26.9万公顷；总产量25717.4万吨，比上年减少189.7万吨。大豆稳定增产，播种面积841.3万公顷，比上年增加16.8万公顷；总产量1596.7万吨，比上年增加68.5万吨。

（2）粮食生产布局。

按生态区域和主要粮食生产区划分，2018年我国六大主要产粮区的产量情况如下：

• 东北地区4省（区）粮食播种面积3008.8万公顷，比上年增加14.1万公顷；粮食产量16885.3万吨，比上年减少264.3万吨，区域粮食产量占全国总产量的25.7%。

• 西北地区6省（区）粮食播种面积1202.5万公顷，比上年减少12.4万公顷，粮食产量5758万吨，比上年增加145.5万吨，区域粮食产量占全国总产量的8.8%。

• 黄淮海地区7省（市）粮食播种面积3904.8万公顷，比上年减少24.9万公顷，粮食产量23580.6万吨，比上年减少31.1万吨，区域粮食产量占全国总产量的35.8%。

• 长江中下游地区5省（市）粮食播种面积1422.2万公顷，比上年减少30.7万公顷，粮食产量8755.8万吨，比上年增加65.6万吨，区域粮食产量占全国粮食总产量的13.3%。

• 华南4省（区）粮食播种面积607.3万公顷，比上年减少6.6万公顷，粮食产量3212万吨，比上年增加7.7万吨，区域粮食产量占全国总产量的4.9%。

• 西南5省（区、市）粮食播种面积1538.2万公顷，比上年减少34.9万公顷，粮食产量7597.6万吨，比上年增加163.5万吨，区域粮食产量占全国总产量的11.5%。

2. 粮食进出口情况

2018年，全球粮食产量下降，我国粮食进口1.16亿吨，低于上年的1.31亿吨。其中谷物进口970万吨，同比减少141万吨，大豆进口8803万吨，同比减少 750 万吨。分品种看，国内小麦、稻米市场价格均呈下降趋势，国内外粮食进口价差缩小，进口量下降；国际玉米市场价格持续低位运行，国内玉米价格上涨，刺激国内厂商采购增加，也增加了部分玉米进口；受非洲猪瘟疫情影响，蛋白粕需求下滑，大豆进口量七年来首次下降。

2018 年，小麦方面，年我国小麦进口量下降，主要进口优质小麦，用于专用粉生产，共进口小麦 310 万吨，减少 130 万吨。稻谷方面，2012 年以来我国大米进口量快速上升，近 3 年大米进口量增势明显，但 2018 年我国大米进口量出现近 6 年来首次下降，大米进口量 308 万吨，同比减少 95.1 万吨，进口来源国主要为越南、泰国和巴基斯坦等。在国家大力推进"去库存"的大环境下，大米出口量有所提高。大米出口 208.9 万吨，同比增长 89.1 万吨。玉米方面，国际玉米价格维持低位，国内玉米价格上涨，国内外价差较大。玉米进口数量增加，进口玉米 352 万吨，同比增加 70 万吨。大豆方面，中美经贸摩擦发生后，我国对美国大豆加征进口关税，从美国进口大豆数量大幅减少，自巴西、俄罗斯等国进口大豆数量大幅减少，加上国家投放临储大豆 200 万吨，非洲猪瘟导致饲料原料消费需求下降，我国大豆进口量 8803 万吨，同比减少 749.5 万吨。

3. 粮食消费情况

2018 年，我国粮食需求持续增加，但总体仍然供大于求，结构性矛盾依然突出。年度粮食总产量 65789.2 万吨，粮食进口量 1.16 亿吨，出口量极小，年度粮食消费量约 7.74 亿吨。其中，小麦消费总量 12880 万吨，同比增加 531 万吨；稻谷总消费量 19064 万吨，比上年增加 231 万吨；玉米消费总量 28291 万吨，同比增加 502.5 万吨。大豆消费总量 10399.7 万吨，持续消费在 1 亿吨以上。

我国粮食消费区与产区具有较大的错位，并且随着东南沿海工业化、城镇化的加快推进，粮食播种面积不断减少，粮食生产地域呈现由南往北转移的发展趋势。从消费用途上看，目前我国粮食主要用于口粮、饲料和工业消费，一是受东南沿海地区外来人口迁入量增速较快，二是由于近年饲料加工业在南方地区发展更快影响，南方地区粮食需求增长速度较粮食产地快，粮食产销区域不均衡性不断加剧。

4. 运输完成情况

运输是联系粮食种植和加工的纽带，是粮食供应链中的重要环节。随着粮食生产继续向主产区集中，主销区和西部地区产需缺口进一步扩大，2018年数据显示，粮食主产区13省区（黑龙江、辽宁、吉林、内蒙古、河北、江苏、安徽、江西、山东、河南、湖北、湖南、四川）粮食产量5.18亿吨，占全国粮食总产量的78.7%；粮食主销区7省市（北京、天津、上海、浙江、福建、广东、海南）粮食产量2785.9万吨，仅占全国产量的4.2%，多数是人口密集区和我国重要的粮食深加工地区。粮食主产区与主销区的空间分离导致我国粮食实物流通量在4亿吨以上，其中省内粮食流通实物量2亿吨以上，跨省粮食流通实物量约2.25亿吨，粮食流通总体呈现"北粮南运""中粮西运"的运输格局，而其中又以"北粮南运"为绝对主导。

从实际承运统计来看，2018年铁路粮食发送量为8451万吨，同比增长8.4%；2018年沿海规模以上港口粮食吞吐量2.11亿吨，考虑海运进口粮食只有进港运输，则涉及海港的水路运输量在3.3亿吨以上。公路粮食运输方面缺乏统计量，但所有粮食的启运和终到环节均需公路接驳，公路粮食运输量在15亿吨以上。

为适应满足我国"北粮南运"的粮食运输格局，我国已形成了三大粮食流出通道和五大粮食流入通道。三大粮食流出通道：

- 东北流出通道是以稻谷、玉米流出为主，陆路经山海关运往关内和运往辽宁各港口，再由水路运到东南沿海，部分则经过陆路直接运送至京津地区；

- 黄淮海流出通道是以小麦流出为主，河北、河南、山东及安徽北部地区的小麦通过陆路运往京津苏等周边省市，部分通过陆路运往华东、华南、西南和西北省区；

- 长江中下游流出通道是以稻谷为主，湖北、湖南、安徽、江西和四川五省的稻谷经陆路运往东南沿海和西南地区。

其他五大粮食流入通道分别为华东沿海流入通道、华南沿海流入通道、京津流入通道、西南流入通道、西北流入通道，五大流入通道与粮食流出通道相对应，是从流入角度的通道描述。

（二）影响因素分析

1. 粮食消费总量

从生产侧看，我国粮食经历了新中国成立以来首次十年以上连续增长，但是近年粮食种植面积和产量增速开始放缓，2018 年粮食种植面积和产量甚至出现了双下降，玉米品种甚至出现了过剩，在现有科技水平和土地总量客观限制下，我国粮食产量难以再持续大幅增加，产量将稳定在 6.6 亿吨左右。

从消费侧看，我国近年粮食消费规模保持增长，其中饲料用粮和工业用粮迅速增加，所占比重不断上升，而且饲料用粮已经取代口粮，成为最大的用途。由于我国人均口粮消费量已逐步稳定，决定我国未来粮食消费规模的关键是饲料和工业用粮规模。而随着我国居民生活水平提高，居民肉食消费量将不断增加，饲料用粮还将保持增长，因此我国国内粮食供求呈现明显缺口，即便在考虑国家粮食安全和未来经济"双循环"发展格局情况下，以通过足够储备保障粮食安全为前提，适当扩大粮食进口是符合我国国家利益的。预测 2025 年我国粮食消费量在 8 亿吨左右，其中进口量约 1.4 亿吨；2035年、2050 年我国粮食消费量在 8 亿吨以上，其中进口量在 1.5 亿吨以上。总体上，粮食消费量较当前小幅增加，增量主要来自进口。

2. 粮食生产布局

在确保谷物基本自给、口粮绝对安全的战略要求下，我国将贯彻严格保护十八亿亩耕地红线的土地政策和粮食自给率达到 95% 基本自给线的要求，而且考虑国内可耕种土地已经基本得到利用，预计国内粮食生产布局长期稳定。即东部 10 省（市）粮食播种面积约 2500 万公顷，粮食产量 1.5 亿吨，占全国粮食总产量超过 20%；中部 6 省粮食播种面积约 3400 万公顷，粮食产量 2 亿吨，占全国粮食总产量 30%；西部 12 省（市）粮食播种面积超过3200 万公顷，粮食产量 1.7 亿吨，占全国粮食总产量 25%；东北 3 省粮食播种面积 2300 万公顷，粮食产量 1.3 亿吨，占全国粮食总产量 20%。

3. 粮食消费布局

粮食最终消费目的主要为口粮、饲料用粮和工业用粮等三大类。口粮消费地与我国人口布局直接相关，人口分布方面，我国一是具有东密西疏的特点，90% 以上人口居住在东部约 40% 的土地上；二是人口不断地向城市群、都市圈区域集聚，我国 19 大城市群以 1/4 土地集聚 74% 人口，其中城镇人口占比 77%。根据有关预测，到 2030 年 2 亿新增城镇人口的约 80% 将分布在 19 个城市群，约 60% 将分布在长三角、珠三角、京津冀、长江中游、成渝、中原、山东半岛七大城市群，未来有望形成长三角、京津冀、长江中游、山东半岛、成渝 5 个人口亿级城市群，10 个以上 1000 万级城市，12 个左右 2000 万级大都市圈。这些区域将是我国口粮运输的重要目的地。

饲料用粮方面，我国饲料产量主要集中在山东、广东、广西和辽宁等地，产业布局发展方面，"十三五"初国家曾提出鼓励"南猪北养"，进而带动饲料产业布局向粮食产地转移，但在非洲猪瘟重大疫情暴发后，国家及时作出调整，要求从长期防控非洲猪瘟等重大动物疫病要求出发，各个省份都要保持有一定规模的养殖量，区域内要大致做到供需平衡。特别是南方及大中城市周边地区，要鼓励建设高水平高质量的养殖企业，确保一定的自给力，不能盲目地禁养限养。因此预计未来我国饲料用粮分布格局稳定，不会较当前发生重大变化。

工业用粮方面，乙醇汽油是我国工业用粮的重要领域，是在粮食充足时期的消化过剩粮食的重要产业，实质上就是一个超大型的国家储备粮仓库，到了极端情况时，可以将制造乙醇的粮食全部转为食用产业。乙醇汽油产业主要分布在东北和黄淮海等主要产粮区，调运需求较少，而且生产成本经济性不高，在我国粮食产量难以增加的情况下，长远发展空间有限。

（三）运输需求趋势

1. 运输需求总量

我国国内粮食产量已经处于峰值，常规情况下已无较大增长潜力，粮食产量将稳定在 6.6 亿吨水平，甚至在保护耕地、调整种植结构等政策驱动下出现小幅下降。因此，国内粮食调运总量基本稳定，即粮食实物流通量在 4 亿吨以上，其中省内粮食流通实物量 2 亿吨以上，跨省粮食流通实物量约 2.25 亿吨。同时粮食进口量增加，将带来海路粮食运输量增加，2025 年达到 1.5 亿吨，2035 年、2050 年约在 1.5 亿~2 亿吨。综合预测，2025 年、2035 年、2050 年我国粮食运输量分别约为 23 亿吨、25 亿吨和 25 亿吨。如表 5-5 所示。

表 5-5 我国粮食运输需求

年份	粮食运输量（亿吨）
2018	20
2025	23
2035	25
2050	25

资料来源：课题组测算。

2. 运输流量流向

我国粮食向产区集中的趋势越发明显，其中黄淮平原、松花江平原地区较为明显。从省份看，按原粮口径计算，除吉林、黑龙江、河南、内蒙古、安徽等省份调出外，其余地区均需要调入。从区域看，我国"北粮南运""中粮西运"的运输格局不会改变，且以"北粮南运"为主，目前八大粮食流通通道格局将总体保持。由于进口数量增加，以及近年来养殖产业加快向长江、西江沿线省份转移，沿海和沿长江、西江粮食运输会增加。

3. 运输方式和时段

年度运输时段方面，与其他大宗物资运输相比，粮食运输具有明显的季节性特征，即秋季作为粮食收获季，导致秋冬季粮食运输增加，而且大量从农户运往商品粮收储库和国家粮食储备仓库。在非粮食收获季节，粮食主要从储备仓库运往消费企业或进入终端消费流通环节。"十四五"期及中远期，粮食运输量在秋冬季激增，在春夏季相对平稳的运输格局将会继续保持。运输方式结构方面，中远期铁路运能逐步宽裕，粮食等大宗物资长距离铁路运输能力可以得到更好保障，进口粮食增加要求沿海和内河水运在粮食运输中将发挥更大作用，国家运输结构调整政策措施也将驱动水运发挥更大作用。

六、矿建材料及水泥运输需求发展趋势

矿建材料及水泥是我国房地产、基础设施和制造业投资的重要原材料，是我国城市建设发展重要支撑和城镇化进程速度的重要标志。由于我国针对矿建材料生产运输和全行业的相关统计并不充分，而全社会矿建材料消费量与水泥消费量具有高度相关性，因此本节主要通过分析水泥生产、消费和运输，以点带面地反映全建筑材料行业运输现状趋势。水泥运输需求决定机理如图 5－10 所示，本节即按照此机理，分析相关因素现状和发展趋势，进而研判矿建材料及水泥运输需求趋势。

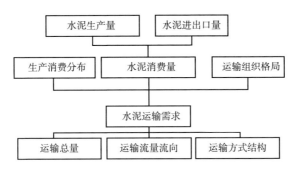

图 5－10　水泥运输需求决定机理

（一）建材运输情况

1. 生产消费规模

近年来，随着水泥行业供给侧结构性改革深入推进，化解过剩产能取得初步成效，2015 年起水泥产量开始整体呈稳步下滑趋势，但 2019 年全年基建投资增速保持稳定，而房地产开发投资韧性不改，拉动了全国水泥市场需求旺盛。2019 年全国水泥产量 23.3 亿吨，同比增长 6.1%，全年水泥熟料产量 15.2 亿吨，同比增长 6.9%。中国建材、海螺、金隅冀东、华润、华新拉法基、台泥、山水、红狮、天瑞及亚泥位居前列，产能前十的企业总产能 10.5 亿吨，占据全国熟料总产能 50% 以上。

受沿海地区需求旺盛影响，2019 年水泥熟料进口量达 2274 万吨，同比增长 80%，全年水泥熟料出口量 44 万吨，同比下降 71%，进出口相抵后净进口水泥熟料 2230 万吨。考虑到进口水泥熟料制成水泥后的增重，我国水泥表观消费量约 23.6 亿吨。分行业看，近几年房地产端约占水泥总需求 25% ~ 35%，基建端约占水泥总需求的 30% ~ 40%。

2. 水泥产能分布

我国水泥工业布局的资源指向性十分明显，水泥项目厂址选择多倾向于靠近矿山、资源地或沿江沿海布局，以大幅度减少运输成本。安徽省、河北省唐山地区、广东省英德市等由于石灰石资源丰富且临江临海，是我国重要的水泥生产基地。据百年建筑网统计，2019 年全国水泥熟料产线共计 1593 条，其中东部及南部地区料产线密集，尤以华东及西南地区数量最多，占比分别为全国的 24.1% 和 20.7%，其次为华北、华中、西北、华南和东北地区；全国日产 10000 吨以上熟料产线主要分布在安徽、广东、河南、江苏、海南等地。分南北地区看，南方地区熟料年产能 10.6 亿吨，北方地区熟料年产能 7.6 亿吨，南方产能约为北方的 1.4 倍。

3. 运输完成情况

（1）运输总体情况。

每生产 1 吨硅酸盐水泥至少要粉磨 3 吨物料（包括各种原料、燃料、熟料、混合料、石膏），水泥生产消费过程中的物资运输主要包括辅原料、原煤、石膏进厂，以及水泥熟料和成品运输，其中水泥生产物资运输环节如图 5–11 所示。

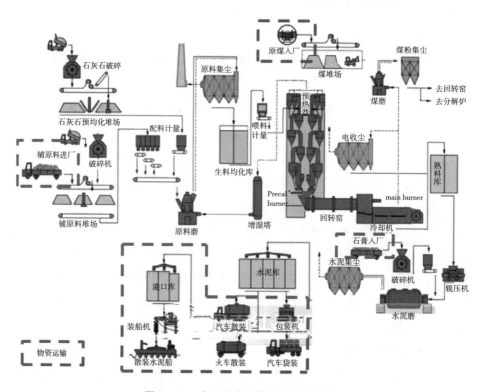

图 5–11　水泥生产消费物资运输环节

资料来源：课题组根据网络资料整理。

石灰石、黏土等原材料主要通过爆破矿山获得，大量通过皮带机运输至厂区，数量巨大但并未纳入现有货运量统计范围。公路运输是我国矿建材料及水泥最主要运输方式，在短距离和中长距离运输中均发挥重要作用，根据交通运输部发布的《2019年道路货物运输量专项调查公报》，矿建材料及水泥占2019年9月全社会货物运输量比重为38.7%，是比重最高的大宗货类，按此比例推算2019年我国矿建材料及水泥道路运输量约为133.0亿吨。

水路是水泥长距离调运的骨干承运方式，2018年沿海规模以上港口矿建材料和水泥吞吐量分别为7.3亿吨和8300万吨，折算后的矿建材料及水泥水路运输量16.4亿吨以上（不含两端港口都在内河的货运量）。

铁路是矿建材料和水泥长距离调运的补充，2018年国家铁路矿建材料和水泥运输量分别为7928万吨和2436万吨，合计约1.0亿吨。综上所述，全社会矿建材料及水泥运输量是我国占比最大的货类，全社会运输量在150亿吨以上，占全社会货物运输量（不含管道）的1/3以上。

（2）区域调运情况。

随着近些年大型码头新建和完善、船舶装载能力提升以及储存能力的改善，水泥运输条件从传统意义上的"短腿"产品逐渐转向了长距离运输。这其中多集中在长江流域和东部沿海市场，形成了"西材东送"和"北材南下"的黄金运输通道。

"西材东送"——主要输出区域为重庆、湖北、安徽、江西及江苏市场，因地处长江沿江市场，依托大型水泥生产企业的产能优势沿江发运至江苏、上海、浙江及福建东部沿海市场。

"北材南下"——主要输出区域辽宁、河北、山东及江苏市场，输入上海、浙江、福建等地，一方面是沿海水运优势，部分码头往往能装载3万~5万吨以上大型船舶，运输成本较低；另一方面北方地区水泥价格较低，能够流入南部高位地区。

（二）影响因素分析

1. 水泥消费总量

（1）"十四五"时期。

土木工程投资是水泥的最终需求端，尤其是房地产投资增速和基建投资增速变化情况对水泥需求产生直接影响。2019 年，全国固定资产投资（不含农户）551478 亿元，比上年增长 5.4%。其中房地产方面，房地产开发投资完成 132194 亿元，比上年增长 9.9%；基本建设方面，投资总体平稳，比上年增长 3.8%；制造业投资方面，投资总额小幅增长，比上年增长 3.1%。"十四五"时期，房地产行业将贯彻落实"房住不炒"定位，预计房地产市场保持平稳健康发展；传统基础设施补短板迎来关键期，预计保持或稍低于当前投资水平；中高速经济增长形势和复杂外部环境下，制造业投资增速保持平稳，难以出现大幅增长。总体预计，"十四五"时期我国水泥消费量与 2019 年基本持平，预测 2025 年我国水泥消费量在 23.5 亿吨左右。

（2）中远时期。

发达国家的经验表明，水泥等建材需求量与国家所处的经济发展阶段密切相关，发展趋势一般遵从"S"形曲线规律。当一个国家处于经济起步阶段，水泥需求量缓慢上升；当国家经济进入高速增长时期，水泥需求量呈快速增长态势；当达到水泥需求的高峰期（亦称拐点、饱和点或顶点）时，通常处于经济高速增长时期的大规模建设阶段，且一般在水泥的人均累积消费量达到 10~12 吨，人均消费量为 600~700 千克时达到饱和；当一个国家的经济进入成熟期后，水泥需求量会逐渐下降并趋近于一个常量。发达国家年人均消费水泥量增长规律如图 5-12 所示。

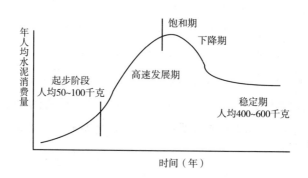

图 5-12 发达国家年人均消费水泥量增长规律

资料来源：陈其慎等. 钢、水泥需求"S"形规律的三个转变点剖析 [J]. 地球学报, 2010, 31 (5)：653-658。

然而，我国实际发展情况与发达国家规律呈现了严重的背离，截至 2019

年底，我国累计人均水泥消费量已经超过 30 吨，当年人均水泥消费量约 1.66 吨。中国建筑材料工业技术情报研究所的史伟研究员和西南建筑大学崔源声教授等人根据我国实际国情研究认为，我国水泥消费总需求仍然较大，但考虑到我国经济发展和城镇化、工业化速度还有较大空间，预计我国中远期水泥下降过程将比较缓慢，且可能会出现一段时间的平台期，综合预测 2035 我国水泥消费量约 21 亿吨，2050 年水泥消费量接近 20 亿吨。

2. 水泥产能分布

从产能分布来看，水泥行业的资源和低成本运输高度依赖决定了其在石灰石资源富饶地区和沿江沿海地区主体布局模式不会发生改变，但区域板块分布结构将有所调整。智研咨询发布的《2020－2026 年中国水泥行业市场深度评估及发展趋势分析报告》数据显示，预计 2020 年我国净新增产能为 1548.40 万吨，从净新增产能的区域分布来看，江西、两广地区、西藏以及贵州新增产能较多，华东全域预计净新增 240.14 万吨，西北和华北分别净新增 148.5 万吨和 79.2 万吨，东北产能则缩减 16.5 万吨。各区域产能新增是短期现象，但却反映了产能区域调整的长期趋势。综合预计水泥产能在当前主体区域布局稳定的情况下，中部、西南等城镇化潜力较大地区比重将增加，东北、西北地区产能比重将下降。

3. 水泥消费分布

房地产、基础设施和制造业投资是建筑材料的终端需求。房地产方面，2019 年末我国城镇化率为 60.6%，未来还有 2 亿以上人口走向城镇，并且伴随着城市群成为我国新型城镇化主体形态，都市圈成为城市群核心板块，我国长三角、京津冀、珠三角区域的都市圈地区仍有较大人口集聚潜力，同时中南部地区、西南地区经济发展势头较好，可能成为我国城镇化人口的重要承载地。基建方面，我国东部地区基础设施情况适度超前于经济社会发展，国土空间利用和环境承载现状已经决定基础设施难有特别大的增长空间，西部尤其是地区自然、经济地理环境决定了其经济社会长期增长潜力不足，而中部和西南部地区有较大经济增长潜力，基础设施补短板、锻长板方面还有较大增量空间。制造业投资方面，我国钢铁化工等传统行业产能已居高位，但"国内国际双循环"发展格局要求国内相应新兴制造业仍需快速发展，尤其是具有经济地理优势的沿海和腹地资源优势的中部地区。因此综合预测，我国未来中部地区、西南地区水泥消费量会保持较高水平，而东部、西北、东北地区水泥消费量将趋稳后逐渐转向下行。

（三）运输需求发展趋势

1. 运输需求总量

我国水泥消费量已经处于 2014 年峰值后的波动下滑阶段，建筑材料的生产消费量波动反复，带动全社会矿建材料及水泥运输量在峰值区间徘徊。2025 年我国水泥产量在 23.5 亿吨，与 2019 年基本持平，推算全社会矿建材料及水泥运输量与 2019 年水平相近，运输总需求约为 150 亿吨。2035 年，全社会水泥消费量将有所下降，约为 2019 年水平的 90%，推算全社会矿建材料及水泥运输量在 135 亿吨左右。2050 年，水泥消费量将在 2035 年后出现一段时间平台期，水泥消费量下降幅度较小，全社会水泥消费量接近为 2019 年水平的 85%，推算全社会矿建材料及水泥运输量约 125 亿吨。如表 5 - 6 所示。

表 5 - 6　　　　　　　我国全社会矿建材料及水泥运输需求　　　　单位：亿吨

年份	矿建材料及水泥运输量（亿吨）
2019	150
2025	150
2035	135
2050	125

资料来源：课题组测算。

2. 运输流量流向

区域内中短距离运输依然是水泥及矿建材料运输的主要形态，中部、西南地区将会较 2019 年水平出现明显增长，尤其是港口至城市内部、矿山与域内建材企业之间建材运输还将有较大增长。在大区域调运方面，我国矿建材料及水泥生产布局不会发生巨大的变化，但中部、西南地区消费量将在当前水平上有所增长，同时中部、西南地区的沿江水泥产能布局将会增加。总体判断，我国水泥"北材南下"布局仍会保持但运量会减少，"西材东送"运输量将下降甚至转变为"中材外运"，即安徽、湖北地区的水泥向长江上游和下游地区调运，以满足西南地区的房地产、基础设施和制造业投资，以及东部地区的城市更新、基础设施补短板和制造业升级。

3. 运输方式结构

目前，公路、水路和铁路是矿建材料及水泥的主要运输方式，其中公路在矿建材料及水泥的中短途运输中发挥重要作用。随着运输结构优化政策深入，预计公路在中长距离水泥运输中比重将不断下降。伴随中南、西南地区等矿建材料及水泥生产消费量均有增长，中短距离运输需求增加。因此，公路将始终作为矿建材料及水泥的最主要运输方式。水路运输仍将作为水泥及矿建材料长距离调运的骨干运输方式，尤其在水网发达地区发挥主体运输方式作用，铁路在矿建材料及水泥长距离调运中发挥次要作用，尤其是在内河欠发达地区发挥骨干作用。

我国煤炭产运形势调研报告

内容提要： 2013 年以来，我国煤炭生产和消费量已进入峰值平台期。未来我国煤炭的生产布局将进一步向西部尤其是"三西"（山西、陕西、蒙西）地区集中。预计近期我国煤炭消费量维持在 40 亿吨左右的水平；中长期看，随着电力、冶金、建材等终端用煤行业产量步入峰值弧顶下行期，以及煤炭在一次能源消费结构中比重逐步降低，煤炭消费需求将有所减少；但是从能源安全角度看，我国"富煤、贫油、少气"的资源禀赋条件决定了煤炭仍将在我国能源消费中占有主体地位。基于调研，对未来煤炭运输需求发展趋势的总体判断是：煤炭运输总需求近期保持稳定，中长期呈温和下降趋势；煤炭运输"西煤东运""北煤南运"格局将进一步强化；铁路煤炭运输量还有一定增长空间，铁路在煤炭运输中的骨干作用进一步得到提升。

煤炭是主要大宗货物品类之一，2019 年煤炭及制品运输量占铁路货运量的 54.9%，水路货物出港量的 23.1%，公路货运量的 12.6%。鉴于煤炭运输需求增减对未来我国大宗货物运输需求的走势具有重要影响，为准确把握煤炭产销及运输现状、未来煤炭生产和消费趋势、影响未来煤炭运输需求的主要因素，课题组于 2020 年 7~8 月分别走访了中国煤炭运销协会、中国钢铁协会、中国铁路经济规划研究院有限公司等单位，与相关业内人士、专家进行了座谈，收集了关于煤炭生产、消费和运输形势、钢铁生产及消费形势、铁路煤炭运输形势等方面的资料，对于煤炭运输需求发展趋势有了更加清晰的认识和判断。

一、我国煤炭生产、消费及运输现状

（一）生产消费规模

1. 生产规模

近年来，受国家宏观经济结构调整、去产能、节能减排等政策影响，我国煤炭生产量在 2013 年达到峰值后连续下降，2016 年降至 34.05 亿吨，为近年来的谷值。2017～2019 年，在市场需求回暖等因素带动下，煤炭生产量连续 3 年反弹至 38.5 亿吨（见图 6－1）。

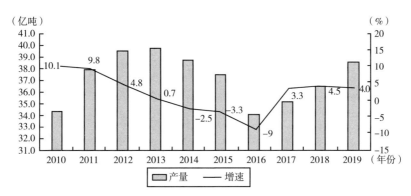

图 6－1　2010～2019 年我国煤炭生产量

资料来源：课题组整理。

2. 进出口规模

2008 年我国开始成为煤炭净进口国，煤炭出口量总体不大，进口量持续快速增长。2013 年，我国煤炭进口量达到 32708 万吨的历史峰值，之后下降到 2015 年的阶段性低点，2015～2019 年，煤炭进口量逐步反弹，2019 年达到 29967 万吨，出口量为 603 万吨（见图 6－2）。

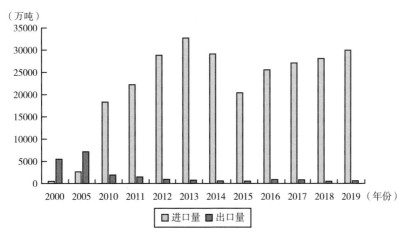

图 6－2　2000 年以来我国煤炭进出口量

资料来源：课题组整理。

3. 消费规模

我国煤炭消费量于 2013 年达历史峰值，为 42.44 亿吨，占能源消费量的比例为 67.4%。随着宏观经济下行，煤炭消费量连续下降，2016 年降至阶段性低点。2017 年以来煤炭需求出现恢复性增长，2019 年反弹至 41.43 亿吨（见图 6-3）。据中国煤炭工业协会测算，2019 年煤炭消费中，电力行业耗煤 23.7 亿吨，钢铁行业耗煤 6.6 亿吨，建材行业耗煤 3.8 亿吨，化工行业耗煤 3.0 亿吨，其他行业耗煤 3.2 亿吨。

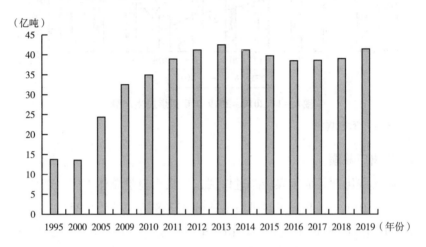

图 6-3　1995～2019 年我国煤炭消费量

资料来源：课题组整理。

（二）生产消费布局

1. 生产分布情况

2019 年我国煤炭产量前五大省份分别是内蒙古、山西、陕西、新疆以及贵州。其中内蒙古原煤产量达到了 10.35 亿吨，占全国原煤总产量的 28%；其次为山西、陕西，其原煤产量分别为 9.71 亿吨、6.34 亿吨，分别占全国 26%、17%。山西、陕西、内蒙古原煤产量约占全国总产量的 71%。

当前及未来一段时间，我国煤炭开发总体布局将是压缩东部、限制中部和东北、优化西部。我国将实施大型煤炭基地外煤矿关闭退出，降低鲁西、冀中河南两淮大型煤炭基地生产规模，控制蒙东（东北）、晋北、晋中、晋东、云贵、宁东大型煤炭基地生产规模，有序推进陕北、神东、黄陇、新疆大型煤炭基地建设。因此，未来我国煤炭的生产布局将进一步向西部尤其是"三西"（山西、陕西、蒙西）地区集中。

2. 消费分布情况

我国煤炭消费市场与产地分离现象比较严重，华东、中南地区是我国能源消费增长最快的地区之一，煤炭消费量占我国煤炭消费总量的近一半。未来我国煤炭消费格局将发生一定的变化：东部煤炭消费需求强度将下降但仍将保持较高水平；中西部、西南地区产业和城镇化发展对煤炭的需求进一步增加，尤其是西南地区人口密集，成渝地区双城经济圈建设上升为国家战略，用煤需求将继续增加，需大量调入煤炭。

（三）煤炭运输情况

1. 煤炭调运总量

我国煤炭生产和消费分布不平衡的状况，决定了我国"西煤东运""北煤南运"的总体运输格局，即以"三西"（山西、陕西和蒙西）煤炭基地为核心，向东、向南呈扇形分布的煤炭运输网络格局。在运输组织方式上，我国中长距离煤炭运输以铁路运输和沿海运输为主，进口煤炭以远洋运输为主，公路主要承担短途接驳运输和一定量的中长途运输。

考虑煤炭运输过程各种运输方式衔接转运导致运输量的多次统计，全社会煤炭实际运输量远大于煤炭实际区域调出量。我国年度煤炭消费量虽然在40亿吨左右，但2019年实际全社会各方式完成煤炭运输量在80亿吨以上。

铁路方面，2019年铁路煤炭发送量（即运输量）24.6亿吨，达到铁路煤炭运输量的最高值（见图6-4），占铁路货运量的56%。其中大秦铁路完成煤炭运输量5.67亿吨，占铁路煤炭运输量的约23%。

水路方面，2019年我国主要港口完成煤炭及制品吞吐量26.26亿吨，其中北方港口海运一次下水出港近8亿吨，进口煤炭进港量约3亿吨。水路煤炭运输量14亿吨以上，其中远洋进口运输2.65亿吨（其中华南地区1.49亿吨，占全国总量的56%；其次为华东及长江地区0.69亿吨，占全国总量的26%；其他地区0.47亿吨，占全国总量的18%），沿海运输约8亿吨，内河运输约3.5亿吨。

公路依然承担了较高比例的长距离煤炭运输，同时承担着铁路、水路最

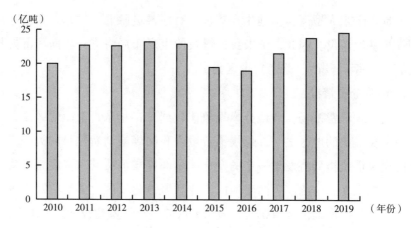

图6-4 2010~2019年全国铁路煤炭发运量

资料来源：课题组整理。

初一公里和最后一公里的末端运输。公路煤炭运输量并无权威统计，根据《2019年道路货物运输量专项调查公报》的相关数据，按照煤炭及制品占公路运输量的比例为12.6%计算，2019年公路煤炭运输量约为43亿吨。

2. 煤炭调运流向

目前，我国煤炭跨省净调出量约16.6亿吨，其中晋陕蒙地区15.85亿吨，主要调往华东、京津冀、中南、东北地区及四川、重庆；新疆0.2亿吨，主要供应甘肃西部，少量供应四川、重庆；贵州0.55亿吨，主要调往云南、湖南、广东、广西、四川、重庆。煤炭调入省区净调入19亿吨，主要由晋陕蒙、贵州、新疆供应，沿海、沿江地区进口部分煤炭。

二、对煤炭消费需求发展趋势的总体判断

（一）"十四五"期煤炭消费需求先小幅下行再反弹回稳

2013年以来，我国煤炭生产量和消费量在资源环境约束下已进入峰值平台期。"十四五"初期，受冶金、建材、房地产等行业增长放缓影响，煤炭产销量将小幅下行。但考虑经济下行压力加大后，"稳投资"将带动基本建设投资保持一定增幅，带动相关基建行业发展，同时，工业生产恢复、电力消费增长等均将拉动煤炭消费需求增长。预计"十四五"时期我国煤炭消费

量先小幅下行再反弹回稳，2025 年我国煤炭消费需求在 40 亿吨左右。

（二）中长期看我国煤炭消费需求将呈现一定下降趋势

1. 从煤炭终端需求看，煤炭消费需求难以持续增长

从煤炭终端需求看，电力、冶金、建材、化工行业为我国煤炭主要消费行业，煤炭需求量与这些产业的发展趋势密切相关。钢铁、建材、化工等传统重化工行业产量已达到或接近峰值，对于煤炭的需求不会有明显增长，中长期来看规模还会收缩，减少用煤需求。当前我国粗钢消费已进入峰值平台期，生产消费将步入峰值弧顶下行期，考虑我国仍处于工业化和城镇化进程之中，中部、西南地区的钢材消费仍有一定增长空间，同时，未来城市更新、交通等基础设施改造均会产生一定的钢材消费需求，我国粗钢消费量将呈现缓慢下降态势。当前我国水泥消费量已经处于 2014 年峰值后的波动下滑阶段，未来随城镇化进程放缓、基本建设需求趋缓，水泥和矿建材料消费量也将缓慢下降。煤化工将是未来煤炭消费增长的重要领域，煤炭化工产业以产地布局为主，煤化工产业虽可拉动煤炭消费量增加，但由于煤炭就地转化比例提高，并不能产生煤炭运输需求，甚至会减少煤炭运输需求。因此从终端需求看，2013 年我国煤炭消费量 42.44 亿吨，极为可能就是我国煤炭消费的峰值点，未来煤炭消费量超过这一历史峰值的可能性极低。

2. 从能源消费结构看，煤炭在一次能源消费中的比重将逐步降低

受能源资源禀赋影响，我国能源消费长期以煤炭为主，但随着近年来核能和可再生能源快速发展，能源结构不断优化，煤炭在一次能源消费结构中的比重逐步下降，2019 年煤炭在我国一次能源消费结构中的比重为 57.7%。目前，我国能源结构已步入战略性调整期，能源革命加快推进，由主要依靠化石能源供应转向由非化石能源满足需求增量。天然气、可再生能源快速发展以及对非常规油气勘探开发的支持力度逐步加大，清洁能源开发利用规模不断扩大，对煤炭等传统能源替代作用增强。未来煤炭在一次能源消费中的比重将逐步降低，2035 年约降至 50% 左右，2050 进一步下降至 40% 左右。

3. 未来特高压输电对煤炭运输的替代比较有限

特高压是指电压等级在交流 1000 千伏及以上和直流 ±800 千伏及以上输电技术，具有输送距离远、容量大、损耗低和效率高等技术优势。其输电能

力可达到 500 千伏超高压输电的 2.4～5 倍，被称为"电力高速公路"。截至 2018 年底，我国已累计建成特高压输电通道 22 条，总输电能力 1.3 亿千瓦。有关研究表明，1 条特高压线路可减少煤炭调运 2000 万吨左右。随着我国一次能源需求增长，尤其是中西部地区清洁能源发电的快速增长，我国特高压仍有较大发展必要和增长空间。但在我国煤炭消费需求中长期逐渐减少的大形势下，未来新增煤炭产区数量将有限，以输送煤电为目的的特高压线路建设必要性不足，对未来煤炭调运的替代分担比较有限。

（三）从能源安全角度看，煤炭在我国能源消费中的主体地位不会改变

未来一个时期，随着经济发展和人民生活水平提高，我国能源消费需求还将保持一定增长。2019 年我国年人均能源消费量约为 2.2 吨石油当量，年人均用电量约为 4000 千瓦时，尚不及日本的一半。人均 GDP 达到 25000 美元的国家，其人均能源消费水平均高于 4 吨标准油。即便由于我国人口众多，不可能全面复制发达国家的生活模式，达到其人均能源消费水平，但是，经济的发展、城镇化建设、人口增长和人民生活水平的提高，客观上都需要更高的能源消费水平来支撑。我国石油、天然气对外依存度不断提高，2019 年，我国石油净进口量达到 5.06 亿吨，对外依存度超过 70%；我国天然气进口量 1322 亿立方米，对外依存度为 42.1%，并将快速提高至 50% 以上。我国"富煤、贫油、少气"的资源禀赋条件决定了煤炭仍将在我国能源消费中占有主体地位。未来，我国将加强煤炭清洁高效利用，发展煤炭化工，推进以电代煤、以气代煤。尽管未来非化石能源在一次能源消费中的比重会逐步提高，但是在我国水电开发接近饱和、发展核电的安全性存在争议、风能的稳定性和太阳能储能技术尚未得到很好解决的情况下，在较长时期内，煤炭作为一种经济安全可靠的能源，在一次能源消费中的主体地位不会变化。

三、对未来煤炭运输需求发展趋势的总体判断

（一）煤炭运输总需求近期保持稳定，中长期呈温和下降趋势

"十四五"时期在我国煤炭消费需求处于 40 亿吨上下水平的情况下，煤

炭运输需求大致稳定，在 80 亿吨左右。中长期看，煤炭运输需求随煤炭消费量下降呈现温和下降态势。考虑到煤炭在我国能源消费中仍居于主体地位，以及我国煤炭消费市场与产地分离现象比较严重，中长期看煤炭仍在我国大宗货物运输中占有相当比重，煤炭运输需求将保持在较高水平。

（二）"西煤东运""北煤南运"格局将进一步强化

未来煤炭调运流向将呈现以下主要特点：

一是煤炭调出继续向"三西"地区集中。预计未来，全国除贵州省、新疆两省区外，其余煤炭调出区均集中在"三西"及其毗邻的宁夏、甘肃等地区，其他各省市区均为煤炭净调入省区。

二是从煤炭调入格局看，由于东部地区经济总量、煤炭消费规模巨大，仍将是煤炭调入的主力地区，"西煤东运、铁海（江）联运"的格局将长期存在。西南地区受煤炭"去产能"政策深入推进影响，当地产量急速下降，消费缺口迅速扩大，将成为"三西"和"疆煤外运"的主要输出地区。东北地区缺口则以从蒙东地区的锡林郭勒、呼伦贝尔和通辽等盟市补充，表现为区域内的动态平衡形势。随着 2019 年浩吉铁路建成通车，实现煤炭重点产区向"两湖一江"地区的煤炭铁路直达运输，既有"西煤东运 + 海进江"调拨格局将受到一定程度的冲击，陕蒙两省区通过浩吉铁路的长距离直达运输需求将有所增长。

（三）铁路在煤炭运输中的骨干作用将进一步得到提升

未来，高铁网进一步扩大将加快铁路既有线运输能力不断释放，同时，煤炭产消格局调整将加快煤炭运输进一步向主通道集中。受国家"打赢蓝天保卫战""运输结构调整""大宗货物运输公转铁"等一系列政策的影响，公路将主要承担煤炭短途运输和区域分拨任务，煤炭长距离调拨将进一步由公路回流至铁路，铁路在煤炭运输中的骨干作用将进一步得到强化。预计 2025 年铁路煤炭运输量将达到 28 亿吨以上，2035 年及中长期铁路煤炭运输量可能冲顶并保持在 30 亿吨左右。

我国钢铁及冶炼物资产运形势调研报告

内容提要：2019 年，我国钢铁生产消费总量占全球半数以上，正处于峰值平台区间，带动全社会钢铁及冶炼物资运输量约在 60 亿吨。钢铁冶炼所需的铁矿石对外依赖度超过 80%，钢铁生产企业主要沿江沿海布局。进口铁矿石主要依托远洋运输和国内海港转运，钢材流通运输呈现从产地向消费地的分散布局模式。预计"十四五"时期我国钢材消费总量将出现较小幅度下行，中远期我国人均钢材消费量将会下降并逐步迈入稳定期。未来，我国钢铁企业布局基本与当前格局一致，钢材消费增长趋势将呈现中西部地区快于东部的局面，废钢资源化回收逐步进入快速增长阶段。因此，预计我国钢铁及冶炼物资运输需求总量将逐步进入缓慢下降阶段，未来铁矿石流量流向与 2019 年水平相近，钢铁流量流向小幅变化，运输结构上水运和铁路主力作用更加强化。

钢铁是工业的粮食，是人类社会文明繁衍和发展不可或缺的基础材料之一。钢铁冶炼物资运输是保障钢铁行业生产流通的关键，也占据了大宗物资运输的重要比重。为科学研判钢铁及冶炼物资运输需求趋势，课题组于 2020 年 7 月 15 日前往中国钢铁工业协会，就我国钢铁生产、消费、原材料和产品运输现状及发展趋势等问题座谈交流，听取行业专家意见判断。

一、钢铁行业生产、消费及运输现状

（一）生产消费总量

1. 我国钢铁生产消费规模超过全球半数

世界钢铁协会数据显示，2019 年全球（64 个纳入世钢协统计的国家和地区）粗钢产量达到 18.70 亿吨，创历史新高，同比增长 3.4%。我国钢铁产量连年大幅增长，全国生铁、粗钢和钢材产量分别为 80937 万吨、99634 万吨、120477 万吨，同比分别增长 5.3%、8.3%、9.8%。我国占全球粗钢产量的比重达到 53.3%。从人均看，2019 年我国人均粗钢产量 711.6 千克，而同期世界人均粗钢产量仅为 241.3 千克，是世界平均水平的 2.95 倍。我国进口钢材 1230.2 万吨，出口钢材 6429 万吨，钢材表观消费量（含重复材）11.5 亿吨，钢材表观消费量（扣除重复材）8.95 亿吨。

进出口方面，我国钢材进口保持平稳，近几年呈缓慢下降趋势，逐步转向高端需求，主要来自日本、韩国、中国台湾。2019 年，我国进口钢材 1230.2 万吨，同比下降 6.5%；出口钢材 6429 万吨，同比下降 7.3%，钢材出口依存度为 5.3%，出口对象主要为亚洲周边国家，即韩国、越南、泰国、印度尼西亚、菲律宾等国家。

2. 铁矿石高度依赖进口，焦炭和石灰石国内自给

铁矿石、焦炭、冶金石灰石是钢铁生产的重要原材料。铁矿石是含有铁单质或铁化合物并能够经济利用的矿物集合体，我国是全球铁矿石消费第一大国，2019 年我国铁矿石原矿产量 8.44 亿吨，同比增长 4.9%。焦炭是钢铁生产重要的还原剂、燃料、原料和填充料。在下游行业拉动下，2019 年我国焦炭生产出现较大幅度增长，全年焦炭产量 47126.2 万吨，同比增长 5.2%。冶金石灰是钢铁生产的重要原料，与粗钢产量变化趋势一致，2019 年冶金石灰产量 11470 万吨，同比增长 4.6%；冶金石灰供给炼钢消耗 4007 万吨，供给烧结消耗 7383 万吨，供给其他消耗 80 万吨。

进出口方面，由于国内铁矿开采建设滞后且品味远不如国外，采挖成本较高，我国铁矿石高度依赖进口，2019 年全国进口铁矿石 10.69 亿吨（见图 7-1），比 2018 年增长 0.5%，国内钢铁产业铁矿石对外依存度达到 80.4%。另外，我国焦炭出口 652.3 万吨，同比减少 33.1%，焦炭出口主要国家为印度、日本、马来西亚、巴西、越南、印度尼西亚、南非等。焦炭进口量很小，主要用于试验和非工业，与产量及出口量相比，所占比例非常小，对我国焦化行业影响可以忽略不计。

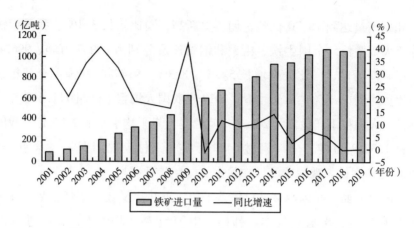

图 7 – 1　2001 ~ 2019 年我国铁矿石进口量及增速变化

资料来源：李新创等. MPI 中国钢铁蓝皮书——2020 中国钢铁市场分析与预测 ［M］. 北京：冶金工业规划研究院，2021：136.

（二）生产消费分布

1. 国内铁矿石产地以冀辽川晋蒙等为主，焦炭主要产于"三西"地区

铁矿石方面，2019 年有 27 个省（区、市）生产铁矿石，铁矿石产量位居前 5 位的省份分别是河北、辽宁、四川、山西和内蒙古，五省份共生产铁矿石 62554.08 万吨，占全国总产量的 74.08%，较 2018 年上升 1.44 个百分点。

焦炭方面，全国共有 28 个主要产焦省份，其中山西、河北、山东、陕西、内蒙古是重要的产焦大省份，2019 年产量占全国的 59.3%，是全国焦炭调运主要输出省份。其中，山西焦炭产量长期排名第一，产量为 9699.5 万吨，且焦炭产量的 70% 输出至全国各地。河北、山东区域焦炭产量也较高，分别排名全国第二、第三名，2019 年分别生产焦炭 4983 万吨和 4920.9 万吨，较多用于本地消费。陕西焦炭产量排名第四名，生产焦炭 4986.6 万吨。内蒙古产量排名全国第五名，2019 年焦炭产量 3677.2 万吨，且区域内焦炭产量的 60% 输出至全国各地。

2. 钢铁生产企业主要分布在沿海沿江地区

钢铁企业既是铁矿石、焦炭、冶金石灰石等原材料的运输目的地，也是粗钢制品的运输始发地，是钢铁及冶炼物资运输分布的关键决定因素。

由于我国铁矿石大量依赖进口，沿海、沿江地区可以充分利用水运低成本优势，因此成为我国钢铁企业的主要布局地。根据中国钢铁工业协会对 306 家企业的产能估算，我国钢铁企业产能的 2/3 布局在东部沿海省份，仅有小部分企业主要依赖腹地原材料并靠近市场而布局在内陆省份。从地区分布来看，粗钢产量分布即可反映钢铁企业生产力布局：2019 年，华北地区粗钢产量 35045.2 万吨，占全国总产量的比重为 35.2%，是我国粗钢产量最大地区；华东地区粗钢产量 29502.2 万吨，占全国总产量的 29.6%；华北、华东地区粗钢产量占全国总产量的 64.8%；中南地区粗钢产量 15188.2 万吨，占全国总产量的 15.2%；东北地区粗钢产量 9614.6 万吨，占全国总产量的 9.6%；西南地区粗钢产量 6251.2 万吨，占全国总产量的 6.3%；西北地区粗钢产量 4032.8 万吨，占全国总产量的 4.0%。

3. 钢材消费分布与经济梯度明显相关

消费分布方面，不考虑库存变化情况下，2019 年我国钢材消费量 8.95 亿吨，其中华北地区 11530 万吨，占 12.9%；东北地区 6350 万吨，占 7.1%；华东地区 31450 万吨，占 35.2%；中南地区 23900 万吨，占 26.7%；西南地区 10410 万吨，占 11.6%；西北地区 5860 万吨，占 6.5%。由此可见，我国东部沿海地区钢材消费强度较大，中部、西南和西北地区的钢材消费依次下降，与我国各地区的经济梯度明显相关。

（三）运输完成情况

1. 全社会钢铁及冶炼物资运输量约 60 亿吨

钢铁行业的大宗物资运输主要包括两大部分，一是大宗原材料（焦炭、铁矿石等）采购运输，二是钢材产成品的流通运输，钢铁行业物资运输的形式主要有水运、铁路和公路运输，钢铁生产消费物资运输环节如图 7 - 2 所示。

钢铁行业生产 1 吨钢，往往需要 3 倍以上的原材料物资保障和消耗，根据这一比例关系，再考虑到钢铁行业成品运输，以及公路与铁路、水路联运的运输量重叠统计，钢铁行业的总物资运输量将达到钢铁总产量 6 倍（不含焦炭），2019 年全社会钢铁及冶炼物资运输量约 60 亿吨（不含焦炭），其中

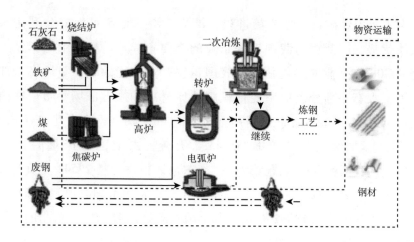

图7-2　钢铁生产消费物资运输环节

资料来源：课题组根据网络资料整理。

铁路运输量约5亿吨，公路运输量35亿吨，水路运输量约20亿吨（其中远洋铁矿石运输10.7亿吨）。

2. 进口铁矿石主要依托远洋—海港中转运输

海运是铁矿石进口的主要运输方式，海运铁矿石到港量占铁矿石进口量的95%以上。进口来源国主要有澳大利亚和巴西，两国的铁矿石进口量占我国铁矿石进口量的89.6%。进口铁矿石主要供应长江沿线以及长江以北广大地区，少部分供应华南和西南地区。

2019年到港量前三大港口分别为日照港、宁波舟山港、曹妃甸港。日照港全年累计到港1.31亿吨，占全国总到港量的12.2%，宁波舟山港、曹妃甸港到港量分别为1.21亿吨和1.10亿吨，青岛港、京唐港、连云港港、上海港到港量分别为9000万吨、9000万吨、6000万吨和3000万吨左右。北方地区形成了以曹妃甸港、日照港、京唐港为主，其他港口分散接卸的格局，华东地区形成了以宁波舟山港为主、其他港口为辅的格局。南方地区进口铁矿石一次接卸港口主要有湛江、防城港等港口。

3. 钢材流通呈现从产地向消费地的分散布局

目前，并无钢材流向流量方面的全口径统计数据，但可根据全国重点钢铁企业同期统计的钢材流通量一窥钢材流通运输分布情况。2019年，全国重点钢铁企业同期统计的钢材流通量6.6亿吨，占全国总产量的54.6%。从分地区钢材流向看，华东地区流入量最高，为 2.7 亿吨，占钢材流通量的 40.8％；西北地区流入量最低，为 2571.9 万吨，仅占钢材流通量的 3.9％；出口量 2756.3 万吨，占钢材流通量的 4.2％。

二、钢铁行业运输影响因素趋势分析

（一）钢材消费总量正处于峰值平台期转向逐渐下降阶段

1. "十四五"时期钢材消费总量将出现较小幅度下行

从国际看，世界钢材需求总量已经进入平台期，钢铁产能已出现过剩倾向，国际贸易保护主义蔓延，竞争将更加激烈，对我国外部需求存在负面影响。从国内看，国内经济已由高速增长阶段转向高质量发展阶段，工业结构向高端化、智能化发展，高科技、服务业将成为发展的重点，我国粗钢产量也已处于峰值区间，人均粗钢是世界平均水平的 2.95 倍。但考虑到我国城镇化发展仍有较大发展空间、人均小汽车比例仍然不高，相关行业还需大量消耗钢材，综合预测"十四五"时期我国钢材消费强度和消费总量将呈较小幅度下降走势，生产消费将步入峰值弧顶缓慢下行期。预测 2025 年国内粗钢消费量将在 2019 年 9.4 亿吨基础上，下降至 9 亿吨左右，粗钢产量将在 2019 年 9.96 亿吨基础上，下降至 9.5 亿吨左右。

2. 中远期我国人均钢材消费量将会下降并逐步进入稳定期

发达国家经验表明钢铁消费和需求与经济发展的关系符合"S"形规律，即人均 GDP 达到 3000 美元（1990 年美元，下同）时，工业化、城市化进程进入加速增长期，人均钢消费开始高速增长；人均 GDP 达到 7000 ~ 8000 美元时，人均消费增长幅度和粗钢消费强度达到峰值，与第二产业比重同期接近顶点；之后钢铁消费需求进入下降通道，最终人均钢消费量稳定在一定水平，此时人均 GDP 多位于 10000 ~ 12000 美元。

中远期看，各国人均钢铁消费稳定水平有较大差异，德国、日本等出口工业产品的制造业强国，人均钢铁消费量仍然较高，只有极个别国家，如韩国持续大量出口工业产品，人均粗钢消费量依然较高。中远期我国人均粗钢消费量将稳定于何种水平尚无定论，主要与我国未来总体经济规模和工业品出口情况相关，从峰值区向稳定期过渡的时间长度将主要受我国城镇化的发展速度影响，但总体认为中长期我国粗钢消费量处于平缓下降通道，降速会明显慢于发达国家。2025~2035年，我国钢铁消费总体平稳并有小幅下行，2035~2050年，城市再更新会带动钢铁一定消费，但总体仍然是下降的。

（二）生产布局总体稳定，中西部地区消费比重会增加

1. 钢铁企业布局基本保持既有格局

我国将按照钢铁行业发展规律，统筹考虑钢材市场需求、交通运输、环境容量和资源能源支撑条件，深化区域布局调整，总体上生产力布局不会有较大改变。沿海地区，将转变钢厂一味转移到海边建设的思路，不再布局新沿海基地，立足现有沿海基地实施组团发展、提质增效；内陆地区，将以区域市场容量和资源能源支撑为双底线，坚决退出缺乏竞争力的企业。

分区域看，京津冀及周边地区、长三角地区在已有沿海沿江布局基础上，重点减轻区域环境压力，依托优势企业，通过减量重组，优化调整内陆企业，化解过剩钢铁产能。位于河北境内首都经济圈内的重点产钢地区，将立足现有沿海钢铁基地，研究城市钢厂整体退出置换，实现区域内减量发展。中西部地区、东北老工业基地，依托区域内相对优势企业，实施区域整合，减少企业数量，压减过剩钢铁产能。东南沿海地区以调整全国"北重南轻"钢铁布局为着力点，建好一流水平的湛江、防城港等沿海钢铁精品基地。

2. 钢材消费增长趋势将呈现中西部地区快于东部的局面

从消费布局来看，在我国经济进入高质量发展阶段后，中西部地区经济增速总体快于东部，且城镇化和工业化水平尚有提升空间，钢材消费量增速将逐渐快于东部地区，但毕竟经济体量小，短时间内平均水平难以超过东部地区。在进出口方面，随着"一带一路"倡议逐步推进，预测我国钢材出口量仍将维持增长态势。日本、德国、法国、意大利等国家的铁矿石消费几乎全部依赖进口，而我国虽然有一定的铁矿石储量，但在国际铁矿石供给市场格局不发生动荡变化情况下，我国钢铁产业铁矿石对外依存度仍将快速增长。

（三）废钢资源化回收逐步进入快速增长阶段

废钢铁是一种载能和环保资源，用废钢直接炼钢，对铁矿石、焦炭和冶金石灰石等形成有效替代，按实物量计算，1吨废钢大约可炼0.9吨好钢，而用废钢炼成1吨好钢可节约350千克标准煤、1.7吨新水、1.3～1.5吨精矿粉，因此可以大幅减少原材料运输，带动单位粗钢产量的大宗物资运输量大幅下降。根据中国废钢协会数据，2018年，全国废钢资源总量在2.2亿吨左右，其中社会回收废钢约1.7亿吨、自产废钢约0.5亿吨。根据中国工程院预测，2025年我国钢铁积蓄量达到120亿吨，废钢资源量达到2.9亿～3亿吨，2030年钢铁积蓄量达到132亿吨，废钢资源量达到3.3亿～3.5亿吨。我国废钢资源还没有得到较好回收利用，随着生态环保和低碳节能理念要求的不断提高，我国废钢资源将得到更充分的回收，废钢对生铁的替代作用大幅增强，进而减少钢铁原材料的运输。

三、钢铁及冶炼物资运输需求趋势判断

（一）运输需求总量将逐步进入缓慢下降阶段

我国正处于钢材消费峰值弧顶区，2025年，我国粗钢消费量约9亿吨，粗钢产量约9.5亿吨，较当前产量下降将近5%，废钢资源量达到2.9亿～3亿吨，炼钢需要的铁矿石和石灰石等原材料下降，废钢运输量会大幅增加，综合预测钢铁及冶炼物资运输量较当前下降不足10%，全社会钢铁及冶炼物资运输量约56亿吨。2035年，我国粗钢消费量将近9亿吨，粗钢产量9.0亿吨以上，较2019年水平小幅下降，与2025年水平相近，综合预测全社会钢铁及冶炼物资运输量约55亿吨。2050年，我国粗钢消费量在7亿吨左右，粗钢产量约8亿吨，废钢资源量在4亿吨左右，利用废钢炼钢量约占据我国粗钢生产的半壁江山，废钢运输量大幅增加，铁矿石、冶金石灰等运输量较2019年水平大幅下降，综合预测钢铁及冶炼物资运输量较2019年水平下降15%以上，全社会钢铁及冶炼物资运输量约50亿吨。

（二）铁矿石流量流向与当前相近，钢材流量流向小幅变化

未来我国钢铁行业新增较大产能可能性小，短期内钢铁生产力分布格局不会有较大改变，沿江沿海主导的钢铁生产力布局将会逐步强化。铁矿石运输方面，由于铁矿石对外依存度较高，预测内陆长距离铁矿石运输将逐渐下降，铁矿石远洋进港运输和沿长江向内陆运输仍是主要流向。钢材运输方面，中西部发展进入加速期，钢铁制成品消费增加，由北向南、由东向西、由沿海沿江向内陆的钢材运输比重增加，同时钢铁出口可能不断增加，远洋出港运输将逐渐上涨。废钢运输方面，来自发达城市群地区向钢铁企业的逆向物流需求将大幅增长，成为钢铁冶炼物资运输领域的重要增长点。

（三）水运和铁路运输主力作用进一步强化

随着运输结构调整政策不断深入，低成本、大运量运输方式将发挥更大作用。铁路方面，受益于沿海沿江港口通往钢铁企业铁路专用线加快建设，铁矿石运输比重将增长，2035 年前铁路钢材运输总量不断下降，但受益于运输结构调整政策，方式比重将增长；2035 年后，铁路钢材运输量趋于稳定。水路方面，进口铁矿石、铁矿石海进江将仍然高度依赖远洋和内河水运，水运仍然是影响钢铁企业布局的最重要运输方式，但由于中远期废钢回收利用率提高，铁矿石水路运输量将不断下台阶。公路方面，在铁矿石和成品钢材末端运输环节仍然发挥重要作用，尤其是钢材进入企业运输环节，同时由于在废钢回收逆向物流中，废钢起运地分散，公路在灵活性方面更有优势，将发挥较大作用。

参考文献

［1］美国运输部．国家货运战略规划［EB/OL］．2020［2020.09.20］．https：//www. transportation. gov/sites/dot. gov/files/2020 – 09/NFSP _ fullplan _ 508_0. pdf.

［2］国外交通跟踪研究课题组．美国2045年交通发展趋势与政策选择［M］．北京：人民交通出版社，2017.

［3］国家发展改革委综合运输研究所．中国交通运输发展报告（2019）［M］．北京：中国市场出版社，2019.

［4］国家发展改革委综合运输研究所．新时代我国经济社会发展趋势和交通运输总需求预测［R］．2019.

［5］樊桦等．经济转型升级背景下的铁路货运需求分析［M］．北京：中国市场出版社，2018.

［6］樊桦等．运输服务高质量发展研究［M］．北京：中国市场出版社，2019.

［7］李茜，宿凤鸣，刘昭然等．运输需求发展态势分析预测研究［J］．交通强国战略研究，2019，1（1）：203 – 301.

［8］郑健．铁路"十三五"发展规划研究［M］．北京：中国铁道出版社，2019.

［9］陆东福．铁路"十二五"发展规划研究［M］．北京：中国铁道出版社，2013.

［10］黄民．铁路"十一五"发展战略研究［M］．北京：中国铁道出版社，2008.

［11］乔纳森·休斯，路易斯·凯恩．美国经济史（第八版）［M］．上海：格致出版社，2011.

[12] 高敏雪，黎煜坤，李静萍．耦合与解耦视角下中国货物运输与经济增长的关系研究 [J]．经济理论与经济管理，2019 (5)：75－87．

[13] 姜智国．综合运输货运量与国民经济发展关联关系研究 [D]．成都：西南交通大学，2019．

[14] 荣朝和．对运输化阶段划分进行必要调整的思考 [J]．北京交通大学学报，2016，40 (4)：122－129．

[15] 李连成．2030 年我国运输需求展望和供给侧发展思路 [C]．科学与现代化，2017 (3)．中国科学院中国现代化研究中心，2017：105－123．

[16] 李茜等．运输需求发展态势分析预测研究 [A]．交通强国战略研究 [C]．人民交通出版社，2019．

[17] 孙风华．区域货运需求预测方法研究 [D]．西安：长安大学，2011．

[18] 李连成．运输需求发展趋势的分析方法 [J]．综合运输，2011 (12)：14－18．

[19] 长安大学运输科学研究院．2018 中国高速公路运输量统计调查分析报告 [M]．北京：人民交通出版社，2018．

[20] 长安大学运输科学研究院．2017 中国高速公路运输量统计调查分析报告 [M]．北京：人民交通出版社，2018．

[21] 长安大学运输科学研究院．2018 中国高速公路运输量统计调查分析报告 [M]．北京：人民交通出版社，2019．

[22] 交通运输部．2019 年交通运输行业发展统计公报 [DB]．交通运输部官方网站．

[23] 中国民航局．2019 民航行业发展统计公报 [DB]．交通运输部官方网站．

[24] 长安大学运输科学研究院．2014 中国高速公路运输量统计调查分析报告 [M]．北京：人民交通出版社，2015．

[25] 李伟，孙鹏，李可．国家运输廊道的运输需求特征分析及规划启示 [J]．西部人居环境学刊，2017，32 (1)：16－22．

[26] 李平．"两个一百年"目标及经济结构预测 [C]．2017．

［27］高春亮，魏后凯．中国城镇化趋势预测研究［J］．当代经济科学．2013（7）：85-90．

［28］联合国．世界人口预测2015版［R］．2016．

［29］国家卫生和计划生育委．实施全面两孩政策人口变动测算研究［R］．2015．

［30］荣朝和．对运输化阶段划分进行必要调整的思考［J］．北京交通大学学报，2016，40（4）：122-129．

［31］麦肯锡全球研究院．变革中的全球化：贸易与价值链的未来图景［EB/OL］．2019年1月．

［32］交通运输部．2019年道路货物运输量专项调查公报［EB/OL］．http：//xxgk.mot.gov.cn/jigou/zhghs/202005/t20200511_3373592.html．

［33］长安大学，北京中交兴路信息科技有限公司．中国公路货运大数据报告．［EB/OL］．

［34］郭春丽、易信．如何理解和把握第二个百年目标［J］．宏观经济研究，2019（1）：5-15．

［35］齐爽．英国城市化发展研究［D］．长春：吉林大学，2014．

［36］胡云超．英国经济增长动力解析［J］．欧洲研究，2006（4）：137-154．

［37］薛盘芬．货物运输增长与国民经济增长的关系研究——以中国和美国为例［D］．西安：长安大学，2014．

［38］［美］库兹涅茨．现代经济增长［M］．北京：北京经济学院出版社，1989．

［39］张培刚．新发展经济学［M］．郑州：河南人民出版社，1992．

［40］李连成．2030年我国运输需求展望和供给侧发展思路［A］．中国科学院中国现代化研究中心．《科学与现代化》2017年第3期（总第072期）［C］．中国科学院中国现代化研究中心，2017：19．

［41］樊桦．铁路货运需求的影响因素和阶段性特征［R］．国家发改委综合运输研究所基本业务费课题，2017．

［42］宋金鹏，马天山．工业化进程中货物运输需求变化分析［J］．武汉理工大学学报（社会科学版），2008，21（6）：857-861．

［43］荣朝和．对运输化阶段划分进行必要调整的思考［J］．北京交通大学学报，2016，40（4）：122－129.

［44］荣朝和．论运输业发展阶段及其新常态和供给侧改革［J］．综合运输，2016，38（12）：1－6，10.

［45］魏修建，陈恒．物流发展驱动要素对经济增长贡献度的区域差异性研究——基于丝绸之路经济带西北地区面板数据模型的实证分析［J］．上海经济研究，2014（6）：14－22.

［46］毛科俊，樊桦．新阶段我国运输需求发展趋势及特征分析［J］．综合运输，2013（9）：57－63.

［47］刘昭然，诸立超．我国货运需求发展趋势分析［J］．交通企业管理，2018，33（1）：1－4.

［48］黄群慧．改革开放40年中国的产业发展与工业化进程［J］．中国工业经济，2018（9）：5－23.

［49］冯小虎．基于运输通道的货运交通需求预测理论与方法研究［D］．西安：长安大学，2011.

［50］董宾芳．中国货物运输的时空变化特征及成因分析［J］．贵州师范大学学报（自然科学版），2017，35（3）：6－14.

［51］王晓东，王强．经济全球化对我国货运需求影响的实证研究［J］．国际贸易问题，2004（5）：82－84.

［52］文博杰等．2035年中国能源与矿产资源需求展望［J］．中国工程科学，2019，21（1）：68－73.

［53］王妍等．我国煤炭消费现状与未来煤炭需求预测［J］．中国人口资源与环境，2008，18（3）：152－155.

［54］郝宇等．新贸易形势下中国能源经济预测与展望［J］．北京理工大学学报（社会科学版），2019，21（2）：12－19.

［55］张钟毓等．中国煤炭需求总量预测与结构变化分析［D］．西安：陕西师范大学，2015.

［56］刘延静．我国煤炭行业供求状况与发展趋势研究［D］．哈尔滨：哈尔滨工程大学，2010.

［57］张艳飞．中国钢铁产业区域布局调整研究［D］．北京：中国地质

科学院，2014.

[58] 陈其慎等．钢、水泥需求"S"形规律的三个转变点剖析［J］．地球学报，2010，31（5）：653－658.

[59] 史慧恩．钢铁行业下游钢材需求预测［J］．中国冶金报，2014，8（9）：1－2.

[60] 郑瑞芳等．对未来我国钢材需求的预测［J］．国际商务——对外经济贸易大学学报，2007，10（2）：54－60.

[61] 刘昭然．铁路大宗物资运输需求发展趋势研究［R］．北京：国家发展和改革委员会综合运输研究所，2016.

[62] 李新创等．MPI 中国钢铁蓝皮书——2020 中国钢铁市场分析与预测［R］．北京：冶金工业规划研究院，2020.

[63] 贺佑国．2020 中国煤炭发展报告［M］．北京：应急管理出版社，2020.

[64] 史伟等．2008 到 2050 年中国水泥消费量预测［C］．2008 年中国水泥技术年会暨第十届全国水泥技术交流大会论文集．北京：中国水泥技术年会，2009.1－12.

[65] 史伟等．2009 到 2050 年中国水泥消费量预测［C］．2009 年中国水泥技术年会暨第十一届全国水泥技术交流大会论文集．北京：中国水泥技术年会，2010.1－18.

[66] 史伟等．2011 年到 2050 年中国水泥需求量预测［C］．2011 年中国水泥技术年会暨第十三届全国水泥技术交流大会论文集．北京：中国水泥技术年会，2011.1－10.

[67] 崔源声等．当前我国水泥工业面临的形势及未来发展前景展望［C］．2015 年中国水泥技术年会暨第十七届全国水泥技术交流大会论文集．北京：中国水泥技术年会，2015.1－28.

[68] 崔源声等．未来十年水泥工业总产值_理论需求量及能耗预测［C］．中国建材产业转型升级创新发展研究论文集．北京：中国建材产业转型升级创新发展研究论坛，2010.78－85.

[69] 崔源声等．中国水泥及建材行业发展前景预测［C］．2012 国内外水泥粉磨新技术交流大会暨展览会论文集．北京：国内外水泥粉磨新技术交

流大会, 2012. 8 – 31.

　　[70] 崔源声等. 我国水泥及建材行业碳排放前景预测 [C]. 2011 年中国水泥技术年会暨第十三届全国水泥技术交流大会论文集. 北京: 中国水泥技术年会, 2011. 1 – 16.

　　[71]. 孔安等. 我国的水泥消费峰值 [C]. 中国建材产业转型升级创新发展研究论文集. 北京: 中国建材产业转型升级创新发展研究论坛, 2012. 102 – 108.

　　[72] 昃向祯. 我国水泥消费峰值再探 [J]. 中国水泥, 2013, 8: 17 – 21.

　　[73] 关志雄. 做好中国自己的事: "中国威胁论" 引发的思考 [M]. 中国商务出版社, 2005.

　　[74] 日本总务省统计局. 日本统计年鉴 [EB/OL]. https: //www. stat. go. jp/data/nenkan/index1. html.

　　[75] Alises A, Vassallo J M, Guzmán A F. Road freight transport decoupling: A comparative analysis between the United Kingdom and Spain [J]. Transport Policy, 2014, 32 (2014).

　　[76] European Commission. white Paper: EuropeanTransport Policy for 2010: time todecide. 2001 (9).

　　[77] Petri Tapio. Towards a theory of decoupling: degrees of decoupling in the EU and the case of road traffic in Finland between 1970 and 2001 [J]. Transport Policy, 2005 (12): 137 – 151.

　　[78] Verny J. The importance of decoupling between freight transport and economic growth [J]. European Journal of Transport & Infrastructure Research, 2007, 7 (2): 105 – 120.

　　[79] Alan C. Mckinnon. Decoupling of Road Freight Transport and Economic Growth Trends in the UK: An Exploratory Analysis [J]. Transport Reviews, 2007 (27): 37 – 64.

　　[80] David Banister. Unsustainable transport: city transport in the new century [J]. Routledge, 2005 (4): 279 – 238.

　　[81] ITF. 《Freight outlook 2019》 [R]. 2015.

［82］ Department of Transportation, Bureau of Transportation Statistics, Transportation Statistics Annual Report 2019: The State of Statistics（Washington, DC: 2019）. https://doi. org/10. 21949/1502602.

［83］ Department for Transport Transport, UK. Statistics Great Britain ［EB/OL］. https://www. gov. uk/government/statistics/transport-statistics-great-britain.